"申光计划"丛书

报人本色

周瑞金传

沈惠民　著

"申光计划"丛书编委会　编
范永进　沈惠民　主编

上海人民出版社　　学林出版社

周瑞金简介

　　著名学者、政论家。1939 年生于浙江平阳。1962 年复旦大学新闻系毕业后，历任解放日报社记者、编辑、评论部主任、副总编辑、党委书记兼副总编辑；1987 年成为我国新闻界首批评定的高级编辑；1992 年被国务院表彰为有突出贡献的专家学者，享受政府特殊津贴。1993 年调任人民日报社副总编辑兼华东分社社长。1998 年授任中国社会科学院研究生院博士生导师。被聘为复旦大学新闻学院、北京广播学院、上海科技大学新闻与人文学系兼职教授。1991 年初，与上海市委研究室施芝鸿、《解放日报》评论部凌河，根据邓小平谈话精神，以"皇甫平"为笔名在《解放日报》头版发表《做改革开放的"带头羊"》《改革开放要有新思路》等系列文章，为改革开放鼓与呼，引发了一场思想交锋。2006 年初，以"皇甫平"为笔名在《财经》杂志发表文章《改革不可动摇》，再次引起各界关注。2014 年，又以"皇甫欣平"为笔名发表长篇策论性评论《终结腐败》等，引发广泛反响。

報人本色

漁先生題

编委会名单

总　序

　　上海是我国改革开放排头兵、创新发展先行者，在各条战线涌现出一批为经济社会发展作出过突出贡献的杰出人才，创造了一批极具时代特色的先进思想、先进理念和先进举措，也积累了一批亟待抢救、挖掘、整理的宝贵精神财富。上海市教育发展基金会与上海工商界爱国建设特种基金会（以下简称"爱建特种基金会"）为此共同发起、倾力打造"申光计划"丛书。

　　"申光计划"的"申"代表上海；"光"是在上海经济、社会、金融、文化、生态及城市建设等领域作出过重要贡献，留下光芒及照亮未来的意思。随着岁月流逝，部分在改革开放中作出过杰出贡献的精英人士已逐渐步入老龄和高龄。"申光计划"通过资助形式，支持符合要求的专家学者围绕即将湮没在历史中的珍贵史料开展抢救工作，留住历史，铭记为上海经济社会作出特殊贡献的各界英才；存史资政，为后来者留下可供借鉴的经验。

　　"申光计划"丛书由上海人民出版社与学林出版社共同出版，既是致力于文化学术专著出版的重要实践，也是文化思想的薪火承扬。

"申光计划"丛书具备传承性、真实性、多元性、创新性特点：在讲述人物故事、记录历史事件、展现城市形象的过程中注重文化的传承、精神的传扬、大爱的传递，以平凡人的不平凡故事感染人，以典型人物的榜样力量鼓舞人。丛书通过不同行业领域、不同年代、不同层次的人物故事，反映上海改革开放乃至更长时期的这段波澜壮阔的历史，记述内容具有时代的宽度、历史的厚度、精神的高度。通过这些故事展现时代风貌，使读者获得新的历史认知和思考方式。

　　在 2023 年 8 月的上海书展上，"申光计划"首发第一辑丛书《从草根教师到人民教育家——于漪传》《大爱交响——曹鹏传》《流金年代——龚浩成传》《岁月感悟——朱荣林随笔》，引起社会积极反响和读者普遍欢迎。《大爱交响——曹鹏传》《从草根教师到人民教育家——于漪传》相继在《解放日报》连载；上海图书馆设立"人民教育家"于漪图书角主题展区；《大爱交响——曹鹏传》被改编成百集有声剧。

　　作为一项系统工程，"申光计划"将通过《报人本色——周瑞金传》《"得诸社会，还诸社会"——叔蘋奖学金的百年传承》等力作，继续有步骤地推出高质量的精神文化产品，传播时代声音，再现历史韵味和人性的光辉；形成传统，形成品牌，成就力量，成为人们思考和感悟的源泉。

"申光计划"丛书编委会

2025 年 1 月

目　录

第二章　报海浮沉探新路

第三章　勇为改革鼓与呼

第四章　访谈实录显真情

第五章　感悟人生意纵横

附　录

第一章

学子倾心笔墨缘

他接受采访时说："我的人生很平淡，是腾蛟的一方水土孕育了我，生养了我，熏陶了我，成就了我；是不平淡的时代之光折射，让我的人生显示出一点色彩。'天道酬勤''天道酬诚'成为我难以磨灭的人生信念；岁月可以流逝，记忆可以淡忘，母校老师的深情厚恩，将永远铭刻在我们每一个校友的心底。"

腾蛟的童年回忆

浙江温州腾蛟古镇，被龙凤山、卧牛山、赤岩山拱卫着，一条叫带溪的溪流，像条玉带从纵横交错的巷陌间悠悠穿越，在集镇中央拐了一个"U"字形，仿佛要驻足停留，来讲述这方山间盆地的不老故事。

龙凤山、卧牛山上经考古发现的商周时期的大量印纹陶片，还原出了 3500 多年前瓯越先民在这方土地上刀耕火种的生活场景。到南朝刘宋时期，永嘉太守谢灵运寻访至此，生动写下"水石之间，惟甘蕉林，高者十余丈"的"现场报道"。

唐五代至两宋时期，杨、徐、郑、林等族人先后从八闽迁来；明末清初，王、苏、白、周等姓氏又相继从闽南徙入，与当地人融合相汇，形成当地大姓望族。闽南习俗文化与原有的瓯越文明相融，形成浓郁的古镇文化。

腾蛟人才辈出，科甲联登。宋孝宗隆兴元年（公元 1163 年）到宋度宗咸淳七年（公元 1271 年）的百余年中，腾蛟就有 21 人进士及第。清高宗乾隆十三年（公元 1748 年），仅一个深藏山间的古村落，就有 4 名举子上京殿试，全中进士，并同时骑马回乡祭祖、探亲，此村从此被誉称"驷马"……

潺潺带溪流淌着古镇血脉渊源，千年风雨滋润着这块钟灵之地；腾蛟有太多腾蛟起风的故事，腾蛟人要记载古往今来的俊采星驰。

腾蛟镇，正是周瑞金孕育、生养、熏陶之地；他从孩提时代就深受家乡文化的熏陶、浸染，沐浴在前辈先贤的光辉中。

2013年，一千多页的《腾蛟镇志》征求意见稿送到周瑞金案头，请他为之作序。翻阅着厚厚一本书稿，周瑞金连称"了不起"："国家地方志工作条例只规定到县一级政府修志，不料想我的家乡腾蛟把镇志也修出来了，真是令人高兴、赞赏、钦佩。"

为了让家乡先哲们从史卷中走出来，镇政府又在带溪堤岸兴建"名人苑"，一字儿矗起历史上著名人物的雕像。周瑞金应邀撰写《名人苑题记》时，不禁浮想联翩、文思泉涌：

古镇腾蛟，钟灵毓秀，人文蔚起。唐王勃有云"腾蛟起凤"，由是古镇代有人杰，宋林霁山诗章彪炳青史；清白承恩举义旗情动天地；谢侠逊百岁棋王光耀中华；苏步青数学奇才名扬世界。斯地具有"龙腾蛟翔"之雄姿、"凤舞凰飞"之祥瑞，荣膺"中国象棋之乡""浙江省历史文化保护区"桂冠。此人杰地灵之谓也……

卧牛山麓的霁山碑林，为纪念南宋著名诗人林景熙而建。林景熙号霁山，元灭宋时，林景熙与友人扮作采药人，冒死上会稽山收得被遗弃的南宋故帝骸骨，并以诗作抒发悲愤之情，望后人记住民族正气长存。清乾隆皇帝曾御批曰："霁山先生采药拾骸，风高千古，

在腾蛟镇政府大门前广场上，
树立着周瑞金撰写的"名人苑
题记"（右图）。长长的堤岸
上一字儿矗立着腾蛟镇历史上
著名人物的雕像和他们的事迹
简介（上图）

堪称东瓯第一人。"周瑞金在读小学时，每年清明都要去林景熙墓前祭扫。

与霁山碑林相邻的，是为纪念百岁"棋王"谢侠逊而建的棋王碑林。1916年，迫于生计的谢侠逊离开家乡，前往上海谋生。他在这里力挫群雄，获中国象棋个人冠军，被推为全国棋坛总司令，获"中国棋王"称号。他创造性地将棋局与时事结合，抒发爱国情怀，一生创制了很多著名的残局。碑林主碑背面，就是全民族抗战期间，周恩来在重庆与谢侠逊对弈的"共抒国难"残局棋谱。

《霁山碑林题记》和《棋王谢侠逊碑林题记》都由周瑞金撰写。他撰碑文以仰前贤之高风，让碑林"永远成为缅怀先人功业之场所，弘扬民族文化之源泉，以激励后来者不断开拓创业"。

在棋王碑林落成典礼上，周瑞金结识了"棋王"三公子谢瑞淡教授。当时他正在编辑整理《棋王谢侠逊诗文选》，当即热情嘱托周瑞金作序。周瑞金欣然为其撰写《长挟风云自卷舒》。

谢侠逊的长孙女谢作陶88岁那年，也盛邀周瑞金为其呕心沥血写就的《谢侠逊传略》作序。周瑞金笑着说："我是第四次欣然命笔再论谢公一生的品格和业绩（除写碑林题记和为谢公诗文集作序外，2013年还为平阳县编著的《爱国棋王谢侠逊》一书作序）。这次阅罢谢作陶大姐的新著，我对谢公有了新的认识和评价。一言以蔽之，谢侠逊是集棋王、诗人、爱国民主人士于一身的长生奇才。"

大凡带着乡情的撰序作文的邀请，周瑞金从不回绝。一次次撰序作文，也一次次把他带回髫年时代，家乡和四邻村落的传统文化氛围，对他来说仍历历在目。

平阳县腾蛟镇卧牛山南麓的
"中国棋王碑林"，由时任
《人民日报》社长邵华泽题
名，江泽民为谢侠逊百岁寿诞
题词"百龄高手，永葆青春"
（上图）；周瑞金撰写《中国
棋王碑林题记》（下图）；周
瑞金为棋王碑林题词"弈楸风
云铄古今"（中图）

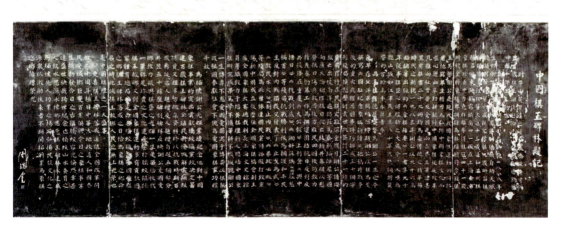

农历八月初七的庙会，忠训庙里踏"软壳蟹"祈求好运；逢年过节到驷马宫看戏，看"滚龙"、抬高低阁、踩高跷、扮"七星"；元宵节去街头观看现在已是非遗项目的"平阳头发吊灯"——百余根头发丝贯穿整盏灯，牵引人物、动物造型的头、手、脚等部位，在灯座下方电风扇产生的气流带动下有条不紊地旋转。"发"寓意发财，"灯"在闽南话中与"丁"谐音，合起来有财源广进、人丁兴旺的意思，又称"福头灯""子嗣灯"，寄托着美好祝愿，围观的村民流连忘返……

带溪之畔，有所族祖创办于1906年的腾蛟小学（今腾蛟镇第一小学），这是周瑞金的母校。"腾飞千里于斯发轫，蛟潜百年至是云兴"——创办者在学校门前留下的这副校联，每每使周瑞金感到激励和振奋。

有一次，周瑞金看到邻居家里书桌旁赫然写着："男儿立志出乡关，学不成名死不还。埋骨何须桑梓地，人间无处不青山。"这家前辈主人书此为座右铭，他却将此印在幼小的心灵中。家乡出了"三苏"——数学家苏步青、文化学人苏渊雷、画家兼诗人苏昧朔，周瑞金读小学时就以"三苏"做偶像。

苏步青故居与周瑞金的家仅一溪一桥一里路程之隔。周瑞金不仅熟悉苏家这座五开间的木结构农屋，还对苏步青的励志故事耳熟能详。家境清贫的苏步青，少年时期一边放牧一边读书，在古居庭前吟诗明志："清溪堪作带，修竹好当鞭；牵起卧牛走，去耕天下田。"周瑞金默默以"去耕天下田"的情怀激励自己。机缘巧合的是，苏步青女儿苏素丽是周瑞金的同班同学。1950年12月，苏步青回乡省亲特意来腾蛟小学探视师生，周瑞金第一次得见大数学家的风采，并聆听训示。

周瑞金从小视苏步青为偶像，腾蛟镇腾带村的苏步青故居与他的童年生活密切相连

几年后当周瑞金考入复旦大学新闻系时，时任副校长的苏步青笑着用家乡闽南话激励他："腾蛟人，好好用功读书噢！"

周瑞金从学生时代起，就深受"三苏"勤奋好学精神的激励。

10岁那年，他与同学们一起欢腾雀跃着喜迎新中国成立。在腾蛟小学操场上，师生们参加腾蛟解放的欢庆大会；跟随县委副书记到水头小学操场接受保安团官兵的投诚起义，一次次群情激昂。

"小兄弟们呀，小姊妹们呀！我们的将来是无穷的呀，牵着手前进，时刻准备着，嘀嘀嗒嘀嗒嘀嘀嗒嘀嗒。"周瑞金和同学们高唱着《共产儿童团歌》，去参加操练和巡逻。当时，股匪袭击镇政府，

周瑞金母校腾蛟镇第一小学

杀害镇长白洪玉，周瑞金随镇民们参加白镇长的追悼会，义愤填膺地声讨股匪，少年的他开始认识到对敌斗争的残酷与复杂。

1950年10月，中国人民志愿军"雄赳赳，气昂昂，跨过鸭绿江"，开始了抗美援朝战争。全国人民同仇敌忾，掀起一波又一波声讨帝国主义及其走狗的热潮。腾蛟镇举办抗美援朝、保家卫国宣传周，周瑞金踊跃投入活报剧排练，还到邻村演出。在这个活报剧中，由一位同学戴着纸糊高帽扮演美国佬，周围是一群"志愿军"包围着他，高唱雄壮的《中国人民志愿军战歌》："中国好儿女，齐心团结紧。抗美援朝，打败美帝野心狼！"他们边唱边做着跺脚指斥的动作，那位"美国佬"在包围圈中作出瑟瑟颤抖的恐惧表情。饰演志愿军的周瑞金这时觉得特别过瘾。

2006年，母校迎来百年校庆，周瑞金在接受采访时说：忆当年"兄"字形校园，书声琅琅，童趣盎然，犹历历在目，恍如眼前。"我的人生很平淡，是腾蛟的一方水土孕育了我，生养了我，熏陶了我，成就了我；是不平淡的时代之光折射，让我的人生显示出一点色彩。'天道酬勤''天道酬诚'成为我难以磨灭的人生信念。""岁月可以流逝，记忆可以淡忘，母校老师的深情厚恩，将永远铭刻在我们每一个校友的心底。生我育我是父母，教我导我为老师。师恩与父母恩同样要滴水之恩，当涌泉相报。"他欣然作诗表达对母校老师的感恩之情：

百载程门雪未消，英才辈辈出腾蛟。

树人苗圃劳尽瘁，师德巍巍仰弥高！

从 1939 年出生到 1951 年的 12 年里，周瑞金在腾蛟镇度过了难忘的童年岁月。1952 年春，他从腾蛟小学毕业时，国家实行教育改革，所有公立学校改为秋季招生。他们这批春季毕业的小学生，只能来到温州报考有春季招生的私立中学。周瑞金很庆幸自己能考进私立建华初级中学（今温州市实验中学），这样能提前半年毕业。

在建华初级中学求学期间，周瑞金留下了一本别具意义的笔记本，至今已珍藏了 70 多年。

红漆布面笔记本

一本红漆布面笔记本，扉页上有毛泽东在新中国成立初期的标准像。在建华中学毕业前夕，周瑞金用这本笔记本请师生们题写临别赠言。他在第一页用钢笔字端端正正地写着："让友谊之花开放吧！请敬爱的先生、亲爱的同学签字吧！"

几十年来，这本红漆布面笔记本一路跟随周瑞金，从建华初中到温州一中高中部，又从复旦大学到上海解放日报社，再到北京人民日报社，直至退休，跋涉数千里。"闯荡半个多世纪，历尽岁月沧桑。一次次搬迁，一回回清理，多少珍贵的资料被毁掉了，多少用过的物件丢失了，唯有这本漆布面笔记本，完好无损地保留下来了。"周瑞金说，"每次看到这本留有时代痕迹的笔记本，我总是心潮起伏，难以平静，仿佛回到了建华母校，回到了我的少年时代，回到了家乡那个清贫而充满亲情的家庭"。

周瑞金祖上也算家境殷实。祖父周際决一生勤劳节俭，在乡镇开家小店，做酿酒用的米粬生意。周際决在 50 岁时得子，也就是周瑞金的父亲周开号。周際决虽说是老来得子，却并不娇惯，让周开号

左起：周瑞金的祖父周際决、祖母王氏、父亲周开号、生母毛桂香、继母郑爱华

小小年纪就去一家中药店当学徒。周際决后来又得两子，也就是周瑞金的二叔周开蘋和三叔周开聪。

周开号长大先做茶叶生意，后与人合资开一家小织布厂，公私合营后他被调到县化工厂做财会工作。周开号娶妻毛桂香，1939 年 10 月生下周瑞金。祖母对这个聪明伶俐的长孙最是喜欢疼爱。在生下周瑞金的弟弟周瑞蕉后，毛桂香操劳过度又患上肺结核，在 26 岁那年就去世了，当时周瑞金正读小学三年级。后来，身为织布工人的继母郑爱华对他视如己出，精心抚养。

国家实行粮食统购统销政策后，周家经营的米糍店关门了，没有了经济来源。周瑞金后来读中学和大学，除享受国家助学金外，就靠继母织布的工钱收入。她平时话语虽不多，但总是鼓励周瑞金："我们寒门也能出贵子，腾蛟从来就是出人才的地方。"

1952 年春，13 岁的周瑞金辞别父母、家人，第一次走出腾蛟。他赤脚出发经凤巢翻山越岭到平阳坑，乘船经瑞安到温州。从前，山区里的孩子家中贫苦，为了省钱，都要这样赤脚跑山路，再乘船去温州上学。

在建华中学住读生中，周瑞金年龄最小。日常生活都要学会自理，

周瑞金儿时与家人合影。后排左起：三叔周开聪、父亲周开号、二叔周开蘋；前排左起：弟弟周瑞蕉、周瑞金

每逢周日，他一早便到学校后门的一条河边去洗衣服、洗被单，此外还要学会缝补衣物等。当时，学生每月交7元伙食费，实际6元多就够了。所以，食堂每月都有伙食费结余，在每月最后一个周末，经常举行师生大聚餐、大联欢。周瑞金讲述当时的情景："有老师唱京剧、学生跳舞、弹奏乐器等，整个校园充满欢声笑语，生活丰富多彩。我正是在这里学会了吹笛子和口琴，念大学时以一曲笛子吹奏考进了复旦大学乐团。"

学校操场上除了篮球架、排球网、跳高跳远的沙坑以外，还布满了浪桥、爬杆、单杠、双杠、秋千等体育器材。除了这些，周瑞金还喜欢打篮球、排球和田径运动，跳远更是他的长项。1956年，在参加温州市秋季体育运动会跳远项目时，他跳出5.45米的成绩，一举夺得温州市少年级跳远冠军。这一成绩已接近国家男子跳远二级运动员标准。

"正是从初中开始，我养成了体育锻炼的好习惯，后来无论是进高中、大学还是走上工作岗位，我都坚持每天锻炼，练就了强健的体魄。"周瑞金说。他的高中同学王雅游在文章中回忆：1956年秋，在温州中学校运会上，有个传统项目4×100米接力，他们高三（6）班组成的参赛队中，周瑞金跑得最快，"100米跑，国家三级运动员的标准是12.64秒，而瑞金的成绩在12.5秒。他跑最后一棒负责冲刺。决赛结果，我们还得了全校第二名呢！"

建华中学食堂实行挂餐牌就餐制。寄宿生每月按时交伙食费，逾期不交，餐牌马上会被摘除，停止供餐，不讲情面。父母每月从平阳腾蛟山区托人带伙食费到学校，免不了延误两三天，周瑞金因此曾被停伙食，每个月开头的两三天吃不上饭已是经常的事。那几天里，他只能到校门口买几个一分钱一个的米粿子充饥。"后来在念高中和大学时，我也挨过两次饿肚子。这件事我从没向家长和老师提起过。"他那时零用钱很少，牙膏也舍不得用，两个多月才理一次发。叔叔给他写信，他收到两三封后才回复一封，因为连八分钱的邮票也是奢侈品。

家境贫寒，是周瑞金这代人的共同特征。他说："因为家庭经济比较困难，我是拿着'人民助学金'完成从中学直至大学的学业的，其他不少同学也有相似经历。在温州读书的五年多时间里，我每年都有五个月以上的时间打赤脚，冬天不是最冷天也不穿袜子，非常艰苦节省，不多花一分钱。现在回想起来，青少年时期多受一点艰苦磨炼，对健全人格的培养还是有好处的。"

1954年6月，周瑞金完成在建华初中的学业。因当时温州市高中和中专招生名额有限，学校在进行毕业教育时强调"一颗红心，两种选择"：一种是继续升学，一种是参加劳动。学校侧重于鼓励和动员学生毕业后参加劳动。周瑞金当时已做好回乡参加劳动的思想准备，而且读了不少关于果树栽培和制作果酱方面的书，做了札记，切实准备一旦毕业后考不上高中就回乡栽培果树、绿化山林、制作果酱，搞食品加工。

这件事被学校知道后，学校很快把周瑞金选为典型，推荐他到温州全市初中毕业生大会上作交流发言。

毕业前夕，周瑞金特意买来这本红漆布面笔记本，他要收集老师和同学们的临别赠言。这种"创意"和诚意得到了热烈响应。

红漆布面的小笔记本

  首先在纪念册上题词的班主任谢中一老师，为人忠厚诚恳，清秀的脸庞上架着珐琅架眼镜，显得文质彬彬。他对待同学总是和颜悦色，即便对待成绩差又顽皮的同学，也同样温声细语、循循善诱。周瑞金称他"是自己从小学到中学到大学17年求学过程中最好的班主任"。

  谢老师题词引用苏联政治家、革命家加里宁的一段话："社会主义建设需要那种有学识的人，但有学识的人并不仅是读书读得很多的人，而是那些切实研究唯物哲学，通晓科学宝藏的人，是那种既能思考已经学得的东西，并且懂得怎样把革命理论与革命实践结合起来的人。"他除了签字还加盖了秀美的篆刻印章。周瑞金说："谢先生这段题词，激励了我一生的奋斗。在后来的学习和工作中，我逐渐领会到，光读很多书是不够的，重要的是要结合生活，深入思考，掌握哲学，把革命理论与革命实践结合起来。"

离开母校一年后，在谢老师组织的一次校友返校座谈会上，周瑞金高兴地与老同学重逢。大家毫无拘束地交流各自升学、劳动、自习的体会。为了增添欢乐气氛，谢老师买来一些糖果和水果，还买了鲜花插在花瓶中，会场布置得很雅致。开会时大家有些拘谨，不好意思去吃桌上的糖果、水果。会议结束时，谢老师热情地招呼了一声，大家一哄而上去抢拿糖果、水果，不小心把那只漂亮的瓷花瓶震落地上砸碎了，气氛一下子凝固了。同学间不免相互责怪起来，谢老师却连说"没关系"，笑着劝大家回去，自己则拿了把扫帚，默默清理花瓶碎片……

半个世纪过去，周瑞金在文章中还提及当年的这个小插曲："这一幕让我记了一辈子！谢老师，您是多么慈祥友爱，多么关爱学生、宽容学生的好班主任啊！"

学校图书馆管理员傅一清老师也用清秀的字体为周瑞金题写："学习的目的，就是为着更好地劳动，为着准备参加建设伟大的社会主义国家的劳动。新中国的青年，是热爱学习、热爱劳动的。"

因为喜欢读书，周瑞金经常去图书馆借书，而且遵守规定从不延期归还。傅老师就喜欢上了他，经常为他推荐一些新书、好书，有时还破例让他进入书库挑选图书，这让周瑞金很是感激。在建华中学两年半学习期间，傅老师与周瑞金接触很多，很亲近。他还热情引荐周瑞金去请教语文老师黄幻中："黄先生富有语文教学经验，又有文学修养，像你这样喜爱文学、喜欢读书和写作的同学，应该多找他请教。"

黄幻中由此成为周瑞金增强文学修养、走上新闻岗位的启蒙老师。

"他与后来我在温州一中念高中时的语文老师林书立先生一样，从一年级一直教到毕业班，一以贯之地指导我的语文和文学阅读写作，是我一生重要的指路人和恩师之一。"在周瑞金的印象中，黄老师比较严肃，瘦削的面庞、高耸的鼻梁，透出一种威严，初接触让人有望而生畏的感觉。因为傅一清老师向他介绍过，黄老师开始关注周瑞金，还几次将他的作文在课堂上朗读。周瑞金说："我在课余向他请教阅读中的问题，他总是给予热情解答指导。我很快感受到黄老师外表虽严肃，却蕴含有一颗对学生炽热的心。"

有一次，周瑞金拿着苏联小说《静静的顿河》去请教黄老师："小说主人公格里高力·麦列霍夫为什么复杂多变？"黄老师就给他详细分析了小说的历史背景，主人公作为哥萨克骑兵的性格特点，以及红军与白卫军交锯战时期反复多变的历史因素及民族性格因素。周瑞金说："黄老师还语重心长地对我说，'你还太年轻，生活体验少，对文学作品中人物形象的复杂性理解不了，是很自然的。今后，先多读些童话、寓言、科幻作品，然后读些苏联建设时期的文学作品，再深入读一些世界名著，这样循序渐进，可以提高自己的文学素养'。这次交谈给我留下难以磨灭的印象。"

在这本笔记本上，黄老师用遒劲雄丽的字迹为周瑞金题写："学习不是为了自己的兴趣，而是从祖国的利益出发。"数学、化学、历史、政治等各科老师也在题词中殷殷期盼；49位同学都留下炽热赠言，其中有31位同学还留赠了照片。

2010年6月26日，周瑞金回母校时题词"英才出少年"

与众不同的是爱好文学的叶振中同学，他似乎当时就看出周瑞金的专业发展方向，题写的临别赠言是："亲爱的瑞金，愿你全面发展，重点提高，来攻克文学宝藏。我相信，不久的将来可以看到你的文章到处发表着。"周瑞金说："我直到今天仍感谢振中的勉励，我虽没有攻克什么文学宝藏，但我时评政论文章确实是到处发表着，没有辜负这位老同学的期望！"

班上男生多女生少，题词留念的49位同学中只有6位女同学。其中团支书吴宝珠以大姐的亲切口吻，给周瑞金认认真真写了两页赠言："瑞金同学，你是一个少先队员，队是团的后备军和助手。青年团是青年自己的组织，是每个青年应该努力的方向。愿你在学习和工作中创造条件争取加入自己的组织——青年团，使自己成为热爱祖国、忠于人民，有知识、守纪律、勇敢、勤劳、朝气蓬勃，不怕任何困难的青年一代。一切为社会主义而奋斗。"

周瑞金说："看着她那端庄、朴实的照片及清秀、诚恳的题词，70多年后的今天，我仍然感到温暖和感激。可以告慰她的是，我在考进温州一中以后，很快就加入了青年团组织，没有辜负她的期盼。"

建华初中以后经多次更名，在1989年定名为"温州市实验中学"。

校领导历数几十年来从学校走出的一大批杰出校友，如原《人民日报》副总编辑周瑞金、美国工程院院士蔡亦钢、温州市人大常委会主任陈笑华、温州医科大学校长瞿佳等，希望提炼、提升一种办学精神。何民校长、林晓斌副校长等为此专程来上海拜访周瑞金，请他回忆在建华的求学岁月。为了塑造学校形象，学校决定重谱校歌和拍摄学校特色专题片。

何民校长说："我们校歌的歌词由谁谱写呢？我们还是想到了校友周瑞金先生。当我们怀着忐忑不安的心情提出这个要求时，周先生一口应承，这让我们大喜过望。"

提笔创作时，周瑞金眼前浮现出书声琅琅的课堂、鸟语花香的春草池畔、灵气所钟的中山书院等一幕幕情景，《英才出少年》的歌词随激情流淌——

2010年6月26日，周瑞金（左二）任"智慧温州高峰论坛"主席并作主旨演讲后，在蒙蒙细雨中回到阔别半个世纪的母校，由校长何民（右一）、副校长林晓斌（左一）陪同参观中山书院旧址

记忆流淌的瓯江水 / 烽火中创业常想起

建设中华　立校旗帜 / 岁月风雨飘扬在心里

春草池畔　花季勤勉 / 中山书院　美丽梦想

创新实验　薪火相传 / 雏鹰迎着阳光高高飞翔

英才出少年　天生我和你 / 良师铸名校　遍地是桃李

英才出少年　青春我和你 / 志在写春秋　未来新天地

2011年3月，温州市实验中学成立中山书院学生读书会，何民校长和林晓斌副校长盛邀周瑞金回母校参加成立典礼、给予指

给温州实验中学中山书院学生读书会的信

何校长、林副校长，亲爱的中山书院学生读书会：

欣闻母校中山书院学生读书会成立，很是鼓舞！因不能亲临典礼现场，荣逢其盛，而心却是与母校老师同学们紧紧相连，共同感受"悦读"的欢乐。

追忆当年母校化育，行走母校求学时，也参加过文学课外小组活动。多年来在学习研解过程中，对新认知、新境界、步步通达的种种愉悦，至今仍记忆犹新，历历在目。

读书可以明理，读书能够启志。书籍是人类文明进步的阶梯。借助书籍，人们可以踏着巨人的肩膀，攀升到人类科技的新高峰。

今天进入信息时代，多媒体为我们提供了极为便利的阅读条件。希望同学们从青少年时代就培养起良好的读书习惯，不要满足于快餐文化的浮光掠影，而要扎实地下笨功夫，多读好书，精读经典。读书，会为你们的精彩人生打下坚实的基础；读书，会为你们的未来生活积蓄迸发出巨大潜力，作出无愧于母校无愧于时代的灿烂业绩。

最后，衷心祝愿中山书院学生读书会蓬勃而生，读出影响，读出趣味，读出品格，不负时代与老师们的期望！

周瑞金

2011年3月10日于上海

2011年3月1日，周瑞金写给温州市实验中学中山书院学生读书会的信导。周瑞金因为忙无法脱身，就以一封手书表达心意。信中讲述："我在母校求学时，也参加过文学课外小组活动。当年莘莘学子沉醉在书海中，对新认知、新境界、新追求的热烈憧憬，至今仍记忆犹新，历历在目。"同时寄语："今天进入信息时代，多媒体为我们提供了极为便利的阅读条件。我们一定要从青少年时代就培养起良好的读书习惯，不要满足于'快餐文化'的浅尝辄止，而要扎扎实实下笨功夫，多读好书，精读经典。读书，会为你们的精彩人生打好坚实的基础。读书，会对你们未来走上社会，激发出巨大潜力，作出无愧于母校、无愧于时代的煌煌业绩！"

1954 年夏，周瑞金提前半年毕业，考进温州中学高中部。

他后来称高中三年的学习生活经历"是自己人生成长记忆屏幕上色彩最鲜丽的一幕。不管过了多少年，也不管经历怎样的人生变迁，高中时代的人与事总是那么亲切而清晰地浮现在心头"。

他尤其难忘那次"我的梦想"主题班会。

校园的创意生活

在高中三年里，周瑞金他们这群同学少年，充满对未来的向往，就像王蒙那首诗《青春万岁》所描写：

所有的日子，所有的日子都来吧，

让我编织你们，用青春的金线，

和幸福的璎珞，编织你们。

……

主题班会说梦成真

1956 年春天的一个晚上，周瑞金所在高二（6）班正举行"向科学进军"主题班会，国家当时号召向科学进军，同学们充分发挥青春想象力，畅谈未来的梦想。

才思敏捷的班长斯文敏说，"将来要当农业科学家，培育出书桌那么高、那么大的老母鸡，让全国人民都能尽情享受到鲜美的鸡肉"。

2002年10月12日，周瑞金（二排中）参加温州中学百年校庆活动，与老师和同学合影

那个年代难得吃到鸡肉，一听说班长要培育出书桌那么高大的老母鸡，同学们都拍手哈哈大笑，"馋得口水都快流出来了"。

平时沉默寡言的夏抗生突然站起来，说要跟着班长走，要当研究生物的科学家，把番茄栽培成西瓜那么大，让大家吃完老母鸡，再享用鲜美的瓜果，这又引起全班同学的鼓掌叫好。

气氛越来越热烈，有同学表示要当工程师，也有同学说要当一代名医，还有要当历史学家、教授专家的……在这种情况下，周瑞金也不甘示弱，大胆放言"要当一名记者，要让自己的作品发表在全国最知名的报刊上，让全国人民都看到"。

这情形就像《论语》记载子路、曾皙、冉有、公西华各抒志向时，"子曰：何伤乎？亦各言其志也"那样，同学们"各言其志"，自然带着天真的稚梦与幻想。但这样的梦想却激励着"说梦人"为之追求、为之奋斗。

周瑞金说自己"算是一个幸运者，实现了当记者的青春梦想"，"文章也在全国最知名的报刊上发表过。虽然不能说让全国人民都看到，但是全国有相当多的人知道'皇甫平'的文章，大概也不算是诳语谎言"。

同样，斯文敏也为梦想而考上北京农业大学，潜心钻研过利用新技术培育牲畜品种的课题；夏抗生也一样，为实现主题班会上说过的梦想，考进北京大学生物系植物生理专业，成为德才兼备的高材生。

梦想真能激励人、成就人。

怀揣着记者梦的周瑞金，突发奇想地给诗人闻捷写信。

致诗人闻捷的一封信

那是在高二上学期的一次语文课上，林书立老师分析闻捷抒情诗《天山牧歌》的特色，引起周瑞金的莫大兴趣。

1956 年，34 岁的闻捷在出版第一部诗集《天山牧歌》后就一鸣惊人，从此享誉诗坛。在这部被称为"激情赞歌"的诗集中，闻捷用清新的格调、朴素的语言、鲜明的形象，反映维吾尔族、哈萨克族和蒙古族人民新的生活情景和精神面貌，抒发了新生活的美好、明朗、欢乐。那些柔和、轻快、明媚的诗句，也拨动了青春少年周瑞金的心弦，激发着他的写作激情。在一次命题作文时，他以《致诗人闻捷的一封信》为题作文，表达对诗人的敬慕之情以及对他抒情诗的热情赞赏。这篇作文得到林老师的赏识，为此写下长长的批语，在课堂上朗读，并推荐周瑞金去参加全校作文比赛。周瑞金荣获比赛二等奖，并因此而振奋不已。

林书立老师在文章中回忆：

在高二上学期，当我读到周瑞金写的《致诗人闻捷的一封信》，便深深地被他的文采所打动。我发现他很有写作天赋。从此，我便一直鼓励他报考复旦大学新闻系。周瑞金系平阳人，他和我是同乡，我们原来说的都是福建话。周瑞金为人质朴、敦厚、勤谨、不善言辞，但内心有强烈的人生追求。这些个性特点和我十分相近，因此我们有了更多的共同语言。我们既是师生，也是忘年交。

说来也巧，周瑞金后来到解放日报社工作时，与闻捷有过一次不期而遇。当听周瑞金说起当年曾给他写了一封没有发出的信时，闻捷哈哈大笑："我是当记者时爱上诗，学写诗，想不到你是爱上诗才当记者的。"

　　闻捷在陕甘宁边区时，担任《群众日报》的编辑和记者。新中国成立后，他创作出大型革命历史歌剧《翻天覆地的人》，并随军到新疆，任新华社新疆分社社长。他在此期间深入基层，走遍了新疆的山山水水，广泛接触了过上新生活的各族人民。谈到《天山牧歌》的创作，闻捷对周瑞金说："热血在我的胸中鼓动，激发我写出了所闻所见。"

　　这么一个热情爽朗、才华横溢的优秀诗人，竟在那个特殊年代中被迫害致死。周瑞金在扼腕痛惜时，不禁又想起《天山牧歌》中的诗句：

<blockquote>
你纵然把羊群吆到天边，
我也要抓住云彩去赶；
你纵然把羊群赶到海角，
我也会踩着波浪去撵。
……
</blockquote>

　　这正是他写《致诗人闻捷的一封信》时引用过的诗句。为了心中的梦想，他"也要抓住云彩去赶"，"踩着波浪去撵"。

迎新晚会最难忘

周瑞金说："中华人民共和国成立后，年轻学子充满学好本领报效祖国的理想，充满为献身社会主义建设而刻苦学习的精神。无论是文史地理课和数理化生物课，还是外语课，同学们都认真学习，没有谁会偏科。"

班主任王帆云老师对周瑞金最深的印象是"他学习特别勤奋，成绩优秀"。每次成绩报告单下来，周瑞金的各科成绩都不错。

课余时间，学校组织了许多兴趣小组，同学们可根据各自的兴趣爱好选择参加，做自己想做的事。周瑞金参加的文学兴趣小组里，除了可以阅读大量中外文学名著外，还能与作家诗人座谈，交流对一些文学作品的评价。曾担任温州市粮食局党委书记、局长的邵锦云曾写文章回忆："周瑞金同学在我的印象中，很早就显示出他对文学有很强的兴趣，我有时看到他独自坐在宿舍的床上钻研而不敢打扰他的思路。在高中启蒙教育下，他的悟性超过了一般同学。"

周瑞金踊跃参加学校举办的文娱会演和比赛，与同学们一起自编、自导、自演节目。在课余时间，他还玩转乐器，学会了拉京胡、拉二胡、吹笛子、吹口琴等。老师激发同学们的想象力和创造力，常有好节目和特长人才冒出来。

（5）班的郑集强同学性格爽朗，他的小品编得好也演得好，很快就"冒了尖"，连续几次获奖，被大家昵称为"阿澜"（他演的小品中的角色）。他毕业后与周瑞金一起考入复旦大学新闻系，以后担任了中国广播电视电影总局的总编室主任。

　　周瑞金他们（6）班那次迎接 1957 年的新年活动也很有创意。同学们把教室装饰成一个大家庭，班主任王帆云老师扮成老太爷，团支书郑国雄扮成老太太，端坐中间 C 位，接受其他同学所扮演的"儿女们"的参拜、恭贺。

　　当晚，班上团员们用泥土做原料，用五彩玻璃纸制作了许多精美的糖果、点心摆在课桌上，烘托新年气氛。这不完全是买不起新年晚会的糖果，而是带有年轻人在欢快活动中狡黠、幽默、玩笑和恶作剧的味道。当元旦钟声敲响，其他班的同学前来祝贺新年，不知底细地纷纷来抢"糖果"吃，结果是满嘴烂泥，大家笑得前仰后翻。

　　周瑞金笑着说："在今后的几十年生涯中，我不知参加过多少新年迎新晚会，但再也没有哪一次能比得上在温州一中那次来得欢乐有创意、来得印象深刻。"

突发奇想换剧目

　　周瑞金读高二时，学校配合语文课文《古诗为焦仲卿妻作》的学习，决定组织观看一场京戏《孔雀东南飞》。周瑞金身为语文课代表，这时却突发奇想：他看到当时报纸、电台都在宣传周恩来赞赏的昆剧《十五贯》，感觉学过乐府诗的同学对焦仲卿与刘兰芝的爱情故事都已知晓，不如改看《十五贯》有新意。他将这一想法与赵克尧、程棠、潘泰伍等同学商量，这几位都是语文爱好者，一致表示赞同。

　　听了周瑞金和赵克尧的汇报，年级组负责人陈老师开始有些犹豫。

赵克尧与陈老师关系比较熟，就把周恩来对《十五贯》的高度评价转述了一遍，陈老师最终点头同意。周瑞金与潘泰伍赶紧去温州剧院要求调换剧目。

第二天演出时，有些同学缺乏思想准备，对临时换剧目有些意见，但看完《十五贯》后却都表示满意。

后来，这件事被校领导知道，分管教学的项瑞钊副校长约周瑞金去他办公室谈话。周瑞金心想这下糟了，要挨训了。想不到，项校长了解了事情的经过后表示理解，指出下次要注意改进方式。

周瑞金对此感到很意外，也十分感动。多少年以后他还在说，项校长如果批评自己擅自改动配合语文课教学的活动，是目无组织纪律的行为，甚至给予适当纪律处分，也不为过。恰恰校长并没有这样做。这就涉及学校对于学生学习的主动性、创造性，能不能有宽松的谅解、宽容的激励。

2002年10月，温州中学迎来"百岁生日"，周瑞金对前来采访他的记者说："今天想来，当年温州中学有这种氛围，十分难得，它对于培养学生不循规蹈矩、不墨守成规，勇于独立思考，勇于开拓创新，是起到很好作用的。温州中学至今能培养出9位中国科学院院士，涌现出郑振铎、夏鼐、苏步青等一批驰名中外的专家学者，一个很重要的原因，就在于这种立德树人的办学精神和鼓励创新的软环境。"

中学毕业前夕，同学们第一次面临人生的重大选择题——选择高考志愿。

（5）班同学翁心华也喜欢文学，与周瑞金很谈得来，他们一起参加了文学兴趣小组。高考填志愿，两人都报考复旦大学新闻系。

后来，翁心华以高分考取的是医学院，毕业后进上海华山医院工作，成为卓有成就的传染科主任医生和博士生导师。

一模一样的路线图

2021年2月15日，大年初四，中国民间迎神的日子，在上海浦东一家温州人开设的并不起眼的酒店里，周瑞金与翁心华、张文宏、陈尔真，同是在"雁山瓯水"旁长大的乡贤恰似"神仙会"，乡味乡音话乡情。

四人中，最年长的是83岁的华山医院感染科原主任翁心华。18年前，他曾任上海市防治非典专家咨询组组长坐镇指挥；张文宏作为他的助手参战；陈尔真在瑞金医院把上海全市第一例非典患者送进传染病医院抢救。三乡贤当时在上海医界形成抗战病毒的无形阵容，提出正确的防治战略策略，非典在上海仅传播了8名患者就戛然止步，连翁心华教授都庆幸上海竟取得如此意外的"战绩"。

从翁心华手中接过华山医院感染科主任一职的张文宏，义不容辞地执掌了上海市传染病与生物安全应急响应重点实验室的"帅印"，一下子成为大家口中的网红"硬核医生"。

翁心华与张文宏年龄相差31岁，在各种疑难感染性疾病"战斗"中结成的师生情谊至诚至深。此次欢聚，张文宏亲自驾车把翁心华夫妇接到酒店。

发起欢聚的瑞金医院副院长陈尔真是周瑞金平阳腾蛟镇的同乡，彼此还有点远房亲戚的关系。他知道周瑞金与翁心华是温州一中的老同学，特意安排了这个餐叙会。周瑞金带来新出版的《我的报人生涯撷珍》，签赠给三位乡贤，作为"报人"敬医者的见面礼。

叙谈中，周瑞金称赞翁心华会养生，83岁的耄耋老人依然思维敏捷、神采奕奕，他还乘兴给大家说了老同学的那段往事：

在温州一中念书时，翁心华和周瑞金都是文学爱好者，一起参加语文老师指导的文学兴趣课外小组。毕业填报大学志愿时，两人原来都决定报考复旦大学新闻系。不料想翁心华的父亲得知后，坚决不同意他考文科，一定要他报考医科。于是翁心华只好听命于父亲，改报医科，以高分考取了上海第一医学院（今复旦大学上海医学院）。大学毕业后，他来到华山医院传染科工作，在戴自英主任的培养下成为一名卓有成就的传染科主任医生和博士生导师，被医界称为"感染科的福尔摩斯"。

"我说今天回头看，确实是'知子莫若父'，应当好好感谢翁心华父亲的卓越远见！"周瑞金说得众人大笑。

翁心华却谦虚地说："我当年如果报考复旦新闻系，一定考不上，因为林书立老师指导的学生，有周瑞金等4位同学考上了新闻系，就轮不到我了。"

这时张文宏禁不住大声补充说："翁老师，您幸好没有报考新闻系。因为当时考复旦与考上海第一医学院分数相当，如果翁老师您考上新闻系，那就没有今天的张文宏了。"说得大家又是一阵哈哈大笑。

翁心华的经历，引起陈尔真的共鸣。在报考大学前夕，他也遵从父命报考了浙江医学院，走上医者之路。打开话匣子，陈尔真情不自禁地追忆起自己一段千里寻父的故事来。

周瑞金为三位乡贤签赠新出版的《我的报人生涯撷珍》。
前排右为翁心华，后排为张文宏（左）和陈尔真

1971 年，陈尔真的父亲在武汉养蜂，靠卖蜂蜜维持家庭生计。8岁的陈尔真一心想去父亲身边做小跟班，就从腾蛟老家出发，翻山越岭跑了 30 多里路，到瑞安坐小轮船到达温州，再转长途汽车颠簸一整天到金华，搭乘绿皮火车抵达上海。囊中羞涩的小男孩只能住进浴室旅馆，睡几小时后赶去码头排长队，这才买到 5 天后去武汉的船票，千辛万苦来到武汉。想不到他父亲因赶养蜂花期，这时已离开武汉去了西安。疲惫不堪的陈尔真继续赶去西安，他父亲又已去了延安附近的农村。这个 8 岁的乡村小男孩千里奔波，几乎跑遍了半个中国，

历尽艰辛终于找到自己的父亲时，父亲却不同意儿子留下来养蜂，很快送他回平阳老家念书。临近高中毕业，陈尔真写信给父亲提出报考志愿，父亲不容置疑地要他报考医科，当一个救死扶伤、有仁爱之心的良医。

周瑞金感慨地对陈尔真说："你当时去温州，竟与我学生年代走的路线图一模一样。"

翁心华感慨："又何止去温州的路线图一模一样，我们这些在雁山瓯水旁长大的山区孩子，连奋斗的历程也几乎一模一样，都历尽了千辛万苦。"

这情形就像歌中所唱："抖落一地的尘土，踏上遥远的路途，满怀痴情追求我的梦想。""三百六十五里路呀，从故乡到异乡；三百六十五里路呀，从少年到白头。"

当话题转入同学少年时的"文学梦"时，翁心华又笑着提起周瑞金高中时在那次主题班会上的发言："你说到做到了，不仅让自己的作品发表在全国最知名的报刊上，还出版新书让全国人民都看到。"在一片会意的笑声中，周瑞金与翁心华不禁回忆起他们共同的语文老师林书立。

恩师林书立

2014年，恰逢温州一中高中部1954级同学入学60周年。周瑞金为此在《三年同窗一世情》文章中写道：

三年的学习生活，紧张、充实而愉快。特别是学校领导的重视教学，各学科教师的认真授课，全校学生的好学进取，以及由此而形成的全校浓厚、热烈的学习风气，给我留下了深刻的难以磨灭的印象。

我不会忘记，金嵘轩老校长的学高、德劭、望重；魏忠副校长的勤恳、恭谨、忠诚于党的教育事业。

我也不会忘记，班主任王帆云老师同我们三年相共，亲密无间；郑虔老师不辞劳苦地为我们几个外语爱好者编写并辅导俄语课外材料；王祥第老师陪同并介绍夏鼐教授，以激励我们后学者钻研学问，追求事业。

我还不会忘记，关怀过我们这一届学生，为我们所普遍敬佩、赞赏的洪震寰老师、洪特民老师、周兴球老师、黄耒仪老师……

我最难忘怀的，是教过我们三年语文的林书立老师。当时，他虽然只是一个比我们大六七岁的青年教师，可是由于教学的认真引人、为人的质朴忠直、待学生的热情诚恳，他赢得了任教的两个班级全体同学的深深敬爱。

1955年，全国实行粮食统购统销制，学校学生食堂的粮食也开始供应不足。温州中学集体宿舍的学生，早上吃稀饭时，就像饿狼一样抢着喝滚烫的稀饭。周瑞金说："每餐像在比赛吃烫粥。你如果一上来舀了一碗，等到吃完再去舀第二碗，肯定是没有了。所以我每次只能先舀半碗，不怕滚烫赶快喝下去，然后再去抢舀一碗，这样可以吃到一碗半了。"

因为限粮，每天吃不饱肚子。那种饥饿感与初中时每月会饿上几天的感觉不同，因为到了高中时期，正处于长身体阶段，那种饥饿感简直难以忍受。因为饥饿，班上两位女同学在上体育课时竟然昏倒在操场上……

每当饥饿难忍时，周瑞金就默诵孟子的话："故天将降大任于是人也，必先苦其心志，劳其筋骨，饿其体肤，空乏其身，行拂乱其所为，所以动心忍性，曾益其所不能。"这段话一直激励着周瑞金，他把眼前的挨饿、打赤脚、没有零钱花等，都看作是将来要担当大任所必需的意志锻炼和心志培养，是对自己"动心忍性"修养的必不可少的增益。

语文老师林书立眼看周瑞金营养不良，又是外地寄宿生，家境较困难，平时缺少亲人照料，就不时邀周瑞金到他家一起吃饭，还送来鱼肝油丸，像父兄般给予无微不至的关心。

"最难忘的是高考前那一天，我患感冒发高烧，林先生焦急异常地赶到学校集体宿舍，亲自为我调药，待我烧退了才放心离开。第二天一早，他又亲自送我上考场，并留下一盒万金油，捋下自己的手表让我计时用，再三叮嘱我沉着应考，遇难莫慌。"周瑞金至今说起这一幕，仍神情激动。

1954 年秋，周瑞金开始念高中时，23 岁的林书立刚从杭州一家师范学院培训部毕业，分配到温州中学任语文老师。他说不出有什么特别的气质、风度，但总是穿得整整齐齐，头发梳得一丝不苟，一副文质彬彬的样子；他的脾气也特别好，无论上课还是课余，从没发过脾气，总是笑嘻嘻的，和蔼可亲。

林老师每次讲课都准备充分，内容丰富，生动引人，善于调动学生的听课积极性。为批改学生作文，他经常忙到更深夜阑，几乎在每本作文簿上都留下热情中肯、富有启发的批语。林老师有时把作文中的病句拿来讲解，往往引起哄堂大笑；而周瑞金的作文，时常被当作写得好的"佳作"拿在课堂上念。

在课余时间，林老师还组织指导语文课外兴趣小组活动，通过介绍文艺作品，切实提高学生的阅读品位和欣赏能力。周瑞金说，高中语文课学到的知识让他受用终身："更重要的是林先生的语文教学，很好地体现了'文以载道'，注重在教学中浸润、熏染学生的人格人品。屈原、陆游的爱国情操，杜甫、白居易的忧国忧民情怀，范仲淹'先天下之忧而忧，后天下之乐而乐'的品格，陶渊明不为五斗米折腰的风骨……林先生在教学中为我们树起的这一座座精神丰碑，成为我们人生奋斗征程中最亮丽的风范。"

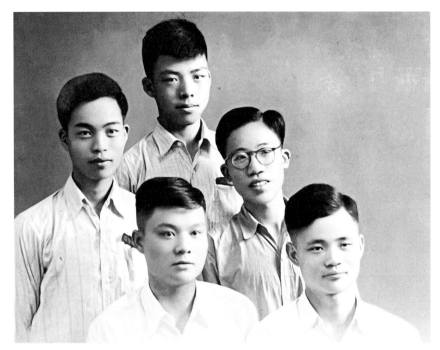

林书立老师（前排右一）与爱好文学的学生合影，二排右一为周瑞金

同班同学王雅游在《温州中学老师杂忆》文章中写道：林老师是因材施教、精雕细刻的典范。他的业绩，仅就这三年的（5）、（6）两个班而言，就可说是硕果累累。理科中有中科院院士王克明，国内著名的传染病学权威翁心华，妇科肿瘤专家周美惠等多人；文科更有考取复旦新闻系的郑集强、练性乾、周瑞金，历史系的赵克尧、许道勋，后来的国家汉办常务副主任程棠，中国驻叙利亚首任女大使吴珉珉，复旦大学教授郑国雄、温州中学副校长、特级教师叶正文、全国优秀班主任徐海安……实在不胜枚举。

王雅游特别提道：这其中，最明显的是瑞金的成长——

刚入学时，我们班的语文尖子，瑞金真的算不上。克尧、程棠、国雄、海安……太多太多了，而瑞金只能排在中等。可是到了高二时，他的作文已是异军突起，遥遥领先了。何故？奥秘就在于林师的"个人定制"。他俩同是平阳人，林师出身山门镇，瑞金生于腾蛟镇，同操闽南话，课余交谈，叽哩呱啦，显得特别的亲切。瑞金是在林老师的具体指引下，发奋努力的。打个比方，这在物理学上可算是做了"有用功"。他精读、细读，一本《人民文学》在手，他要读好长时间。一篇作文，他要反复增删修改，不受时间的限制，有时要写上十天、半个月。篇幅也长，有时都写了半本作文簿，厚厚的一沓。瑞金本人的努力当然是第一位的，但林老师的指点大大地提高了他的努力效果，使他获得了最大的效益。在作文方面能短时间内提高如此迅速，恐不多见。这一对师生真是创造了奇迹。

林老师再三强调的"阅读是写作的基础""多读、多写、多修改"，瑞金全做到了。他们的配合可真算得上是天衣无缝、珠联璧合。

同班同学、日后成为海图学者的陈继则回忆中学生活："印象较深的是，周瑞金的课桌角上放着一摞《莎士比亚戏剧集》，而莎士比亚是谁我当时都不知道。"

除了朱生豪翻译的《莎士比亚戏剧集》，周瑞金这期间还读了屈原的《离骚》《天问》《九章》等诗作。因为太喜欢他们的作品，太佩服他们的人品，周瑞金为自己取笔名叫"莎原"——从屈原和莎士比亚名字中各取一字组成，"勉励自己在人生道路上树立'为天地立心、为民众立言'的信念，不逢迎，不媚世，能独立思考，说论直言，以后在舆论阵地上敢为天下先，坚持为真理而呼喊"。

林老师不爱体育活动，也不爱唱歌跳舞，不像其他有些班主任，课外活动能和学生一起玩；但同学们与他相处得特别好。林老师的单身宿舍在教室旁的一座楼里，周瑞金和同学们课余时间经常跑到他房间里玩，把他的小房间挤得满满的，大家可以随便说笑。但是，林老师对学习的要求却十分严格、一丝不苟。

有一回，他布置《什么是幸福》的作文题，周瑞金当时不大会写议论文，干脆写成了一篇抒情文。尽管林老师平日对周瑞金的作文颇多好评，常在课堂上朗读，但这次却毫不留情地给出"差评"："文不对题，词不达意，差！"接着又写了一行："今后要加强议论文写作训练，以补其短。"

"看到批语，当时我脸上是怎样的火辣辣啊！但正是这种火辣辣，鞭策我去研读、学写杂文和评论等议论文章，"周瑞金说，"日后我能在人民日报社和解放日报社主管评论工作，为党的中央机关报和地方机关报撰写社论、评论员文章，细想起来，还同那篇作文的失败、林先生的严格指点有直接关系！"

林老师还勇于担当，甘冒风险，保护学生，他采用特殊手段挽救了好几位学生的前途。在林老师从教60年后，周瑞金恳请恩师撰文解密班主任档案，详叙其中的故事。

（5）班班长练性乾，为人忠厚、天资聪慧，写作很有天赋。林老师欣赏他的才华并寄予厚望，引导他把报考复旦大学新闻系作为努力目标。

毕业前夕，学校人事干部交来一份关于练性乾的政审外调材料，

1979年8月31日，周瑞金（左）与林书立老师在上海外滩合影

让林老师大吃一惊。这份材料上注明练性乾有港澳台的社会关系。林老师为此做了"技术处理"。练性乾与周瑞金、郑集强、马锡骏 4 人同时考入复旦大学新闻系，此后他成为著名的驻外记者，曾采访过美国总统里根。他在文章中还原了当时场景：

高考前夕，有一次，林老师把我叫到他的房间去，他的表情相当严肃。他叫我在他对面的椅子上坐下之后，从抽屉里取出了一份表格，问："你们家有人在海外吗？"我随口回答："没有。"我稍微想了一想，补充说："我想起来了，我有一个表叔，我父亲的表弟，在外面做生意一直没有回来，我不知道他现在是在香港还是别的什么地方，我们家同他没有联系，我也不认识。"林老师一听，指着表格上的几个字对我说："这里说你同港澳台有联系。"接着，林老师拿起毛笔，把表格上的那行字抹掉，把表格收回抽屉里，然后说："没事了，你可以走了。"我从林老师房间出来，好像什么事也没有发生。

在"阶级斗争天天讲、月月讲、年年讲"的年代，"同港澳台有联系"是高考录取的一个"死结"……表叔啊表叔，你差一点害了我一辈子，幸亏林老师的大笔一抹，抹去了我人生道路上的一个最大的"魔障"。

练性乾的同班同学吴尚节，也因林老师出具"反证"而躲过一劫。

1957 年春，温州有所师范学校，少数学生借着"大鸣、大放、大字报"的机会，把对学校平时伙食办得不好等怨气通通发泄出来，贴了很多大字报。温州中学的住校生也去凑热闹，看大字报后回来也一起写大字报，发动签名表示声援。吴尚节在接受调查时也承认写过

周瑞金（左）拜访 90 岁的恩师林书立

大字报。外调人员来向林老师了解学生写大字报的情况时，明确告诉林老师，吴尚节已详细交代，需要林老师写证明予以确认。林老师当然明白，在当时的政治环境下，这样的证明无疑会断送一个学生的前途，于是明确告知班上没有学生写过大字报，绝对没有这么回事。外调人员根本不相信，开始施加压力。林老师态度坚决，只写了"反证"。外调人员不久又来学校，带来更大压力，林老师依旧坚持原来的态度。外调人员只好又一次拿着林老师写的"反证"悻悻而去。

吴尚节事后说，如果不是林老师的两次"反证"，他肯定会被学校开除。原来，他是在"交心运动"中主动交代的，谁知"交心"之后马上被审查。那些在大字报上签过名的同学，尽管平时表现很优秀，最终都没能被大学录取。

毕业前夕的那几个黄昏，林老师与周瑞金时常一起漫步在华盖山上、畅谈理想、未来、事业和人生。周瑞金感到有许多心里话要向老师倾诉，林老师以自己的阅历和经验，循循善诱地讲述着应当怎样选择道路、看待社会、认识人生。"我们倚坐在华盖山上，背靠着亭亭松柏，面对着瓯江口点点渔火、曳曳帆影，经常畅谈至皓月当空，乐而忘返。"周瑞金讲述时依然神往。

多年后，林老师写诗描述师生间这段真挚的交游："踏春二月上华盖，落日悠悠花盛开。绿树丛中蝶曼舞，山巅幽径草深埋。口唱新歌意兴发，喜踏旧迹去复来。滔滔江水情何限，千里东风接英才。"

"千里东风接英才，"练性乾说，"我们年级共有4人考上复旦新闻系，（5）班是我和郑集强，还有（6）班的周瑞金，（2）班的马锡骏。这在温州一中的历史上是空前的，实际上也是绝后的，这种情况在全国恐怕也很少有。这让当时复旦新闻系师生也感到不胜惊讶和赞叹。林老师得到我们的好消息后，恐怕比我们自己还高兴。周瑞金以后当到《人民日报》副总编辑，在温州一中的校友中称得上是佼佼者。"

喜出望外地考上复旦新闻系，到上海读大学，要置办行装，要路费，练性乾家里正为此发愁时，林老师批了一个条子给练性乾，叫他到学校总务处领取10元补助费。"这又帮了我一个大忙。那时从温州经金华到上海，汽车票加火车票，10元足够了。"如今已是两鬓苍苍的练性乾，动情地回忆当年情景。

林老师毕生从事气功养生研究和实践，写下几十篇有价值有创见的文章，晚年出版《气功养生法解析》一书时，特嘱周瑞金写序，坦陈"养生有道、惠泽于民"的心愿。

周瑞金在《说说我的恩师》文章中写道：

在人生旅途上，从小学、中学到大学，在长知识、长身体、长世界观的成长过程中，会遇到许许多多传道、授业、解惑的老师。其中，对自己影响最大、关爱最深，能让自己一辈子感念、敬佩、爱戴，恩重如山的，那就叫恩师……

因为他，我倾心笔墨缘，在高二时就确立志向选择了后来干了一辈子的新闻专业；因为他，我顺利考上复旦大学新闻系；因为他，我这一生浮沉报海始终未迷失方向，坚持为祖国改革开放和社会主义现代化建设事业鼓与呼……

半个多世纪以来在学习和工作的征途上，我常常感到自己之所以能目标如一、步履稳健，始终坚持在党的新闻工作岗位上奋斗，不能不说林先生的思想、品格、情操对我的影响是一个重要因素。

师恩重如天，欲报之德，昊天罔极！

复旦 1957 级新闻人

院庆的珍贵礼物

2009 年 10 月 24 日，素有"记者摇篮"美誉的复旦大学新闻学院迎来 80 周年院庆，来自海内外的 1500 多位校友和来宾欢聚一堂。复旦大学校长杨玉良与新任会长的周瑞金共同为复旦大学新闻学院校友会揭牌。周瑞金在发言中说：当年风华正茂的年轻学子，如今重回母校已是两鬓斑白。几十年来，"复旦新闻"始终是我身上的光荣烙印，也是联结我与历届校友们的重要纽带——无论走到哪里，只要说出"复旦新闻"，总可以找到共同的青春回忆，找到可以信赖的知音。"复旦新闻"，像一把火点燃了我们的青春和理想，一代一代，薪火相传。

周瑞金引用陈望道提出的系铭"好学力行"：在离开母校后，多年寒窗的"好学"有了更大的空间"力行"。无论我们身处什么岗位，扮演着怎样的社会角色，都应以天下为己任，积极推动深化改革、科学发展，为振兴中华贡献一份力量。

讲话结束时，他意味深长地引用成都文殊院的一副楹联：

复旦大学校长杨玉良（左）与周瑞金为复旦大学新闻学院校友会揭牌

见了便做，做了便放下，了了有何不了；

慧生于觉，觉生于自在，生生还是无生。

周瑞金说："我们大家读了都会有所领悟。了了有何不了情，生生犹逐无生境。"

在周瑞金主持的1957级学友"班会"上，同学们倡议通过回忆大学生活，把半个世纪来的人生足迹写出来汇编成集。周瑞金在解放日报社工作时的老同事、时任复旦大学新闻学院院长宋超，非常支持这一倡议，他希望校友们能为母校多多提供珍贵鲜活的历史材料。

由周瑞金任主编的编辑小组随即成立，他的四位同学陆云帆、傅书涛、玛世明、杨忠华任副主编。2010年9月，76万字的《半个

2009年10月，周瑞金（站立着）召集1957级同学在复旦教室里开起班会，讨论决定由同学们写出回忆大学生活和人生足迹的报告文学集《半个世纪的跋涉》

世纪的跋涉——来自复旦大学新闻系一九五七级同学的报告》出版，此书被评价"是当今中国差错率最低的出版物"。傅书涛给周瑞金的信中说："在你的主导下，《半个世纪的跋涉》出版以来，在社会上和校友中产生很好的反响，有的说'接到此书，我连续两个整天细读了一遍'。我还接到了不少来自校友、老师和朋友们的来信和电话……"2010年12月24日《文汇读书周报》评论："《半个世纪的跋涉》反映了时代的风云，呈现着个性之多姿，读来令人时而掩卷唏嘘，时而击节赞叹，时而感悟人生。"

为纪念复旦1957级学子毕业50周年，周瑞金与4位副主编再度携手，在2012年8月出版《五十年后的感悟——来自复旦大学新闻

周瑞金（左二）与吴永川（左一）代表1957级同学向复旦新闻学院赠送新书《一个甲子的情谊》

系一九五七级同学的报告之二》。周瑞金在书中所载《格言·读书·人生之悟》中写道："生命的张力在事业，生命的光彩在智慧，生命的关联在朋友，生命的珍贵在健康，生命的延续在亲情。由此，善待人生在于五个'最'——人生最大的追求是事业，人生最大的智慧是舍得，人生最大的财富是朋友，人生最大的幸福是健康，人生最大的安慰是亲情。"他这篇文章被《解放日报》副刊《朝花》连载8天。

2018年1月，《一个甲子的情谊——来自复旦大学新闻系一九五七级同学的报告之三》出版，周瑞金在"前言"中写道："六十年前初逢桃李艳，一甲子后重聚夕阳红。不管我们在天南海北，不管我们混得怎么样，不管我们已老得变了模样，同学情是一根永远维系着我们的红线。"

这三本报告文集，形成一套复旦 1957 级新闻人的"命运交响曲"。

在 2019 年复旦大学新闻学院 90 周年院庆筹备期间，时任院长米博华与执行院长张涛甫来通报院庆活动安排时，周瑞金当即说："我们 1957 级的老同学十年来共结集出版了三部报告文集，作为向母院 90 周年院庆的献礼。"曾与周瑞金在人民日报社共事的米博华院长高兴地称"这是最珍贵的礼物"！

多事之秋的大学生活

1957 年秋，在登辉堂举行的开学典礼上，当苏步青副校长讲话时，周瑞金凝视着这位从小崇敬的偶像，心情特别激动。苏步青讲话结束后，在热烈的掌声中从主席台下来，到新入学的同学中走一圈，与大家见面。

当他微笑着走过来时，周瑞金站出来用家乡闽南话对他说："步青先生，我是腾蛟人，考进复旦新闻系来读书了。"腾蛟家乡习惯不称官名，都称先生。苏步青马上与周瑞金握手，也用流利的闽南话对他说："好，好，腾蛟人，好好用功读书噢！"

"好好用功读书噢"，这浓浓乡音的嘱咐，始终激励着周瑞金。

这期间，苏步青刚荣获新中国第一次颁发的国家自然科学奖。校园广播台在早、中、晚三餐时，开始连播长篇通讯，介绍这位大数学家在教学和科研上作出重大贡献的事迹。播音员声情并茂地朗读："苏教授在杭州上学时，曾多次在街道旁的路灯下，就着昏暗的灯光刻苦

1956年10月，周瑞金在高中就获"劳动卫国体育制度"一级测验及格证书（含军训内容，有夜行军、过战壕、凌晨吹哨、紧急打背包、急行军等项目）；1959年7月，他在大学期间又获更难达标的二级测验及格证书（增加了5000米和10000米长跑等项目）

攻读，不知疲倦和劳累……"周瑞金和同学们听着广播，在深受感染的同时，也感受到媒体传播的力量，立志要当好新一代的新闻人。曾担任《解放军报》副社长、南京政治学院政委正军职少将的吴永川同学回忆说："刚入学，我们把马雅可夫斯基的诗句写在宿舍的门上——'我爱报纸，为她工作，从黑夜直到天明'，那是我们共同的心声。"

　　他们这届新闻系同学共86人，其中三分之二的人都来自各地著名的中学，另外三分之一是调干生和转学生。全年级分甲、乙、丙三班，甲班多为调干生，20多人；乙班和丙班主要是应届高中毕业生，各30人左右，年龄稍小一点。平时的学习生活大都以小组为基础。

1962年，周瑞金（二排左一）与小组同学在教学楼前合影

周瑞金当时所在乙班分 3 个小组，他的小组成员有杨忠华、祁子青、周国荣、方俊民、郑景森、张克良、韩其忠等 8 位男同学，同住一室的四张双层床；还有陆敏乔和楼喜春两位女同学。杨忠华是团支部书记，周瑞金是团小组长。

杨忠华在文章中写道："周瑞金是温州一中同时考入新闻系的四大才子之一（其他三人是练性乾、郑集强、马锡骏）。大学 5 年，我都和他同班同组同住一室。他是年级的小字辈之一，但好学沉稳，成绩优异，文笔出色，才华横溢，我一直把他当作学习的榜样。"

复旦大学新闻系这一届的报考和录取比例是 80 ： 1。这样的比例筛选出的 86 人，本来是命运的宠儿，但他们置身的，偏偏是个多事之秋。

随着反右斗争如火如荼，刚进校的学生整天参加大大小小的批判会。学校的展板画面上，一个高大的工人手握一把大铁锹，铲向地面上的一小撮被漫画手法丑化了的右派分子。

周瑞金在文章中回忆："进入复旦大学那个年月，读书声销声匿迹，批斗声却此起彼伏。反右派，拔白旗，反右倾，批个人主义，运动一场接一场。刻苦学习被批判为'走白专道路'，打小报告整人却成为积极分子。不读书还要编写大部头教材批老教授以标榜'教育革命'，如此等等。那真是热情燃烧、豪气万丈的年代，又是愚蠢傻帽、荒唐可笑的年代。"

祁子青同学说："一入学我就大失所望。政治运动几乎是夜以继日，大鸣大放，大轰大嗡，全然没有我想象中的高等学府应该是安谧、幽静、肃穆的气氛以及莘莘学子悬梁刺股刻苦攻读的景象。"

1959 年至 1961 年，我国经历了"三年经济困难"时期，导致全国性的粮食和副食品短缺危机。浩然在小说《艳阳天》中称之为"饿得连自己的影子也拖不动了"。当时复旦大学学生食堂口粮和食油供应紧缺，学生们只能吃又薄又稀的稀饭，再喝几碗没有油水的菜皮汤，硬把肚皮撑着。

继初中、高中，周瑞金在大学里依然"饿其体肤"："那时我一个晚上要喝七两稀饭（小两），但到睡觉时又饿了，翻来覆去睡不着。"他也依然像在初中、高中那样，挨饿时默念："故天将降大任于是人也，必先苦其心志，劳其筋骨，饿其体肤，空乏其身……"他一如既往地把成长过程中的一切艰难困苦，都看作是对自己意志的淬炼和心志的培养。

练性乾同学在文章中称："大学5年，是我一生中最穷最清贫的5年。学生食堂中午晚上的菜看不见油水；1毛钱的菜有一点肉片，但吃了也不解馋。一次，食堂黑板的菜单上1毛钱的菜名写着'肉骗炒莴笋'，这大概是我这样的穷学生搞的恶作剧，嫌肉片太少不解馋，把'肉片'改成'肉骗'了。"

生活虽清贫，但1957级新闻人的校园生活依然多姿多彩。毕业后走进中央广播事业局的女同学石明仪，在文章中这样回忆校园生活：

每当春秋之际，登辉堂前绿莹莹的草地是我们一天紧张学习生活难得几十分钟的悠闲：或仰卧于草地中，遥望蓝天，无限遐想；或一连打几个滚，将头发、衣裤、书页沾满草屑，起身用手一挥一掸，周围溢满草香，人在青春年华无尽享受大自然的恩赐。

"读得用功，玩得尽兴"

复旦真是个海阔凭鱼跃、天高任鸟飞的地方。周瑞金的读书效率很高，课余时间一头扎进图书馆里。同宿舍的团支书杨忠华称他"读得用功，玩得尽兴"，欢乐的集体生活中总有他活跃的身影。

同宿舍的周国荣，在他写得详细完备的大学日记里，记载了1957年12月31日那个辞旧迎新的欢乐之夜：

上午上完课，下午就开始筹备晚上的欢聚。这是我们全组十位同学第一次集体吃晚饭。在这气氛温暖的"家"里团聚，别有一番诗意。

"读得用功，玩得尽兴"

周瑞金在课余拉胡琴（左图），
周瑞金（下图左一）在走象棋

"家"，由于周瑞金动了脑筋，布置得过节主题十分鲜明，使大家在一起吃饭感到异常舒畅。

我们全组开始文娱节目表演，已是夜深11点，大家的劲头依然十分高涨……郑景森朗诵了臧克家的诗《科学、神话、诗：为第一颗人造卫星的飞行而歌唱》；方俊民尽情地唱了黄梅戏；周瑞金朗诵了一首讽刺诗，抑扬顿挫，声情并茂，乐得众人嬉笑不止……

张克良忽发灵感提出，"值此新年之际，我们给市委党报《解放日报》打电话贺年"，大家一致同意说"好"，并推举祁志青执笔起草电话稿。很快，老祁稿成，大家一边吃面品年糕，一边讨论修改润色。接着，老韩干部、周瑞金、方俊民三位蹦蹦跳跳地去宿舍门房间打电话，此时正是 1958 年 1 月 1 日 1 点整……

瑞金他们回来，兴奋告诉说，报社同志热情感谢我们的贺电。大家听了尤为开心，不知谁带头领唱，一起异口同声地高歌《在祖国和平的土地上》。歌声飘出窗外，荡漾在明月皎皎的银白色上空……

熄灯，已是凌晨两点一刻，大家虽然有显倦意疲劳，但心里都是热乎乎的，青春热血在持续沸腾……

在这个迎新晚会上，周瑞金代表新闻系学子们给《解放日报》的编辑打电话贺新年，居然打通电话联系上了。他这时根本想不到，自己很快将走进这家市委机关报，在那里闯出一方新天地。也许命运之神这时已经悄然安排。

主课堂转移

1957 年，毛泽东提出"又红又专"号召，加上一年劳动后对知识的渴望，复旦 1957 级新闻人掀起了读书的高潮。周瑞金更是如饥似渴地汲取知识营养，每天都去争抢图书馆的座位。校刊、校广播台大张旗鼓地宣传又红又专的学生典型……后来，新闻系课堂的主阵地转移到农村和工厂。在工厂实习期间，学校规定师生一半时间要参加生产一线的体力劳动。

1959 年，周瑞金随班级同学在上钢五厂的半年多时间里，一边

周瑞金与同学编辑的上钢五厂企业报
《合金钢》

在电炉一车间当起炉前炼钢工人，一边与老师同学办起上钢五厂厂报《合金钢》报。

《合金钢》报名下标注着"中共上钢五厂委员会机关报"，这也是周瑞金第一次开始办党的"机关报"。"麻雀虽小，五脏俱全"，采写、编辑、排版、校对"一条龙"，都是真刀真枪的办报实践锻炼。周瑞金主要做编辑排版付印工作，相当于大报夜班编辑工作。选改稿件、做标题、划版样，然后拿去《解放日报》印刷车间，晚上跟排字工人一起进行植字、排版、拼版、校样、付印。在此期间，周瑞金学会了办报纸做标题、标字体、搞拼版、作校对等一系列夜班编辑的程序和技巧，为后来从事报纸编辑工作奠定了基础。

以后成为国家人事部副部长的徐颂陶同学回忆："在下放到上钢

周瑞金（右一）在农村劳动耕田

2017年，复旦大学新闻系1957级同学重游宝山，参观曾下乡劳动过的故地。周瑞金感慨地说，60年前牵着牛在这里深耕三尺的试验田，如今已成供水宝钢的宝山湖，真是沧海桑田啊！

五厂边劳动、边办厂报的半年实习中，涌现了像周瑞金、郑集强、吴永川等一批优秀学生，受到所在实习单位好评。剩下的半年是补习功课，写毕业论文。"

毕业分配却让同学们对前途提心吊胆。当时正逢国家经济困难，压缩财政支出，许多单位缩编，根本无法接受新增人员。祁子青同学在文章中说："回想起毕业前夕等分配的情形，心灵依旧会寒战不止。"

毕业分配的机缘巧合

1962 年 1 月，中共中央在北京召开"七千人大会"，提出"切实贯彻调整国民经济的方针"，来医治"大跃进"、人民公社化运动带来的创伤。就在周瑞金他们还在埋头撰写毕业论文时，系领导就开始"下毛毛雨"：国家压缩基本建设投资，各行各业都要精减人员，各省市的报社也在压缩编制，国家通讯社新华社正在动员转业，某某等著名记者已转到财贸系统工作了……

复旦新闻系毕业生一直是各大新闻单位"争相定购"的香饽饽，此时已无人问津，以往在 7 月初就能拍板定局的应届毕业生分配方案，直到新学年开学还迟迟不能落实。整个毕业分配工作显得神秘而压抑。同学们普遍大幅度降低了对前途的期望值，等待着命运之神的敲门。

近一半同学被分配到三北地区（西北、华北和东北），不少专业还不对口；也有一些同学被分配进电台、报社、军队系统和各地铁路部门。

1962 年 10 月 1 日，周瑞金和杨忠华、方俊民为同学王乃钧饯行，欢送他前往齐齐哈尔铁道报社报到。桃李春风一杯酒，江湖夜雨十年灯。同窗间在酒席上互诉衷肠，祝酒和临别赠言都浸染得微醺醉意。最后由周瑞金送王乃钧前往火车站。

"瑞金帮我拿着随身行李，送了一程又一程。瑞金还为我分配的工作不理想而感到惋惜。但他相信我奋斗几年，定能出头，叮嘱我

周瑞金的复旦大学毕业文凭

千万别消沉。"王乃钧在《往事并不如烟》中写道:"此后,我曾多次回上海,都是忠华或瑞金接待。1969 年,我和刘蕙旅行结婚来到上海,瑞金给安排了旅店,又请我们饭店小酌,还送我一部当时很稀缺的精装《毛泽东选集》一卷本作为纪念。这本宝书我至今还珍藏着。"

相比很多同学当时"毕业即改行"的困境,周瑞金成了幸运儿——毕业后直接走进解放日报社大门。

2012 年 7 月,腾讯网《大师》栏目访谈周瑞金时提问:"1962年分配到解放日报社,是不是因为您当时在系里是佼佼者才能够分配得比较好?"

周瑞金说:"我当时在运动中的表现并非佼佼者。我对政治运动不争上游,而是甘居中游,所以同学们给我起了一个绰号叫'小自由',所以在学校没有我入党的分。"

毕业前,同学们被分到华东各地报社进行为期半年的新闻采访编辑实习时，周瑞金被安排去安徽日报社实习。

他有一次去安徽医学院（今安徽医科大学）采访一位研究细胞学的医学教授，教授显然对眼前这位瘦弱腼腆的青年不以为然，尤其发现周瑞金对他研究的医学领域知之甚少，无法深入开展讨论，就婉转推辞了。

周瑞金意识到自己在采访前做的"功课"不够扎实，就一头钻到学校图书馆翻阅相关细胞学资料，包括德国微生物学家鲁道夫·魏尔肖的细胞学著作。一番快速恶补后，周瑞金再次走进那位教授的工作室，教授这次兴致勃勃地打开了话匣子。

正是通过这次采访，周瑞金开始对科学知识产生浓厚兴趣。他在《越是面临巨大挑战，越要提倡科学精神》一文中写道："在我们短暂的人生中，我们面临着如何更好地理解这个世界，如何更好地掌控生活，如何疗愈自我，如何帮助他人，如何获得幸福快乐，我们最终将去哪里等问题的拷问。只有科学能正确回答我们这些'人类之问'。我们要做热爱科学的现代人，拥抱科学，拥抱科学精神。"

随着这篇对教授的专访稿刊出，周瑞金在短短 4 个月时间里，就在《安徽日报》发表近 20 篇重要报道和通讯，有好几篇被评为红旗稿，有的还被《光明日报》转载。实习成绩出色的"临门一脚"，对毕业分配自然会起到"加分"作用。其实周瑞金自填的分配志愿是去东北辽宁，命运之神却为他开启了解放日报社的大门——而这，仅仅是他新闻生涯中机缘巧合的开始。

第二章

报海浮沉探新路

有一天，担任评论员的老报人郑拾风来到周瑞金办公室，忽然问他："上海不少居民住阁楼、亭子间，你知道他们的马桶放在哪里吗？"

周瑞金一时蒙圈了，答不上来。

郑拾风随即微笑着为他解答，并谆谆叮嘱："《大家谈》专栏主要是宣传移风易俗，你作为专栏编辑，一定要多了解上海社会，了解有哪些旧习俗，了解普通老百姓有什么想法和难处。这样，提倡社会主义新风尚就有的放矢了。"

才露"尖尖角"

    周瑞金在《解放日报》开始了新闻生涯的第一站,也在这里走出了人生的关键一步:"这是我政治上和业务上成长最快的时期。总编辑王维对我的关心培养,我非常感恩,永志不忘。他让我到读者来信组见习,后来调我到评论组编《大家谈》,关照郑拾风、储大宏培养我。我从他们对每一篇评论、每一篇报道的认真修改中学习,有时改了一句话就提升了一个观点,有时一字之改,使满篇生彩。我在《解放日报》的业务成长和政治成熟,全靠老同志倾注心血,培养而成。王维、储大宏、郑拾风、鲁瑛、方远、陈念云、沈光众,这些老前辈、老领导都是我永远铭记在心、毕生感恩敬佩的恩师。"

从读者来信组到评论组

    1962 年 10 月,刚进解放日报社,周瑞金被分配在读者来信组。这是总编室的下属部门,后来改称群众工作部。

    那期间,周瑞金每天都能收到大量读者来信,还有许多读者直接到报社接待室来访。各色人等提出的各种问题，都是他之前闻所未闻、见所未见的。

从 1963 年 1 月 11 日开始，《解放日报》设立《新道德新风尚》专栏，发动读者写日常生活中的好人好事，大力提倡社会主义道德风尚。这天，周瑞金读到一封读者来信，来信者诉说自己在合肥到上海的列车上提前分娩，得到许多素不相识的乘客热情照料，车到上海后又被许多热心人送到家。读者来信组领导张锦堂建议在《新道德新风尚》专栏发表此信，派周瑞金去找来信者和她所在派出所核实材料。周瑞金前去了解后大吃一惊，原来这好人好事背后竟隐藏着一段丑闻。

来信者是安徽医学院的一位女大学生，她因上了一位老教授的当而怀孕。两人商量，让女学生来上海医院分娩后就弃婴出走，想不到她提前在列车上分娩了，弃婴计划泡了汤。当这位女学生与婴儿无奈地被热心人送到家后，她不但遭父母一顿教训，她母亲还起诉那位教授，闹出一场诉讼官司。周瑞金由此又上了生动一课：对刊发读者来信的事实一定要了解清楚，真实是新闻的生命。

在设立《新道德新风尚》专栏之后的第 5 天，《解放日报》的《大家谈》专栏也与读者见面。《新道德新风尚》专栏以表扬为主，报道好人好事，以弘扬社会正气；《大家谈》专栏以议论为主，着重分析社会生活中存在的各种习俗问题，以移风易俗来纠正社会上各种不良现象。这两个专栏相辅相成、互为补充，成为《解放日报》产生广泛社会影响的特色专栏。

周瑞金每天处理大量的来信、来访，在回复读者来信提出的问题时，也时常有感而发地在版面上配发小评论。这些小评论短小精悍、

上海汉口路274号（上图）和309号（中图，原申报馆）为解放日报社旧址。周瑞金当年白天在这里工作，晚上住309号5楼的集体宿舍

1992年，周瑞金主政《解放日报》期间，兼任解放日报社新大楼基建领导小组组长。新大楼于1994年5月28日正式启用（右图）

文笔清新，"小荷才露尖尖角"，报社领导已慧眼相识。

1963年春，周瑞金被调到评论组，编辑《大家谈》评论专栏。这是他新闻评论发轫的地方，他的新闻生涯从此与新闻评论密切相连：从写小评论到评论员，从写评论到分管评论的报社领导，从党的地方机关报到中央机关报，从"吉方文""皇甫平"到"任仲平"。他在"八十感怀"诗章中，讲述的还是"皇甫微言申大义，邓公宏论卷巨澜"的故事，那是他评论生涯中最艰难也是最辉煌的时期。

作为评论组"新兵"，周瑞金被安排去基层锻炼。分管评论组的副总编徐惟诚要他每周抽一天起个大清早，跑一家菜场和商店，看第一批涌进菜场和商店的都是哪些顾客，他们先涌向哪个柜台，选购什么商品，最喜欢的是什么，最不满意的又是什么。他还要周瑞金星期天到城隍庙逛逛，到九曲桥的茶亭里坐坐，泡杯茶与茶客们聊聊。"茶客中有许多社会新闻，也有许多对时事的精彩评论，是个采风的好机会。你可以了解百姓在想些什么、关心什么，从中可以把握一些社会动向、社会思潮。"

有一天，担任评论员的老报人郑拾风来到周瑞金办公室，忽然问他："上海不少居民住阁楼、亭子间，你知道他们的马桶放在哪里吗？"

周瑞金一时蒙圈了，答不上来。

郑拾风随即微笑着为他解答，并谆谆叮嘱："《大家谈》专栏主要是宣传移风易俗，你作为专栏编辑，一定要多了解上海社会，了解有哪些旧习俗，了解普通老百姓有什么想法和难处。这样，提倡社会主义新风尚就有的放矢了。你要读些旧上海大观之类的书，要到里弄

1994年春节，周瑞金（左一）与妻子王雪琴（右一）到郑拾风（右二）家给老师和师母拜年

去联系参加一个知识青年学习小组，了解他们的想法。"

　　"老报人"的经验之谈，使周瑞金很受教益。他策划《大家谈》专栏的话题，也就更有针对性、群众性、贴近性：摆事实，实有其事；讲道理，娓娓道来，所以很受读者欢迎。

　　《大家谈》专栏刊登的第一篇文章《见赌就禁》，针对当时群众中存在的关于赌博的几种糊涂思想进行分析，切中时弊，4天内就收到80多篇来稿。后来又选择"压岁钱""送礼""吃喝"以及早婚早恋等热点问题展开议论，读者来稿相当踊跃。

偏偏就是这个《大家谈》专栏，竟让周瑞金的反思，整整延续了半个多世纪。

在2020年出版的《我的报人生涯撷珍》一书中，周瑞金提及1963年9月16日，他写的《戏装照好不好》在《大家谈》刊出后，在读者中引起热烈反响。这次讨论产生了积极意义，周瑞金说，"但也有不足之处，比如对戏装照缺少具体分析，至于讨论中把拍戏装照，喜欢读古书、古典诗词，统统上升到'发怀古之幽情'的高度，是片面的，过头了"。

《大家谈》接着发起关于奇装异服问题的讨论，把小裤脚管裤子、花衬衫、尖头皮鞋、大包头、八字胡等，通通看作资产阶级生活方式，把群众对服装式样、穿着打扮的不同生活爱好，一概看作"资产阶级思想侵蚀的突破口"；在对《清明有必要扫墓吗？》一文的讨论中，不加分析就把清明扫墓看作具有迷信色彩、不利于破除神鬼观念的活动；文章《值得注意的"军棋"游戏》，把军棋游戏也提升到"与人民革命战争的指导原则相违背"的高度，说什么玩军棋会"使人们从小留下'大吃小''人在炸弹面前无能为力'的印象"。

"真理越出一步就变成谬误，"周瑞金剖析说，"这些'左'的观点和宣传势必脱离实际，脱离群众。作为当时《大家谈》专栏的编辑，我觉得这个教训是永远值得记取的。"

在特殊的时代背景下，报纸栏目文章出现"左"的观念本来不足为奇，周瑞金却还耿耿于怀，把这点俱往矣的事写下来说事，在"都付笑谈中"仍保持一分清醒。

"大红旗稿"是这样写成的

1963 年 9 月下旬的一天，周瑞金随报社总编室雷兰去读者来信组了解信访情况时，看到有位妇女来信讲述因婚后没生孩子而被丈夫虐待的遭遇。周瑞金觉得这封信提出的问题具有普遍性，可以做些文章。储大宏、郑拾风也同意这一看法，决定在《信箱》栏目刊出这封信，同时请《新民晚报》总编辑赵超构（笔名"林放"）以复信形式写篇文章，分析批评那位丈夫的虐待行为。这组题为《遇到这样的丈夫怎么办》的文章在《信箱》栏目发表后，不少读者来信批评夫妻关系中的封建思想残余，希望那位丈夫转变思想作风。其中有封来信是上海邮电局邮件转运处工人高长富所写，他说当晚回家把《信箱》栏目的文章念给妻子听，妻子非常激动，催促他连夜写信，把他们夫妻的一段经历写出来转告那位丈夫，希望他觉悟过来。

高长富在信中简述，12 年前，他们结婚才两年多的时候，妻子突然患眼病双目失明，当时他心情复杂。在党组织的帮助下，他认识到自己和妻子都是新中国的工人，不仅是生活伴侣，而且是阶级兄妹，这样他终于克服了矛盾心理。12 年来，他们夫妻间一直互敬互爱，和睦团结，养育子女，家庭生活温暖幸福。尽管信中叙述的情节和思想矛盾演变过程写得很简单，文句欠通顺，字迹也歪歪斜斜，周瑞金却被这封信的真情实感所打动。评论组领导就把采写高长富夫妇的任务交给周瑞金，要他深入采访，帮助作者写出一篇动人的通讯报道。

周瑞金那几天接连往高长富家赶，白天与他的妻子和孩子深谈，晚上又对下班回家的高长富进行详细采访，第二天再采访邻居和邮电部门领导。经过努力，周瑞金掌握了大量的动人细节：失明的妻子学烧饭，几次把手烧伤，终于掌握了方法；她还顽强地学会各种家务来解除丈夫的后顾之忧；丈夫拿到奖金后，首先想到的是去买收音机让妻子在家关心时事，排解寂寞，对妻子体贴备至。社会上许多非亲非故、素昧平生的人，也都伸出热情友爱之手关爱他们夫妇俩：菜场营业员每天为他家义务送菜上门，小学教师热情关心他们三个孩子的健康和学习，别人家的保姆主动为他们的孩子缝衣做鞋等，说明社会上一方有难、八方相助的新风气正在发扬。

那天晚上，周瑞金尽管患感冒身体发烧，却抑制不住内心的激动，开了一个通宵夜车，以来信形式一气呵成地写好了稿子。翌日一早，准时向郑拾风、储大宏两位老师交稿。他们对稿件文字作了精心修改和润色。魏克明总编辑在审读定稿时也产生共鸣，亲自赶写社论。

1963 年 11 月 24 日，《解放日报》头版头条以《我的妻子双目失明以后……》为通栏标题，发表了周瑞金采写的这篇署名高长富的读者来信，并配发社论《从一封信看新人的成长》。

这组报道发表后，在社会上反响强烈。《人民日报》迅速转载，新华社向全国播发，23 家省、市、自治区党委机关报刊登了这组报道。报社将这篇通讯评为"大红旗稿"。

为了扩大典型报道的影响，周瑞金又接连采写了菜场营业员、小学老师和高长富的邻居夫妇，在《他们为什么帮助高长富夫妇》的栏目里，介绍好心人热情帮助和关心高长富夫妇及其子女的先进思想和事迹，传播急人所急、助人为乐的高尚精神，显示出新社会人际关系

1963年11月24日，《解放日报》头版刊登《我的妻子双目失明以后⋯⋯》，并配发社论《从一封信看新人的成长》

的深刻变化。

当时周瑞金及编辑部收到全国各地读者来信500多封，有介绍医疗双目失明的祖传秘方、药物、医生的，也有捐款帮助的，还有讲述眼科老医生上门为"失明妻子"检查治疗的，十分感人。上海市委领导热情赞扬了这篇通讯，并提出党报记者为社会主义积极分子代笔是个方向，往往比记者写更有感染力。

周瑞金说："其实我也这样想。高长富这篇来信，如果用我自己署名写成通讯稿，恐怕社会效果就不会那么好。媒体怎样宣传报道，真是门大学问。"

郑拾风、储大宏为周瑞金"庆功"，邀他去他们家喝酒吃饭。这当然只是个由头。周瑞金单身在上海，一到节假日，老记者、老编辑纷纷邀他去他们家里吃饭。记者部老记者华将谟，平时与周瑞金没业务往来，也热情请他到家里吃饭。当然，他去得较多的还是郑拾风家。郑拾风家的家具是陈旧的，摆设是简朴的，却让周瑞金感到特别温馨。

周瑞金说："拾风老师对我工作给予亲切指导，对我生活也无微不至关怀。当时，我是单身汉，他经常在节假日邀我去他家吃饭聊天，这其中既有新闻经验的交流，又有人生哲理的传授，留下不少美好的记忆。""1964年除夕夜，他盛情邀我与未婚妻到他家一起吃年夜饭，欢乐度岁。1965年春，我在龙华医院住院小手术，他们一家为我介绍医生、烧菜、来医院探望。当时我只不过是一个学艺的年轻编辑，他们一家能如此关心后学，何等难能可贵！人的一生有两种老师：一是在学校的传道授业解惑者，一是走上社会后人生道路的指点者、关心者。郑拾风正是我所永远怀念的第二种老师。"

周瑞金在编辑《大家谈》专栏时，还结识了不少有才气、有见解的通讯员和作者。1959 年毕业于华东师范大学中文系的周自进就是其中一位。他当时在技校当教师，经常踊跃投稿直抒己见，能切合基层职工的思想实际，文风朴实，周瑞金与他相识后，从稿件处理到文章切磋再到工作生活上相互关心帮助，报纸编辑与通讯员、作者之间这种真挚情谊保持了几十年。

2011 年初春的一天，周自进送来一叠题为《报海撷珍》的书稿，期待周瑞金作序。周瑞金当即一口承应。"自进兄年长我八岁，今年他已届八秩高龄，仍然活跃在新闻采访第一线，其坚定信念、顽强精神令人敬佩。捧读凝聚着他一生心血的文稿，我脑海突然涌现几句话，'看似寻常最奇崛，成如容易却艰辛；莫嫌秋老山容淡，山到秋深红更多'。"

完全可以约作者来报社谈稿，青年编辑周瑞金却时常登门拜访。在 2021 年 10 月 13 日《新民晚报》刊出的一篇《从不速之客到报坛挚友》中，作者庞兆麟讲述了 20 世纪 60 年代，他在嘉定地区任教时的一件事。有一天，有位年轻人从市区找上门来："我叫周瑞金，是《解放日报》评论部的编辑，前几天收到你寄来的题为《正确对待子女升学考试》的文章，我们觉得很有现实意义，今天特来和你商讨，尽量把这篇言论写得更有说服力。"

"为了我这位业余作者区区一篇小稿，周瑞金特地从市区赶到郊区来与我当面讨论补充修改。我为之深深感动。"庞兆麟说。在周瑞金的帮助指导下，他之后经常在《解放日报》发表文章。"数十年来，周瑞金先生与我从不速之客到报坛挚友，其情其义，令我无比珍惜。"

在"下丁家"的人生转折

1964 年 1 月，毛泽东在与《人民日报》总编辑兼新华社社长吴冷西关于报纸工作的谈话中，表扬《解放日报》比较注意抓思想，抓思想工作，值得一看。[1]

受到伟大领袖表扬的这一特大消息，周瑞金最早还是从《文汇报》的老同学刘文峰口中得知的。当时总编辑魏克明、第二总编辑王维面对领袖表扬时实事求是、平稳求实，开始只是在报社中层干部范围内进行讨论，找差距，研究如何进一步落实毛主席关于"抓思想、抓思想工作"的指示，然后才在编辑、记者中逐步传开。在那个特殊年代，报社有人因此贴大字报揭批魏、王"封锁毛主席的最高指示"，"是反对毛泽东思想的一大罪状"。

伟大领袖表扬《解放日报》，给进报社才两年多的周瑞金以极大的鼓舞。报社领导注重对年轻记者的培养，也给他提供了更多施展才华、实现自己新闻理想和抱负的机会。这一年，周瑞金被报社评为出席上海市文教战线先进工作者大会的代表，不久因毛泽东关于文艺问题的批示下达，这个大会没能举行。

《解放日报》当年不仅是中共上海市委机关报，也是华东局机关报。1965 年 4 月，华东局书记处书记魏文伯布置给《解放日报》一个重要报道任务，要求报社派记者采访报道华东地区山东省黄县（今龙口市）下丁家大队，这是他亲自抓的一个大典型。

---

1   参见《解放日报五十年大事记（1949-1999）》。

第二总编辑王维立即指派总编室主任鲁瑛带队，抽调记者部老记者方远、摄影组记者赵立群和评论组周瑞金三人，另调《大众日报》记者李彦臻参加，组成五人报道组，到下丁家大队蹲点采访两个多月，和农民吃、住、劳动在一起。

周瑞金所住农家，主人是 70 多岁的老石匠吕清忠。老人家一口山东土话，周瑞金根本听不懂，因此常闹笑话。山东口音的"肉"听上去像"油"，有天老人家叫周瑞金去买肉，他却买了菜油回来，老石匠哭笑不得。老人家晚上睡前不洗脚，脱鞋后，一双脚在地上擦两擦，就上床了。周瑞金与他同床睡了一个多月，硬着头皮从不习惯熬成习惯。

下丁家大队地处黄县凤凰山区，共有 8 个自然村、560 户人家、21 个生产队。大队党总支书记王永幸是残疾转业军人，1954 年春天，他带领 21 户农民办起初级农业生产合作社，当选为管委会主任，1955 年 3 月任下丁家乡党总支书记；同年 12 月，他联合 6 个初级社合并成立高级农业合作社，当选为党支部书记兼管委会主任。这个大队用了 10 年时间自力更生、艰苦创业，综合治理山、水、田，真正做到"改造山，山低头；改造河，河驯服；改造地，地增产"。在山东省第三届社会主义农业建设积极分子代表大会上，王永幸代表 10 个山区农业社发出"以愚公移山精神改变山区自然面貌"的倡议。他在接受报道组采访时说：现在基层都在抓阶级斗争，这其实是在制造干部与群众之间的矛盾、干部与干部之间的矛盾，"我不明白这样搞还能推动农业生产，还能团结大家与穷山恶水做斗争？"

周瑞金听来感到有点震惊，觉得这个党总支书记不简单、不跟风，

2021年7月，《人民日报》上海分社副社长李泓冰（左）代表报社党组织为周瑞金颁发"光荣在党50年"纪念章和证书

有独立思考精神。所以，报道组在下丁家大队深入采访中，也坚持实事求是的原则，决不去硬挖硬凑"地富反坏"分子搞破坏之类的事。

列出写作提纲后，在老记者方远的指导和帮助下，周瑞金参与撰写了一篇近两万字的长篇通讯和一条经验性新闻。王维对这组典型报道要求十分严格，通讯曾数易其稿，最后经郑拾风、王维修改、润色定稿。1965年10月28日，《解放日报》用两个整版发表了这篇《下丁家人创业之路》的报道，《人民日报》10月31日予以转载；上海人民出版社出版《下丁家人创业之路》一书，首印就是5万册。

周瑞金在总结中写道："我与采访报道组的其他同志一起深入农村，同农民一起生活，一起劳动，边调查，边采访，历时两个月。其间，我撰写了五篇内部调查、一篇头条新闻、十则英雄谱人物材料，参与撰写了长篇通讯。这是一次比较全面的业务学习和锻炼，不仅在思想上深受教育，而且在采访作风、写作技巧上，都是一次重要的实践。这是我业务成长过程中的一个转折，是我向独立地从事新闻工作，较全面地掌握新闻业务技巧方向努力的开端。"

　　在下丁家大队的采访实践，使周瑞金的人生实现了重大转折。1965 年 10 月，在鲁瑛和储大宏两位老党员介绍下，周瑞金光荣地加入了中国共产党，从此开始了新的政治生命。

　　岂料，在随之爆发的"文化大革命"中，周瑞金却遭到大字报的围攻，被批判为"修正主义接班人""黑标兵"。他在那个时代尝遍艰难、痛苦、忧虑、希冀、期待，真正体验了世事的艰辛繁复，人生的甘苦冷暖。

心灵和意志的淬炼

电影《霸王别姬》是一部由陈凯歌执导、张国荣主演的文艺片。影片围绕两位京剧伶人半个世纪的悲欢离合，展现了对传统文化、人的生存状态及人性的思考与领悟。

影片中两个师兄弟从小学唱京戏，一个旦角一个生角，苦练成为名演员。全民族抗战时期，师兄遭日军关押，师弟为救他，不得已给日本军官唱戏。日本人被赶走后，国民党统治者迫害过他们，两人被抓进监牢受过皮肉之苦，但熬过来了。"文化大革命"开始后，造反派要兄弟俩相互揭发批判，他俩受尽精神摧残和心灵打击。

当时有人评论这部电影十分反动刻毒：日本人占领时期师兄弟过得挺好，国民党时期也没有受到怎样的伤害，到了"文化大革命"时期反而遭殃。所以当时有人反对这部电影公开上映。

周瑞金为此对中宣部领导坦陈："我认为这部电影的深刻之处，就在于揭露了'文化大革命'摧残人性、摧残心灵，带给观众以内心深处的震撼，这个片子是非常深刻的。它不是说日本人怎么好，而是说日军在战争中有残酷屠杀中国人民的一面，也有对中国文化和艺术精英欣赏、尊重的一面，这也是客观事实。而影片中国民党反动派迫害进步人士，也只是抓进监牢折磨人的肉体。人最受不了的是心灵摧残。皮肉之苦都受得了，对人的信誉、良心摧残，真是受不了。我感受太深了。"[1]

1966年5月，"文化大革命"骤然降临。解放日报社第一批揪出来的"反动权威""牛鬼蛇神"，就是郑拾风、沈光众，周瑞金最好的两个老师。周瑞金对那些黑白颠倒、无限上纲的揭发批判大字报很反感，不屑一顾。有人动员他站起来"反戈一击"揭发批判郑拾风、沈光众，他思前想后感到两位老师没什么"反动言论"好揭发批判的，就不去动手写大字报。

周瑞金怎么也想不到的是，1966年7月1日晚，报社纪念党的生日大会开过后，"修正主义接班人周瑞金"也被揭出来了。揭发他是反动学术权威、牛鬼蛇神郑拾风、沈光众培养出来的"脓包"，是解放日报社"青年的蠹虫"，是"赫鲁晓夫式的野心家、阴谋家"，大帽子灌顶压，从报社五楼到底楼，揭批他的大字报满天飞。

报社造反派去抄郑拾风的家，为了"教育"周瑞金，让他一起参加"革命行动"。"你想想，郑拾风平时对我那么好，节假日经常约我去他家里吃饭。他的几个孩子，和我关系都很好。那天被叫去抄家，我内心深受煎熬，一路上真想从卡车上跳下来，那真比打我骂我还难受。这就叫心灵摧残。"周瑞金痛苦地回忆，"好在抄家的时候造反

1　参见周瑞金：《我的报人生涯撷珍》，浙江人民出版社2020年版，第232-233页。

派不相信我，不让我到房子里去，只叫我守在门口，没有面对郑拾风和他太太两人的面，那还好一点。否则叫我怎么面对他们？我还有什么脸面抄他们的家？但是，当郑拾风的小儿子在家门口见到我，很亲热地跑过来抱着我时，我禁不住泪流满面，血往心里涌，这比被抓到监牢挨打都难受啊！"

那时，什么叫颠倒是非、歪曲事实，什么叫无中生有、无限上纲，什么叫心灵摧残、精神折磨，周瑞金全都尝到了滋味。他根本不敢再到食堂去吃饭，每天中午就到报社附近山东路"老正兴"小饭店，一毛钱一杯"土烧"下肚，却是"借酒浇愁愁更愁"。

周瑞金遭受心灵摧残的切身经历，中宣部领导听得很是唏嘘。不久，电影《霸王别姬》被批准公映了。

1993年，《霸王别姬》先后在中国香港以及中国内地上映，此后在世界多个国家和地区公映，打破了中国内地文艺片在美国的票房纪录，成为唯一一部同时获得戛纳国际电影节金棕榈大奖、美国金球奖最佳外语片的华语电影。2005年，该片入选美国《时代周刊》评出的"全球史上百部最佳电影"。

1966年8月，随着北京红卫兵来上海造反，"斗争大方向"改变了。解放日报社从批斗"牛鬼蛇神"转向批斗"走资派"，向当时报社党委书记、总编辑马达造反。马达就组织报社红卫兵保卫党委，两个月前还在被揭发批判的周瑞金，这时却被结合进了红卫兵队伍。

有一天，北京的红卫兵小将来报社闹事，他们揪住在接待室接待的周瑞金："你是什么出身？"周瑞金说是小商人出身。红卫兵们顿时翻脸："小商人就是资产阶级，解放日报社红卫兵混进了阶级敌人。"说着就扯下周瑞金的红袖章，转身去造马达的反。剧情很快反转：马达安排报社的两位转业军人出场。眼看穿着军装的来人气势威严，那些红卫兵小将怂了下来，当即交还了周瑞金的红袖章。

当晚，马达在食堂看到周瑞金就责怪："周瑞金，面对这些人，你就不能圆滑些吗？"

被抢红袖章这件事，不仅给周瑞金，同时也给马达留下深刻印象。

1996年1月，周瑞金刚继任人民日报社华东分社社长，分社就在黄浦路上的海鸥饭店召开《华东写真》新闻摄影研讨会，马达与陈念云这两位沪上新闻界的老领导应邀到会。他俩都曾是周瑞金的"顶头上司"。

1996年1月12日，人民日报社华东分社召开新闻摄影研讨会，马达（前排右三）、陈念云（前排左三）应邀出席并作书面发言

茶歇时，两位老领导不禁说起了周瑞金。年届古稀的马达很是感慨："周瑞金这个人太率真，该变通的时候也不懂得圆滑。他做人做事就像写评论，向来秉笔直书。"

1966年11月27日至12月9日，上海发生了"《解放日报》事件"。11月30日凌晨起，造反派强行占领解放日报社，阻止报纸发行，历时八天九夜，震动全国，这是上海造反派继"安亭事件"之后制造的又一重大事件。

周瑞金每天钻食堂后门的小洞坚持上班，尽量劝说社外的红卫兵、工人造反派离开报社。1967年1月初，上海的文汇报社被造反派夺权，揭开了所谓"一月风暴"的序幕。解放日报社党委也被打倒，造反派掌权分"大小班子"。周瑞金做好了进大班子的思想准备，却出乎意料地始终留在"小班子"，为报纸撰写言论。带着政治压力和心灵创伤，周瑞金仍默默坚守新闻评论的岗位。

"死了张屠夫，不吃混毛猪"是当时的流行语。评论组那几位写作大佬都成了"张屠夫"：储大宏靠边了，郑拾风早就被隔离审查，叶中戴了右倾帽子，邹兆琦被作为逃亡地主抓了出来。"蜀中无大将，廖化当先锋。"报社没有人写社论了，周瑞金当起"先锋"："那时一天要写两篇社论。经常凌晨3点，就有人把我从床上拉起来，说毛主席最新指示下来了，等着我马上写社论，排字拼版，当时的报纸一般要到上午10点钟才开印。"

"说起来有些好笑，我写社论、评论员文章是在'文化大革命'时期锻炼出来的。"周瑞金接受采访时说："这之前在评论组编过《大家谈》专栏，也为下丁家典型报道起草过社论初稿，但真正操刀，成

2018年9月12日，周瑞金（左二）接受《解放日报》总编辑陈颂清（左三）、首席评论员朱珉迁（左一）、政情频道记者吴頔（左四）采访，当回顾"文化大革命"时期他在解放日报社的经历时，不胜感慨　　　　　　　　《解放日报》供稿

为《解放日报》社论、评论的主要写手，还是在'文化大革命'时期。当然那时写的社论，百分之九十今天已无法卒读。我记得起来产生过好作用的，只有一篇针对批斗农村生产队长的社论——《不许把斗争矛头指向生产队长》。当时上海市区曾规定不能批斗居委会主任，我就借用这个规定，提出要保护农村生产队干部。社论刊登出来后，上海郊区十个县的农村生产队长，纷纷把当天的《解放日报》挂在扁担前面，像个护身符一样，保护自己，避开造反派批斗。"

结果出乎意料

从 1962 年毕业进入解放日报社，整整 18 年中，作为新闻工作者的周瑞金，还没机会去一趟首都北京。

严介生和徐颂陶，这两位在京工作的复旦新闻系老同学，在诧异之际，赶紧联手创造条件，以交流报纸改革与新闻评论工作的名义，在 1980 年 11 月，邀请周瑞金首次赴京讲课。

铁道部宣传部当时复刊《人民铁道》报，严介生被任命为主持编辑业务的副总编辑。他特地将老同学徐颂陶调来报社，主持加强评论理论部工作。徐颂陶当时已从哈尔滨铁路局《前进列车报》调到铁道部，任政治部驻勤，来人民铁道报社干得很出色，以后又从人民铁道报社调到正在组建的国家人事局工作，再以后出任国家人事部副部长。

严介生与徐颂陶商量后，特邀周瑞金到北京的人民铁道报社，与编辑记者们进行业务交流，介绍《解放日报》的报纸改革情况和新闻评论工作经验。

当时只要是《人民铁道》报的记者、编辑，都可以开一张从北京到全国各站的公用乘车证，习惯上称"免票"，什么列车都可以乘，凡是通铁路的地方都可以去。周瑞金这次赴京讲课，也享受了"公用乘车证"的待遇。

抵京当天下午，徐颂陶陪同周瑞金骑着自行车沿长安街向东，游览了天安门广场。周瑞金说："站在雄伟的天安门城楼下，面对人民英雄纪念碑和毛主席纪念堂，我激情难抑，无限感慨。那天我们直到天黑了，才骑车急急忙忙地赶回报社招待所。"

分别了十几年的老同学相聚北京，当晚，周瑞金与严介生、徐颂陶激动地畅怀痛饮。

周瑞金在京住了一周。在编辑部业务交流之余，严介生、徐颂陶轮流陪同周瑞金游览故宫、天坛、北海、颐和园、八达岭长城等著名景点。

当时党中央办公地中南海定时开放给游客参观。周瑞金正赶上这个时机，在严介生和徐颂陶陪同下，他来到丰泽园菊香书屋毛泽东主席的故居，当看到老人家生前睡的超大木板床上半床都堆满线装书时，很是激动。伟人对书的酷爱，实在是超过了他的所有嗜好。床头那张光滑的枕席上可以打上方方正正的两个补丁，而那一叠叠的书，却连边角部都没有一点卷折。老人家手不释卷，又常引用孟子说的"尽信书，则不如无书"。他阅读时留在书上的红圈圈、蓝杠杠，正是独特思考、追根究底的思想轨迹。

看着眼前的情景，周瑞金一时思绪翻滚，感叹不已。

文思泉涌的周瑞金在讲课时生动有趣，尤其对报纸改革中遇到的一些新闻理论问题，他分析透彻，切中肯綮，受到铁道报社编辑记者们的纷纷称赞，因此却成为个别人向严介生发难、施加压力的把柄。

30 多年后，严介生在回忆文集《我从长江尾走来》中提及此事：

编辑部内部也不平静，不断有人对我施加压力。1980 年 11 月间，老同学周瑞金应我的邀请来我们编辑部讲课，介绍他写评论的经验体会。瑞金当时是上海的解放日报社评论部主任，讲得非常精彩，大家都感到很受启发，可是我们的政工编辑部主任老吕却冷冷地说："按他所说的写评论，还是党的机关报吗？"

周瑞金对此很是吃惊，实在想不起来当年发表了哪些不当言论，让吕主任感到按这些意见写评论，就会使党报变质。

细心的严介生为这次讲课保留了一份 2200 多字的现场记录稿，可以还原当时的讲课内容。

周瑞金首先介绍，《解放日报》正经历着一场重大的变革。改革的目标主要是四个字：加重，搞活。办成思想性较强、以新闻为主、富有上海地方特色、为全市人民喜爱又有全国影响的报纸。

加重，要以思想性取胜，不能追求形式上的花哨。但又不是极左，搞得面目可憎。要将思想性与群众性统一起来，体现人民的根本利益，为人民讲话，为人民办事。这样的加重，才不会脱离群众。

搞活，就是要解决活跃思想的问题。对拨乱反正提出新的见解。同时解决版面不够丰富多彩的问题。强调增加新闻性。报纸姓"新"。要真新闻、短新闻，不搞公报式的新闻，提倡"鲜肉"，反对"腌货"。特别要把经济报道搞得有社会性。

加重、搞活要注意思想性、群众性、新闻性。

周瑞金讲课之余，由严介生（中）、徐颂陶（左）陪同游览北京的名胜古迹

　　怎样才算"加重"和"搞活"？周瑞金各提出五个"要"："加重"要提出有影响的问题，要树立有影响的典型，要写出有影响的评论，要发表有影响的文章，要开展有影响的批评；"搞活"要增加容量把新闻搞活，要把读者来信搞活，要把思想讨论搞活，要把百家争鸣搞活，要把副刊和专刊搞活。

　　周瑞金说，一定要刊登真新闻，群众爱看的新闻。新闻是跑出来的，不要抄抄简报，听听电话。要改变结果性新闻，要行进式新闻，增加新闻时效，有连续性的新闻。变说教性新闻为启发性新闻。只报道事实，不作结论，让读者自己思考。增加人物新闻，写新闻人物，开拓新闻天地，增加群众需要的新闻。

经济新闻怎么搞活是个大问题。周瑞金的看法是，要改变外行看不懂、内行不愿看的局面。经济报道不一定是枯燥的，主要看是否来自群众，能不能触及社会经济活动和群众生活的实际。要发动群众讨论，造成声势，推动问题得到解决，推动整个经济工作。

《解放日报》每月有一万三四千封来信，每月来访千余人次。怎么充分利用这些来信来访？周瑞金介绍说，报纸增加了《每月来信综述》《外地读者看上海》《来自人民代表的建议》《劳动模范的来信》《街谈巷议》《本报接待室里》等专栏，坚持为群众说话。群众称报纸是"包（报）大人"；读者为报社赠送"主持公道，正义楷模"这样的牌匾。

时任报社评论部主任的周瑞金强调，作为机关报，评论工作的强弱，一定程度上反映了报纸的水平。《解放日报》的评论一是力求有针对性，密切注意本市的思想动向，从上海的实际情况出发，力戒泛泛而谈，只是单纯地贯彻上边的意图；二是力求有群众性，要把贯彻上面的精神和指示与群众呼声有机结合起来。说理别开生面，要生动，能吸引人。形式要别有洞天，多种多样。报纸评论不要成为坛主，要符合舆论工具的民主风度。

这次讲课，其实也是周瑞金对新闻改革、新闻评论写作，以及新闻理论中一些问题的思考和探索，听课者都称讲得非常精彩，那位编辑部主任却认作不当言论，周瑞金对此实在是出乎意料。而在1983年解放日报社领导新老交替时，推荐得票数名列前茅的他，结果被拉了下来，更出乎他意料。

周瑞金积极参与《解放日报》一系列新闻改革实践，成效显著，在报社赢得众口称赞。《文汇报》创始人严宝礼的外孙、《解放日报》

1992年9月12日，周瑞金（右）与陈念云（中）采访紫砂壶专家许四海。许四海从拾垃圾少年经部队锻炼，乘着改革开放的春风，下海筹办紫砂厂，接着创办全国最早的私人壶具博物馆，收集展出从新石器时代到现代各类壶具300多件，成为我国陶瓷发展史的缩影

副刊编辑任持平说："大家眼里的周瑞金政治不圆滑，为人很正直，办报有创意，做事敢担当，所以当时呼声很强烈，推荐这位评论部主任走上报社领导岗位。"

推荐领导的投票结果是：陈念云票数最高，周瑞金第二。当时群众投票是起很大作用的，大家都认为周瑞金将顺理成章当上新总编，结果却令人瞠目结舌。

在填履历表时，周瑞金主动填写在1976年"批邓反击右倾翻案风"时，受命写过三篇评论。作为党的机关报评论员，按中央口径撰写评论员文章，是不能追究个人责任的。而他想的是，不管时代的大环境怎么样，文章毕竟是自己写的，应该说清这一点，结果反而被刷了下来。

坦陈反被坦陈误。周瑞金当时真想不明白，他受此打击慨然以诗述怀：

> 自古文章憎命达，今朝无奈掷毫笺。
> 劳心耕播廿一载，遵命呼传什百篇。
> 优劣短长由人说，是非功过有天权。
> 坎坷磨难休嗟叹，负重兼程敢息肩。

老领导陈念云毕竟对周瑞金知根知底，也是顺乎民意，在1984年提他当总编辑助理，这才使他在《解放日报》最早报道"温州模式"时，得以一展身手。

最早报道"温州模式"

说起"温州模式",人们总会将此与《解放日报》联系在一起。

那是因为 1985 年 5 月 12 日,《解放日报》在头版头条刊登《温州三十三万人从事家庭工业》报道,并配发评论员文章《温州的启示》,在全国首次将"温州模式"见诸报端,由此对全国改革开放产生了重大影响。

当时担任《解放日报》总编辑助理的周瑞金,从对报道和评论的审定到版面安排上,都是直接"操刀人"。

2018 年,为庆祝改革开放 40 周年,温州市政协文史委将出版《我与温州模式》专辑,由主任专程来上海,约请周瑞金撰文披露当年刊发报道和评论的具体经过,周瑞金欣然允诺:改革初期,温州人凭借敢为人先的精神,创造了令人瞩目的"温州模式",如今回顾这个过程,依然可以得到新的启示。

20 世纪 70 年代末 80 年代初,在党的十一届三中全会精神鼓舞指引下,温州地区的乡村家庭工业、商业"忽如一夜春风来,千树万树梨花开":纽扣、小五金、塑料编织、再生布纺织、低压电器、标牌印刷等专业市场，迅猛地在各县、各乡镇、各村庄遍地开花。1980年12月11日，温州市工商局把中国第一张个体工商业营业执照发给温州居民章华妹，从而拉开了"温州模式"发展的序幕。温州人从中看到了发家致富的希望曙光，一批头脑灵活、敢闯敢干的个体户很快崭露头角。

时任《解放日报》总编辑助理的周瑞金，对家乡温州的改革开放和经济发展情况很是关注。当时《人民日报》上有篇文章，以温州市乐清县抓"八大王"（"五金大王"胡金林、"旧货大王"王迈仟、"矿灯大王"程步青、"目录大王"叶建华、"翻砂大王"吴师廉、"线圈大王"郑祥青、"胶木大王"陈银松、"螺丝大王"刘大源）为例，严厉批评温州地区发展家庭工业和专业市场，说这是在挖国有企业的墙脚，制造假冒伪劣产品。

1980年12月，温州市颁发的第一张"个体工商业营业执照"

周瑞金感到这篇文章的观点有很大片面性。他为此专程赴乐清、永嘉等地做调查，实地考察温州各县、镇的小商品市场。

改革开放前，温州地区可利用自然资源少、人均耕地全省最少（七山一水二分田）、国家投入最少（地处国防前线，没有国家投资项目），加上地处浙南山区，交通条件很差。在这种"三少一差"情况下，温州地区许多人只得靠家庭手工业，或外出养蜜蜂、弹棉花等谋生，历史上皮革、纺织、服装等小工商业一直比较发达。改革开放以后，温州城乡几乎人人都有发展经济、创造财富的动力。比如温州很多老人退休后，年龄大了，还利用家门口场地开小点心店、卖小商品等。温州的小学生放学一回家，不是先做功课，而是忙着帮家人干活。这是温州家庭作坊特有的景象，周瑞金认为应该支持温州走这条发展家庭个体经济的道路。

他在调查报告中明确指出："报上文章批温州家庭工业和专业市场是不对的。'八大王'的致富之路，是民营企业者根据中央改革开放的精神，从温州实际出发，大胆突破陈规旧习，努力摸索出来的。尽管有这样那样的缺点和错误，但并不犯法，当地的处理方式有些粗暴，根据当年中央一号文件精神，对农民从商创业只能引导，不应打击，更不能全盘否定。"

1984 年夏，周瑞金以解放日报社编委、总编辑助理的身份，参加温州市市长卢声亮主持的温州市发展经济恳谈会，与来自京沪杭宁等各地有名的温籍专家学者一起，为家乡的改革开放和经济发展出谋划策。会后，与会者还到各个县、镇进行实地考察，参观了永嘉桥头

1984年夏，周瑞金（左一）参加温州经济恳谈会，右一为温州市市长卢声亮

报人本色——周瑞金传

镇的纽扣市场，乐清柳市镇的低压电器市场，苍南宜山镇、金乡镇和平阳水头镇、鳌江镇的标牌、印刷、皮革、小五金、编织袋市场等。周瑞金说"聆听了他们艰难创业的故事，非常感人"。

给他留下深刻印象的，是去瓯江北侧山峦之中的永嘉县，参观坐落在桥头镇的纽扣市场。据说1979年，一位姓王的弹棉花郎从江西买回一批处理纽扣，在镇上摆起了纽扣摊。这一摆竟成了气候，一年之后，镇上卖纽扣的摊子发展到100多家。1983年初，县政府批准桥头镇为纽扣专业市场。

周瑞金他们这次参观时，全镇已有700多个纽扣店、摊，全国300多家纽扣厂生产的1300个品种的纽扣，在这里都有销售。桥头镇一年销售的纽扣共计50多亿粒，相当于全国每人5粒，日成交额高

1983年2月，永嘉县桥头镇纽扣市场正式开业

达 16 万元。同时，他们开始用经商积累的资金办厂，生产纽扣，全镇迅速出现 430 家纽扣厂，其中 300 家是家庭工厂。桥头市场销售的纽扣有 40% 是这些工厂自己生产的，年产值近 2000 万元。

桥头镇纽扣市场的繁荣不仅消化了本地剩余劳动力，还吸引了大批邻近地区的劳动力。市面上做纽扣生意的有 5000 多人，而后面有 9000 多人在全国各地搞采购和销售，昔日的"卖货郎"成了"购销员"。这批购销员形成遍布当时 29 个省、自治区、直辖市的流通网络，将各色纽扣和其他生产资料采购进来，同时又把桥头的纽扣推销出去，将商品直接送到各地的售货店、成衣铺和用户手上。正是有了这支队伍，桥头纽扣市场充满生机，越搞越大，被誉为"东方第一大纽扣市场"。

周瑞金说，温州人经商，把赚一分钱、一厘钱都当作光荣的事；一个办法行不通就换个思路干；一个地方没有发展空间了，就拉家带口寻找新的希望之地；有市场的地方就有温州人，没有市场的地方也有温州人去开发市场。

这次温州之行，使周瑞金深深感受到，家乡温州确实把隐藏在广大老百姓当中的从商创业积极性、创造性激发出来了；民众长期被压抑的发展生产力的能量，被改革开放大潮激发出来了。

当时中国发展经济有三种基本模式：一种是"珠江模式"，依靠毗邻香港和澳门的区位优势，搞来料加工生产，这种模式有地域局限；一种是"苏南模式"，利用靠近上海大工业城市的区位优势，发展乡镇企业，当时也红红火火，但它的发展需依托大工业城市的区位优势和一个好的乡镇长；还有一种是"温州模式"。

在三种模式中，周瑞金最看好家乡的"温州模式"：因为"温州模式"的动力源泉在于民众，把民众发展致富的积极性充分调动起来，按照市场的需求，结合自己的专长和地区条件，一镇一村创出小商品的特色，占领大市场。

"我认为'温州模式'最具有发展商品经济的生命力，"周瑞金说，"'温州模式'完全是民众创业，面对市场发展民营经济，老百姓白天当老板，晚上睡地板，有商机就找市场，不找市长。'温州模式'的动力源泉在于民众，把民众发展致富的积极性充分调动起来，按照市场的需求，结合自己的专长和地区条件，一镇一村创出小商品的特色，占领大市场，那是最有生命力的，很快影响了全国。"[1]

1984 年 5 月，中共中央、国务院决定开放 14 个沿海港口城市，温州也是其中之一，这给温州提供了一个发展的好机会。刚成为沿海开放城市的温州，将如何扩大对外开放？带着这个主题，解放日报社上海经济区报道部主任张也平、记者桑晋泉，前来温州采访报道。

在接受采访中，温州市委书记袁芳烈和副市长方善足与记者谈得最多的，是农村家庭工业和专业市场的发展情况。袁书记说："温州经济的最大特色是家庭工业、商品经济、个体经济，这些已成为经济发展中的支柱。"方副市长进一步介绍了温州的商品经济特点，说温州自发形成了许多各具特色的小商品专业市场，比较集中、影响较大的，有纽扣、低压电器、再生布编织等十个专业市场。

张也平与桑晋泉意识到，温州作为刚宣布的全国沿海开放城市，对外开放工作才开始，暂时并不具备报道条件。而蓬勃兴起的家庭

1　参见周瑞金：《我的报人生涯撷珍》，浙江人民出版社 2020 年版，第 80 页。

工业和专业市场，倒是实实在在的温州特色，也是上海经济区及其他地方所没有看到过、听到过的发展经济模式，这才是真新闻，才是来自实际、来自民众的有价值的好新闻。

他俩为此而振奋，并很快调整采访计划，当机立断下到瑞安县塘下镇、苍南县宜山镇、乐清县柳市镇，实地观察采访再生布纺织品、塑料拉线编织和小五金、低压电器等专业市场和家庭工业的情况，获得丰富的第一手材料。回报社后，张也平写评论，桑晋泉写新闻报道，这组重点报道和评论很快顺利脱稿。最后让两人感到为难的是，要不要把"温州模式"这个提法写进报道。《解放日报》原是华东局机关报，在全国和华东地区有很大影响，在报道和结论性的提法上，向来持十分慎重的态度。一旦在报道中出现"温州模式"这样结论性的提法，肯定会引起社会的极大反响。

张也平为此通过长途电话，向浙江省省长征求意见，得到的回复是："我给温州同志讲过，还是不要叫'模式'，你们做起来再看嘛！"显然，省长不主张提"温州模式"。张也平不愿轻易抛弃自己在采访实践中形成的观点，而且认为只有"温州模式"四个字最能概括温州经济发展的特色。他又来找总编辑陈念云汇报采访经过，希望报道中能出现"温州模式"的提法。审阅了这组报道和评论，陈念云对此感到认可。他特意征求周瑞金的看法。作为总编辑助理，周瑞金这时经常协助陈念云处理重要的报道和评论，并作出恰当的版面安排。

经过推敲斟酌，周瑞金向陈念云建议："'温州模式'是这组重头报道、评论的主要看点，是魂，应当鲜明地提出，不用犹豫。但为了照顾浙江省领导的意见，我们先不要上标题，只在报道中提，低调一点。"陈念云同意周瑞金的看法，当即签发了这组报道和评论。

周瑞金说："在新闻报道的改革开放中，总编辑陈念云和我一直坚持一个新闻理念——《解放日报》的报道和言论，一定要敢为天下先，勇为改革开放鼓与呼，发挥舆论的先导作用，坚决破除不痛不痒、循规蹈矩的自我束缚。刊发'温州模式'这组报道、评论也是如此。"

1985年5月11日傍晚，周瑞金主持报社编前会，决定第二天在《解放日报》头版发表这组报道、评论。当晚10时左右，他到夜班编辑部与陆炳麟、金福安商定具体版面安排。当晚新华社发来的重要电讯稿有两则——一是邓小平会见阿拉法特的新闻与图片；二是亚太地区"青年在和平与发展中的作用讨论会"在北京开幕。周瑞金与陆炳麟、金福安的看法相同：两条新华社新闻和图片，在头版右头条、二条位置刊登，腾出头版头条位置发表"温州模式"的报道和评论。

《温州三十三万人从事家庭工业》的开头就提出"温州模式"：

温州市农村家庭工业蓬勃兴起，短短几年，已创造出令人瞩目的经济奇迹。如今，"乡镇工业看苏南，家庭工业看浙南"，已为人们所公认。温州农村家庭工业的发展道路，被一些经济学家称之为广大农村走富裕之路的又一模式——"温州模式"。

配发的评论员文章《温州的启示》也明确指出：

地处浙南的温州广大乡镇，这几年走出了一条发展经济、治穷致富的新路子，这条路子的独特方式，就是乡村家庭工业的蓬勃发展和

左图：1985年5月12日的《解放日报》，"温州模式"的提法首次见诸报端

上图：2025年5月14日，《解放日报》刊登《"温州模式"40年》专版

各种专业市场的兴起。它同乡镇工业发达的长江三角洲地区相比，具有鲜明的不同特色，被一些经济学家称为"温州模式"。

"温州模式"就这样在全国首次正式见诸报端。周瑞金说："我们还在其中首次概括了著名的'四千精神'——走千山万水，吃千辛万苦，想千方百计，说千言万语。"

《解放日报》这组报道和评论不仅在温州和华东地区，而且在全国产生了重大影响。一时间，从中央领导到各省、市的干部，大约有60万人来温州参观考察，仅各地副省部级干部就达93人次。前后有100多位专家学者潜心研究"温州模式"。当然，在一段时间内，对"温州模式"姓"社"姓"资"也曾议论纷纷，直至1992年春，邓小平发表南方谈话后，才统一认识，肯定了"温州模式"市场化、民营化的发展道路。

2025年5月14日，《解放日报》刊登《"温州模式"40年》的采访专版，并附上1985年5月12日《解放日报》头版版样的历史资料。

40年前，将"温州模式"和"四千精神"提法首次见诸报端，是一次勇敢的破题，它不仅赋予了一个地方经验以理论名义，还将民间探索带入国家视野；如今人们再度回望，是向那段历史致敬，更是探寻"温州模式"和"四千精神"在新的大变局下再激活、再出发。

催生《康复》杂志

1986 年 1 月 15 日，《康复》杂志创刊号正式发行。

周瑞金为编辑部撰写发刊词《让康复之花盛开》，开宗明义道出办刊由来："好生是人之常情，长寿是人类愿望。随着社会的发展、医学的进步，人们越来越期待摆脱病魔的纠缠，康复的研究、活动和工作越来越赢得人们的关注和热切的欢迎。于是，《康复》杂志应运而生。"

半年后，《康复》杂志发行量飙升至 78.6 万份。

这份杂志的创意和发起筹备，竟是在医院病房里。

在医院病房里发起筹备

1984 年 9 月，周瑞金的父亲突发脑溢血中风，在华东医院进行抢救治疗。当时，周瑞金的大学同学杨忠华、刘文峰、周靖竹等常来医院探望。有一次还带来一位从事康复医疗的医生吴文豹，打算为他父亲出院后开展康复医疗。

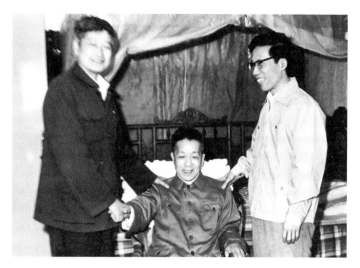

1985年，杨忠华（左）来周瑞金家看望他那患脑溢血后残疾的父亲（中），商量如何进行康复治疗，这也是筹办《康复》杂志的开始

　　周瑞金说："这是我第一次听说，当代医学继治疗医学、预防医学之后，又出现了康复医学。这是一门新学科，它通过多种疗法和训练的综合手段，使伤残者、慢性病患者、低能畸形儿童、体衰老年人及术后患者得到最大限度的恢复，达到最大可能的生活自理、劳动和工作的能力。"

　　新闻的敏锐性使周瑞金随即意识到，对我国这样一个有着10多亿人口的大国来说，刚刚兴起的康复医学，对提高人民卫生保健水平、减轻痴残者负担、增进社会福利，都具有重要意义。当时全国洋溢着改革开放的浓烈气氛。新闻出版战线也在积极推进改革，各种信息类、生活类、健康类的期刊纷纷涌现。

　　"我时任《解放日报》编委和总编辑助理，除了在解放日报社积极推进版面上的新闻改革外，内心燃起一个强烈愿望，想在新闻体制的改革上突破一个新天地，种一块试验田，"周瑞金说，"我从病残的父亲身上，对康复医学更有着深切的感受，也有了明确目标，要利用业余时间创办一份通俗类健康杂志。"

杨忠华对此一拍即合。这位在大学5年中与周瑞金同班同组同住一室的要好同学，这时一起成了《康复》杂志的创始人。

大学刚毕业，杨忠华成家时，周瑞金还单身，住解放日报社集体宿舍。

节假日，杨忠华经常去报社串门，同时邀请周瑞金到家里来玩。几年后，周瑞金妻子从温州调来上海，住房就分在杨忠华家附近。周瑞金的两个孩子都曾在杨忠华爱人任教的中学读书。同学情加上师生情，两家老少三代都成了好朋友。

在那个特殊年代，杨忠华组织在华山路、延安路一带马路上和墙上刷出大幅标语，号召揪出"两面派""叛徒"张春桥，第二天就因"炮打无产阶级司令部"被勒令停职，接受批判。单位里派人向周瑞金调查，了解杨忠华的"炮打"材料是从哪里来的，周瑞金主动担责，才使杨忠华躲过一劫，没被打成"反革命"。后来，参加外调的同事向杨忠华盛赞周瑞金的正派、正直，盛赞同学间的深厚情谊。如今创办《康复》杂志，进一步增进了老同学的情谊。

这天秋阳正好，病房窗子微启，清风徐来。

周瑞金仍在照料父亲，身边是前来探望的老同学杨忠华、刘文峰、周靖竹和医生吴文豹，还有周稼骏——当时在仪表局计算机中心工作，不久调任《解放日报》编辑。周瑞金向在场的这几位明确：正式开始筹备《康复》杂志。这些骨干们当即商议明确了"三不""三自""三有"的办刊理念：不靠组织安排、不靠上级指派、不靠政府拨款；自主经营、自负盈亏、自谋发展；有益社会、有利民众、有新创意。这是对传统新闻理念和体制的一个突破和创新。

周瑞金感觉这个新闻改革新举措就像金风，吹得人神清气爽。

婉拒拨款，坚持自筹资金

按国家规定，办杂志要有局一级以上的单位主管。周瑞金他们想方设法得到了上海市教卫服务中心的支持。尽管这个中心只是市教卫办的第三产业，不是局一级的行政机构，但中心的几位领导都是局级离休干部，算是打了个说得过去的"擦边球"。

市教卫办将申办《康复》杂志的报告送上海市委宣传部。复旦新闻系系友、时任上海市委宣传部副部长龚心瀚成为办刊改革的热心支持者。在一次聚会上，他对系友说，申办报告收到了，目前新办刊号控制很严，但《康复》是健康类杂志，而且国内还没有，估计能够批。

1985 年 3 月 20 日，上海市委宣传部发文，同意由上海市教卫服务中心主办《康复》杂志。周靖竹在文章中回忆："自从市委宣传部批准创办《康复》的文件下达后，我们几人多次碰头商量。3 月29 日晚上，杨忠华、我、周稼骏到刚乔迁新居的周瑞金家里祝贺，同时商谈《康复》领导班子建议。我提出，杨忠华任主编，周稼骏、刘文峰任副主编，瑞金认为可以。大家要求瑞金全力支持，瑞金欣然同意。"

周瑞金（中）、龚心瀚（左）和杨忠华赴杭州中药二厂考察途中合影

　　5月30日，上海市新闻出版局颁发给《康复》杂志报刊登记证。周瑞金等人大喜，终于拿到了一个新刊物的出生证——这是全国第一家以报道康复医疗为主的综合性大众健康刊物。

　　6月9日，星期日下午3时，康复杂志社第一次领导班子办公会议仍然在周瑞金家里举行。大家一致认为杂志要突出康复特色，进入千家万户。要把办杂志与办社会福利事业结合起来，充满爱心，服务民众。随后在北京东路河南路口，借了朋友一间12平方米的亭子间作为临时筹办处。在筹办期间，所有工作人员不拿工资津贴，全是义务工作。没有收入，只有支出，一切办公文具用品，连泡开水，都由筹办者自掏腰包。

7月25日，在北京东路395号，康复杂志社正式挂牌。办公处设在3楼一间朝北的12平方米的斗室内。就在这间租用的民宅内，工作人员正式开始了杂志的编辑工作。原定1985年9月出第一期杂志，但直至1985年11月，杂志银行账户上还是"0"。市教卫服务中心曾提出拨款2万元，作为启动资金。周瑞金等人商量后认为，上级支持是好事，但拿了这笔钱，经济上就不能独立了。大家的理念是"自筹资金、自收自支、自负盈亏"。

上海信谊药厂和杭州中药二厂最早支持《康复》杂志，通过投放广告，为杂志社提供了第一笔可贵的社会资金，杂志社运行的轮子这才正式转动。

年届耄耋的书法大家魏文伯，已卸任中纪委副书记、中顾委顾问，虽历经3次中风正在康复中，这时也欣然为《康复》挥写刊名。周瑞金不禁想起魏文伯当年布置《解放日报》采访"下丁家大队"，他因此参与写出《下丁家人创业之路》一组报道的情形。老人家酣畅淋漓的刊名书法，也像在为周瑞金"布置"着办好《康复》杂志的新任务。

斗室内创出大事业

在《康复》创刊号付印前夕，全社13人召开工作会议。开会时斗室已挤不下，只得坐到楼道走廊里。周瑞金作筹办总结讲话时说：

"创刊号"即将问世，"看似寻常最奇崛，成如容易却艰辛"，杂志质量要一期更比一期好，杂志发行量要一期一期像爬楼梯那样一级级上去、不断打开销路。我们要多为社会民众谋福利，多想办法搞好康复咨询服务工作，可以不断扩大杂志的影响面。如果一年内服务1万人，5年服务5万人，就可以在斗室内创出大事业了。

　　在编辑组稿方面，周瑞金提出要改革传统的单靠编辑部人员采编的方法，而要着眼于社会。邀请医学科普作者组成基本写作队伍，还特约新华社、报社、电台和电视台等新闻媒体的医学卫生记者作为杂志撰稿人，要确保创刊号"一炮打响"。

　　1986年1月15日，中国第一本《康复》杂志诞生。

　　创刊号上刊出邓朴方、范瑞娟及第40任美国总统里根等中外名人的康复新闻专访，还有老山前线英雄展亚平、书法家周慧珺、世界残疾人运动会金牌得主赵继红等"强者之歌"，推出"五分钟健身术"等多篇丰富实用的康复技艺。在《名医谱》专栏中，报道了我国整形外科之父张涤生、再造"中国手"的于仲嘉等名医的高超医术和高尚医德。

　　1月17日下午，杂志社在国际饭店14楼孔雀厅举办创刊茶话会。市教卫办领导和主要新闻媒体的领导在会上纷纷发言，热情称赞《康复》的新颖、科学、实用、多彩。

　　1月27日，在南京东路新华书店门市部，由总编辑杨忠华主持创刊号发行仪式，特邀闻名中外的八卦拳拳王、年逾古稀的王壮飞作表演，现场气氛热烈，数百本《康复》创刊号销售一空。

上海各主要媒体领导参加《康复》杂志座谈会后合影

前排左起：《康复》副总编辑刘文峰、《解放日报》副总编辑周瑞金、上海电台主任记者徐慰侬、上海市记协主席王维、《解放日报》副总编辑居欣如、《文汇报》副总编辑史中兴、《康复》总编辑杨忠华

后排左起：《解放日报》副总编辑余建华、《新民晚报》副总编辑李森华、上海电视台副台长王根发、上海市广电局局长龚学平、《新民晚报》总编辑丁法章、新华社上海分社副社长邬鸣飞

创下 78.6 万份发行纪录

　　《康复》创刊号在上海报刊市场上引起强烈反响，第一期就发行了5.5万册。名导演蒋君超当时正在大病后的康复中，妻子白杨听说《康复》创刊，认为"君超很需要"，这位著名演员就上街打听购买。杂志社不断收到全国20多个省、市、自治区许多读者的来电、来信和汇款，纷纷要求订阅《康复》并进行医疗咨询。

　　在杂志创刊一周年时，《康复》与有关企业的厂长、经理们合作，成立"康复之友"联谊会，为杂志进一步获取经济资助、拓展发行渠道、扩大社会服务，创造了良好条件。

1987年5月27日至29日，《康复》在市中心人民公园内举行规模空前的义务大会诊活动，500位名医专家挂牌参加义诊。3天内，咨询总人数超过15000人。90岁高龄的全国人大常委会副委员长周谷城，冒雨前往人民公园咨询现场视察，与医生们一一握手慰问，并热情题词："康复杂志，群众良友，宣传卫生，健康长寿。"上海市委宣传部副部长龚心瀚也撰文《树德去疾为人民》，称赞"这是有益于人民群众，有益于精神文明建设的尝试"。

1989年和1991年的两次大会诊，同样获得圆满成功。

除了组织大型义务医疗咨询外，杂志社还经常组织医疗咨询小分队，分赴重点订阅单位，为读者送医上门。小分队的足迹，踏遍了上海和江浙皖等地的许多工矿企业，受到热烈欢迎。

《康复》做到了周瑞金要求的自办发行，成为上海期刊中第一家自办发行的杂志。更妙的是，杂志社与中国工商银行合作，把遍布全市街头巷尾的几百个储蓄所动员起来，像代收公用事业费一样为读者代订《康复》杂志。这是新闻出版界的新鲜事。同样新鲜的是：有400多家企事业单位集体订阅，职工人手一份，以此作为领导关心职工健康的一种方式，这被称为"报刊发行史上的一个创举"。《康复》杂志的发行量年年攀升，扶摇直上，从1986年创刊时的5.5万份，到1990年上半年，已创下78.6万份的发行新纪录。

刊物发行量成倍增长，搞活了杂志社的经济。杂志社有了丰硕的经济积累，加大了对义务医疗咨询的投入，增加了对优秀发行员和读者的奖励，提高了职工的工资福利待遇。在当时上海居民住房普遍困难的情况下，杂志社一年内就买了10套新房，为近70%的正式职工改善了住房条件。这事震动了上海新闻界。《康复》创下了20世纪80年代新闻改革中的一个奇迹。

掌声响起，周瑞金却谦逊地说："我只是《康复》杂志的一个催生者，一个创办初期不尽职的顾问角色。"

转眼间，踏石留印的《康复》杂志已迎来不惑之年。

虽然如今纸媒普遍不景气，但《康复》依然不忘初心。现任总编辑李文井说，当年老一辈新闻人创业办杂志是个励志故事，她和同事们将坚持以传播健康文化为己任，全力推进健康宣教文化的传播与发展。

更多"第一个"

周瑞金在《〈解放日报〉几次大胆改革和探索》[1]文章中，忆述了 20 世纪 80 年代《解放日报》是如何走在全国新闻报道改革的前列的，并讲述他从分管报纸版面开始，在尊重客观规律的基础上，一次次尝试追求新闻报道的改革创新，因此也一次次引起风波，他戏谑是"惹了几次祸"。

"抓大事，也抓瓜子"

1986 年 5 月 21 日，周瑞金拍板在《解放日报》头版刊登《"口不离"瓜子的风波》，由此得罪了"铁老大"，被反批评"《解放日报》不抓大事，抓瓜子"，引发了另一个"小插曲"。

上海铁路分局昆山服务所，因客货运量少，所得收入不足以开支职工们的工资。分管领导张黎为此一筹莫展时，"傻子"瓜子创始人

1　参见周瑞金：《我的报人生涯撷珍》，浙江人民出版社 2020 年版，第 64-76 页。

1986年5月21日，
《解放日报》头版刊
登《"口不离"瓜子
的风波》

年广久找上门来，要与昆山所联营生产"傻子"瓜子，并保证昆山所只赚不亏。"傻子"生瓜子产于新疆，年广久以个体户身份，很难在乌鲁木齐铁路局要到运瓜子的车皮，而对昆山所而言，要车皮是小菜一碟的事。

年广久当时被说成搞"歪门邪道"，名声不好。张黎等人决定："不联营，搞合作。生瓜子由我们去买、去运，交年广久加工，我们付年广久加工费，然后用他的牌子、他的渠道销售，销不掉由他负责。"合作后的"傻子"瓜子每月销售量从几万斤，猛增到几十万斤。昆山所不但补上了前欠，职工收入也有所增加。

早前只是卖水果的年广久，对炒瓜子并没什么祖传秘方。精于他这套炒制技术的，在安徽芜湖当地大有人在。不过他有用工决定权，若是员工瓜子炒得不好，他轻者斥责罚款，重者直接辞退。雇工们怕被辞退，再累再苦都聚精会神一丝不苟，炒出的瓜子确实质量过硬。昆山所所长沈荣祖感叹，我们如有用工自主权，肯定不会输给年广久。

恰在这时国务院发文，规定集体企业应有经营、财务、人事等方面的自主权。张黎牵头召开基层领导会议，宣布"经营、财务、人事等权力下放"，沈荣祖得此"令箭"，带领工人们开始甩开膀子大干。

一年后，芜湖市请年广久回去任"傻子"瓜子公司总经理。年广久要昆山所联营厂作为他的分公司，遭婉拒后双方决定"分手"。

沈荣祖他们自己加工销售瓜子早已熟能生巧。年广久有的他们全有；年广久没有的他们也有，比如搞媒体营销。他们很快打出自己的品牌"口不离"瓜子，被评为"我最喜欢的炒货"，成了上海集体企业的名牌。在市政府表彰大会上，沈荣祖获奖一台大彩电，张黎也上台介绍经验，与汪道涵市长同坐主席台。

随着 1985 年下半年开始整顿公司，张黎、沈荣祖转眼成了整治对象。沈荣祖因一年总收入 5000 元而被"撤职查处"。铁道部有关领导在大会上以他为典型说："一个车间级的干部，一年竟拿了 5000元，这样的干部能当干部吗？这样的党员能当党员吗？"沈荣祖只有向媒体诉冤。

《文汇报》的《法庭内外》栏目记者经调查采访，写出报道《瓜子大王落难记》，原定 5 月初发表。不料铁路局纪委去找《文汇报》领导，此稿随即被撤下版面。

终于，《解放日报》出马了——1986 年 5 月 21 日在头版刊登《"口不离"瓜子的风波》，批评对沈荣祖的错误处理。在未经铁路局党委审稿的情况下，《解放日报》敢于尖锐批评"铁老大"，外界吃惊不小。张黎在文章中写道：

《解放日报》张源记者在四五月间曾询问过我相关事宜，并将我那份检查报告拿回去看看。几天后她对我说，分管版面的周瑞金副总编看过我的检查后，说"妙不可言"，有意发文批评对沈荣祖的处理之事。周瑞金还说，现在有股反对改革、反对市场经济的风，"令改革者纷纷中箭落马"，报道沈荣祖的事，有助于纠正这股风。

我在检讨中自我嘲讽"不该号召学习步鑫生"。我这时才知道，关于步鑫生企业改革这组报道评论，最早是在《解放日报》头版头条发表，配合报道的本报评论员文章《改革者的品格》，也是由周瑞金写的。

鉴于《文汇报》文章经铁路局党委审稿后被压制，周瑞金大胆决定破例不经铁路局审稿，而由张记者和另一位女记者到我们公司核实。两位记者合写的《"口不离"瓜子的风波》，用事实从正反两面说明铁路局某些干部观念陈旧，不懂市场经济，对沈荣祖的处理，正是这种错误观念的表现。文章结尾说："如果我们的干部连商品经济都不能理解，那么他们领导下的经济建设和改革将会出现什么局面？这难道不值得深思吗？！"[2]

可能与铁道部纪委的态度有关，铁路局党委对《解放日报》的批评不仅不接受，而且激烈反击。一位领导在大会上批评"《解放日报》不抓大事，抓瓜子"，还说"沈荣祖就是有严重错误，我们一定要严肃处理"。

听到铁路局党委的批评，周瑞金微微一笑："《解放日报》抓大事，也抓瓜子。"他在"业务报告"中写道：

1986年5月，我抓住工交部的《"口不离"瓜子的风波》和《星条印花衬衫的风波》两组报道，组织了"更新观念，推进改革"的讨论。我为两个"风波"的讨论撰写了编者按，提出用社会主义商品经济新观念来观察问题、处理问题，实现观念更新。这个讨论在经济战线反响强烈，讨论中提出的一些观点，如"改革者也要不断自我完善"等为《人民日报》所肯定和采用，《人民日报》曾专门为此立题发表了评论员文章。

2　张黎：《亲历"口不离"与"傻子"瓜子商战》，《档案春秋》2015年第7期。

《解放日报》"抓瓜子"的报道《"口不离"瓜子的风波》，被评上当年"上海好新闻"一等奖和"全国好新闻"二等奖。

历史性突破

"多少年来，我们的报纸似乎形成了一个不成文的规定，国际新闻，尤其像美国总统选举这种国际新闻是不能上头版头条的，"周瑞金说，"回想 1969 年，连美国阿波罗登月这样的大事件，全世界大报都放在头版头条作特大新闻处理，唯独在中国的报纸上竟只字未提，似乎没有发生过这件事。这种国际笑话发生在那个年代，不足为怪。"

1986 年 8 月，全国省报总编辑座谈会在哈尔滨召开。与会的《人民日报》新任副总编辑陆超祺发言指出，现在存在的一个问题是，新闻界"自己造的菩萨自己拜"。他说，国际新闻为什么不能上头版头条？这个是什么时候规定的？是我们自己定下来的，是传统因袭形成的，其实并没有哪个领导人明确说了不能这样做。

周瑞金与此想法是一致的。《解放日报》开始在国际新闻报道上突破，让国际要闻上头版。如"挑战者号"航天飞机空中爆炸、布什就任美国总统、苏联单方面宣布裁军 50 万等，都刊登在头版显著位置。其中布什当选美国总统上《解放日报》头版头条，还被称作"历史性突破"。

1988 年 11 月 8 日，正是美国总统大选日。

应美国驻沪领事馆之邀，周瑞金带着陈振平和周稼骏两位记者到五星级的华亭宾馆卫星电视接收厅，观看大选现场直播。那时，非五星级宾馆还不能安装卫星电视。

美国总统大选不是普选制，而是实行一个特殊制度——选举人团制度。随着美国两个州同时亮起红灯：共和党推出的总统候选人乔治·布什获胜，他在538张选举人票中已超过半数，当选总统已成定局。最后，布什得到选举人票426张，胜选；民主党推出的总统候选人迈克尔·杜卡基斯落选。

陈振平和周稼骏两位记者都懂英文，边看电视边采访，当晚赶写新闻稿。第二天的《解放日报》在头版加框刊登这篇现场目击通讯，题为《隔洋坐观美国人选总统》。这也是《解放日报》自创刊以来，第一次在头版刊登美国总统大选的现场目击通讯，引起广大读者的极大兴趣。

1989年1月20日，布什在华盛顿宣誓就职，出任美国第41任总统。

当晚，周瑞金与夜班负责人陆炳麟、贾安坤研究这条新闻的版面处理如何突破常规。他们三位与报社党委书记、总编辑陈念云的看法完全一致：全世界各大报都会把布什就任美国总统的新闻放在头版头条，《解放日报》也应当大胆突破一下。第二天（1月21日），《解放日报》把布什就任美国总统的新闻放在头版头条位置刊登，以《从乔治到乔治——美国总统就职二百周年》为肩题，以《布什就任美第四十一任总统》为主题，以《奎尔就任副总统　里根和十七万人参加庆祝活动》为副题。显然，这在全国报纸中又创下"第一"。

报纸一出来，同样引起两种声音。

称赞的声音说，我们国家实行对外开放，理应重视国际新闻，国际大事完全应该上头版头条，《解放日报》带了一个好头，在新闻报

1989年1月21日，市委常委、组织部部长赵启正，市委常委、宣传部部长陈至立，代表上海市委来解放日报社宣布任命：周瑞金担任解放日报社党委书记兼副总编辑，丁锡满担任总编辑兼党委副书记

左起：冯士能、龚心瀚、孙刚、陈至立、赵启正、陈念云、周瑞金、丁锡满

道改革中敢为天下先。

责问的声音说，《解放日报》是党报，为什么这样抬举美国总统，让他上头版头条？你们的党性原则到哪里去了？

周瑞金认为，源于多重因素的交织，新闻改革中出现这样的观念冲突是很自然的。在多元利益诉求并存的当下，新闻报道既要满足公众知情权，又要平衡社会稳定，这种"破"与"立"的尺度，需要准确把握，新闻人要找准工作切入点和着力点，做到因势而谋、应势而动、顺势而为。

就在报纸刊出布什就任美国第 41 任总统消息的当天，周瑞金被任命为解放日报社党委书记兼副总编辑。[3]

周瑞金主政后，在版面安排上有了更多勇气和担当。《解放日报》当时的传统做法，头版头条位置安排哪个稿子，多由值班副总编（夜班副总编）在当天的所有稿件中，包括新华社稿、中新社稿、中国国际广播电台稿，本报记者采写的稿件、通讯员稿，选出新闻价值最大、读者最关心的新闻作为头条，选定之后，报告总编辑或党委书记。

1990 年 1 月 28 日大年初二，大雾笼罩上海，黄浦江上轮渡停航，10 万过江乘客受阻。作为一条突发的社会新闻，这也可以在《上海新闻》版刊登。周瑞金报经总编辑同意，决定将这则群众关心的新闻刊登在次日《解放日报》头版头条。报纸出版后，受到社会各界的强烈关注。

3　参见周瑞金：《我的报人生涯撷珍》，浙江人民出版社 2020 年版，第 69—70 页。

头版广告有始无终

铅与火的时代已经过去，电和光的时代就在眼前。跨入 1990 年，《解放日报》排版全部电子化。

主持报社党务、社务和一部分编务工作的周瑞金，开始通盘考虑推进新闻报道、版面安排、经营管理、广告发行、报纸印刷，以及编辑记者队伍建设的全面改革。他和领导班子决定，先在扩大广告、自办发行、报纸全彩印刷三个方面进行大胆探索和突破。

1992 年 1 月，在全国省级党报中，《解放日报》首家推出彩色印刷的《周末增刊》。1993 年，《解放日报》扩至 12 版，新闻报道、专刊副刊大幅增加，内容丰富多彩，更贴近社会、生活和读者。

与此同时，《解放日报》也增加了广告版面。在邓小平南方谈话精神鼓舞下，周瑞金提出，要把扩大广告版面、增加广告版式、提高广告费用，作为改革目标进行探索。报社广告部门恰逢其时地送来头版刊登广告的申请报告。

头版新闻版是报纸的脸面，显示报纸性质和风格形象。《解放日报》头版从来没有刊登过广告，究竟能不能刊登，刊登多少合适，如何使广告与新闻内容相协调，这些都是改革探索的课题。

周瑞金为此与报社党委两位副书记丁锡满和张仲修一起研究。他们一致认为：刊登商品广告，是近代报纸的一项重要功能。上海《解放日报》自 1949 年 5 月创刊以来，一直保持刊登商品广告的传统，加强发行，不断提高社会效益和经济效益，一直自筹经费，从未向政府伸手要过办报经费。只是到"文化大革命"时期,《解放日报》被造反派夺权后,才把刊登商品广告当作"封资修"扫除掉。到党的十一届三中全会后,全国进行拨乱反正,推进新闻改革,《解放日报》首开刊登商品广告的风气。眼下应该对头版刊登广告作出新探索,几位领导一致同意批准广告部门的申请报告。

1992年8月2日,《解放日报》在头版下半版地位刊登《不夜城——闸北走向新世纪》的广告后,顿时引起震动,社会上议论纷纷。周瑞金为此提心吊胆,做好了挨上级批评的思想准备。但从上海领导部门到北京有关领导部门,虽然都很关注,但没有反对和批评的声音。几天过后,周瑞金的心安定了下来。这半版广告收入50万元人民币,广告部门和报社职工皆大欢喜。

8月4日,上海市委宣传部召开新闻单位通气会,研究报纸宣传报道改革。会上提到《解放日报》头版刊登半版广告问题时,周瑞金汇报了自己的看法,并提出头版刊登广告需注意的几个问题:一是不上头版的上半版,只能刊登下半版;二是要宣传成就性、信息性的内容,不能搞杂乱无章、平庸低俗的广告;三是不冲击当天的重大新闻,要选择在头版没有很多重要新闻的条件下刊出。

各个新闻单位负责人对此都表示认可。《文汇报》领导这时提出要在头版刊登整版广告,市委宣传部领导表示可以探索,观察社会反应,看看广大读者的心理承受能力。

《文汇报》原计划于1993年1月23日正月初一在头版刊登整版广告,由于当天新华社有重要新闻,推迟到1月25日正月初三刊出。广告主题词是"今年夏天最冷的热门新闻——西冷冷气全面启动",

1992年8月2日，《解放日报》在头版下半版，以半版地位刊登《不夜城——闸北走向新世纪》的广告

版面醒目，意味深长，广告效果很好。为了稳妥起见，《文汇报》当天在头版报眼位置，刊登了一则公益广告说明：今天距第一届东亚运动会开幕还有104天；今天本报第一版广告收入捐赠第一届东亚运动会。有了这道自我保护措施，加上之前已向领导部门报告，《文汇报》这次头版整版广告，尽管在读者中引起强烈反响，但总算安全着陆。

14天后的2月8日，《解放日报》也紧跟而上，在头版刊登整版别墅楼盘广告，既有别墅房型图，又有开发商介绍，商品广告味很浓。与《文汇报》做法不同的是，当天《解放日报》报眼没有刊登公益广告，而是登了国家体委领导来沪检查东亚运动会筹备工作的新闻。

没有想到，《解放日报》第二天就遭到了上级领导部门的批评，说上海市委机关报怎么能学港台的报纸，把刊登要闻的头版拿去刊登商品广告，并明确发出禁令。周瑞金说："我已做好了检讨准备。不过还好，市委宣传部领导只通知我，把这整版的广告费80万元捐赠给公益事业就可以了，不必做检讨了。"

《解放日报》头版整版广告虽就此偃旗息鼓，但毕竟在中国新闻改革，尤其是党报的改革创新中，留下了探索的足迹。

专稿特稿敢发第一声

2023 年 9 月，《世纪》杂志创刊 30 周年，主编约周瑞金写篇纪念文章，周瑞金当时手头有两篇书序稿债，本想婉辞。主编诚恳地说："《世纪》1993 年创刊时，设置《专稿特稿》栏目，是受到《解放日报》栏目《专稿特稿》的影响和启发。杂志的另一个栏目《世纪特稿》已被评为华东地区期刊的优秀栏目，所刊文章常被权威媒体转载。再说，周老师在《世纪》发表过多篇特稿，对杂志一直很关心。"话说到这分上，周瑞金不好再推辞，写下《办刊闯出新路 "特稿"亮出特色》的应征文章。

1988 年，《解放日报》扩为 8 版，新设《专稿特稿》栏目，编委会决定由评论部负责编辑，熊能任责任编辑，时任副总编辑的周瑞金负责签发版面，直至他 1993 年调离解放日报社到人民日报社履新时为止。

熊能原在上海社科院任职，1984 年被招聘进解放日报社，进入评论部工作。周瑞金评价他"新闻嗅觉十分敏锐，具有超强的采访能力和娴熟的文字表达能力，而且出手快，是解放日报社难得的后起之秀、大牌记者，为《解放日报》新闻报道改革作出了重大贡献"。熊能在担任《专稿特稿》栏目责任编辑的第一年，就被上海市读者公开推选为十大名记者之一。熊能在文章中说：

专刊当年敢于大胆改革和探索，《专稿特稿》能发挥党报舆论监督功能，突破新闻报道禁区，主要靠周瑞金老师勇于担当，敢闯新路。我印象深刻的是，每次需要"担责"时，他总会郑重其事地说："不是'追责'问题，我们首先想的是对事业负责，对读者负责。你们只要把报道写好，只对事实负责，我负责审定签发，这都没有问题。"他最后拍板刊登，签上自己的名字付印，看似简单，承担的责任是十分重大的。

在熊能看来，当年《专稿特稿》栏目之所以能创造许多全国新闻报道的第一，关键是报社领导周瑞金有度量和担当，在坚守立场、方向的同时，最大限度地维护一线记者的干劲和闯劲。记者敢于去采写出鲜活的新闻，媒体才会有生气，版面才会吸引读者。

"抢发"中越南沙大海战[1]

1988 年 3 月 14 日，中国人民解放军海军在中国南沙群岛赤瓜礁海域，一举击沉击毁非法入侵的 3 艘越南军舰，乘势收复永暑、赤瓜

1　参见周瑞金：《我的报人生涯撷珍》，浙江人民出版社 2020 年版，第 84—87 页。

等 6 个岛礁的主权，我国终于在南沙海域打下至关重要的第一批楔子。

事后，仅外交部发表声明"强烈抗议越方向我正常作业船只开枪开炮"。国内媒体一律如此，照登不误。因越南参战方无一人生还，尽管许多国家和地区的媒体炒得沸反盈天，但中国不开口，谁也说不清。相比现在，当时的资讯条件相当落后，发生了这般天大的事，国内媒体自己不说，老百姓也就浑然不知。

3 个月后的一个傍晚，熊能悄悄告诉周瑞金："记者徐琪忠在沪东造船厂遇到东海舰队的一位舰艇政委，听他说他们在南海同越南打了一仗，过程很激烈，战果很振奋……"周瑞金既惊讶又振奋：二战结束快半个世纪了，这等规模的海战也只有马岛之役可比，中国海军为捍卫国家主权，浴血奋战，扬威海疆，可国人自己还不知道！他当然也清楚，这样大的事，如真能首家公开披露，也不可能轮到自己这样的地方报纸。

"我们就抢发一次吧。"熊能眼神充满期待，等着周瑞金表态。

想到报纸刚从每天 4 版扩至 8 版，成为当时国内媒体界的一件大事，全报社同仁跃跃欲试，正冀盼着新版面、新气象、新突破，如今发现天大的新闻线索，就硬抢一次，算摸着石头过次河吧。经过这番思考，周瑞金对熊能说："好，你与徐琪忠合作，尽力采访到参战部队，做到采写内容真实准确，同时做好保密，不外泄。"

周瑞金当时想，我国政府一直在理直气壮地捍卫南海主权，这一仗打得如此漂亮，国外早就炸锅了，我们为什么还要瞒住不报道呢？我国对整个南沙群岛以及西沙、中沙、东沙群岛拥有无可争辩的主权；我国政府先后发表十多次声明，一再重申南海群岛历来是中国领土的一部分；近年来又屡次警告越南当局，倘若一意孤行，必将承担一切后果。所以，这次中越大海战，是我国收回领土主权的庄严行动，天经地义，没有什么不可告人的。

问题是，如此重大的对外作战报道，能否由地方报纸率先披露？这在以往确实从未有过。不过，《解放日报》也是全国有影响的大报，是否可以大胆一试？周瑞金对熊能、徐琪忠说了自己的想法，两位记者再三表态："一旦惹祸，我们会坚称没有跟报社领导通过气，由我俩'担责'。"

周瑞金笑了：这样重大报道的发表，要说报社领导居然不知道，岂不视如儿戏？他对熊能、徐琪忠说："不是'追责'问题，我们首先想的是对新闻事业负责，对读者负责。我看报道写得很好，你们只对事实负责，我负责审定签发，这都没有问题。考虑到发表时机问题，还是先缓一缓，不要焦急，需要等一个合适的机会，比如配合八一建军节的宣传等，也算'师出有名'。"

当《解放军报》发表有关"3·14"海战的图片新闻时，周瑞金果断地说："机不可失，时不再来！就凭这几个字，我马上拍板付印发表。"不过对这篇报道标题做了"脱敏"处理，原标题《中越3·14南沙大海战》改成《来自南中国海的报告》。近6000字的长篇，再配照片，几乎一整版。

此文一发表，石破天惊，第二天就被港澳台报纸竞相全文转载，全世界这才知晓这次南沙海战的战况概貌。

《解放日报》有没有惹祸上身呢？那几天，周瑞金紧张地守候在红机电话旁。结果无声无息，上面好像什么也没发生、什么也没看见。

周瑞金说，现在想起来，真是感慨良多。

拉响第一声毒品蔓延警报

20 世纪 80 年代初，"金三角"的毒品开始向我国云南省蔓延，局部地区已经相当严重。当时，除了云南个别部门知道真相，全国绝大多数媒体人对毒品已经侵入的严酷事实茫然不知。人们只知道林则徐虎门销烟，只知道新中国成立初期禁毒禁娼大扫荡，那个开遍罂粟花的"金三角"，不过是天外传奇。

1990 年初，熊能因追访一件国宝出处到云南出差，却在与云南省公安厅干部交谈中偶然得知，两三年前，鸦片开始越过边境，渗入省城昆明，海洛因也接踵而至，来势汹汹，昆明甚至已经有了地下烟馆，中国已然不是"无毒之地"！

熊能立即给周瑞金打长途电话："我这个题材能不能写？"

周瑞金听了十分震惊。想不到毒品已越过国境，大肆入侵，这对已经无毒几十年而正处在改革开放大潮里的中国，贻害极大。抗毒、禁毒不只是专业机构的秘密行动，媒体同样责无旁贷，理应积极作为，揭示真相，宣传政府的决心，与国际社会携手，共同围剿这个祸殃世界的现代毒瘤。他当即对熊能说："一定要写要揭露。你先把毒品蔓延情况摸清楚，尽可能取得当地公安部门的帮助。"

熊能想的是：究竟有多少毒品流入云南，究竟有多少人已经染毒，此时公安系统也未必能全面掌握，即使有个内部估计，也一定是"最高机密"，绝无可能外传。当务之急是能直接找到染毒当事人，不是采访一个，而是接触一群，他们的亲历口述、现身说法，是对毒品危害最有力的揭露，也能对毒品入侵势头给出真实可感的概貌。

他请云南省公安厅宣传处一位干事帮忙，希望能联系采访昆明吸毒者。估计对方会犯难，他主动给出"互助"方案：云南公安最近破获一起公安部督办的重大跨国凶杀案，已经成稿 2 万多字，因篇幅关系无法在《解放日报》刊登，周瑞金就出面联系《民主与法制》，这是当时全国影响最大、发行量最多的法制类刊物，因为关系熟、互相信任，杂志负责人电话里就拍板，此稿由他们采用。

这位干事就"投桃报李"地向熊能透露了一个"绝密"信息：几个月前，在昆明郊区长坡，落成了中国第一家"戒毒所"，里面关着一批"瘾君子"。周瑞金为此在电话里鼓励熊能："不要有后顾之忧。改革开放年代，毒品入侵并非秘不可宣的事，要想方设法打进'戒毒所'，挖掘有新闻价值的材料。"

熊能硬着头皮去找荒山野岭里的"戒毒所"。那门口有一块小牌子：云南昆明长坡药物依赖精神研究中心。外人当然不得进入，央告半天无果。熊能无奈之下放出狠话："让不让采访都要写的，戒毒所存在已经是事实。"里面被缠得不行，传话出来：除非能同时持有云南省公安厅与云南省卫生厅两份盖公章的介绍信。

因为有了之前的"互助协议"，经一番周折，云南省公安厅的介绍信总算开出来了。云南省卫生厅的介绍信，也只好继续请公安厅干事帮助。那干事也没直接关系，想了半天说认识《健康报》驻云南记者站的田站长，或许能与卫生厅搭上话。当夜，公安干事带熊能敲响那位女站长的家门。结果，田站长的父亲是位刚去世的老领导，生前

1990年5月11日，《解放日报》刊出长篇通讯《白色深渊》

在当地颇有影响；而《健康报》是国家卫生部的直属媒体，在卫生系统的分量非同小可。田站长精明强干，她听了熊能的采访诉求深表同感，快人快语地让熊能"明日中午前后听消息"。

第二天下午3点，田站长终于来电话，让熊能马上到卫生厅去取介绍信。卫生厅官员再三嘱托熊能要笔下留情，千万不要把云南妖魔化。熊能说："为防意外，田站长亲自护送我过岗过哨，直到带进'戒毒所'。我这个媒体'义士'，幸得女侠相助。"

他打入中国第一家"戒毒所"整整一天，采访了近10位染毒者后，愤然写道："毒品荼毒，逼盗逼娼，自残自杀，家破人亡，句句血，声声泪，惨不忍听。毒害，不再是远年的惨剧；禁毒，不再是林则徐的故事。一切已经发生，就在今天，就在眼前。"

周瑞金拍板签发，1990年5月11日，《解放日报》刊出长篇通讯《白色深渊》，在公开媒体上拉响了中国第一声振聋发聩的反毒警报。

最先报道改革开放出国潮

1988年早春，上海街谈巷议的最热话题是：自费申请去日本。

上海的普通市民，呼朋唤友，结伴搭伙，潮水般涌向日本驻上海领事馆。一向被百姓视作"飞地"禁区的领事馆大门口，眨眼就像是人声鼎沸的大卖场，申请自费出国签证的普通市民排出长蛇阵，"摆砖头""挂篮头""买号头"，挤挤挨挨，昼夜不息。一拿到签证，昨天还在抡大锤的青工、端盘子的伙计、卖西瓜的小贩，忽然摇身一变，穿上笔挺的西装，拎着锃亮的皮箱，一声"拜拜"，郑重地踏上了国际航班的舷梯……

"文化大革命"前，我国对外交流最"旺"的1965年，入境人次只有一万余。

改革开放伊始，国门初启。1978年，来华旅游入境数达180.9万人次，超过以往20多年旅游接待人数的总和。1987年，来自169个国家和地区的旅游、参观、访问交流入境人数已激增至2690万人次；这一年，上海被批准出国的人数仅为2万人次。改革开放已进入第10个年头，中国人出国还是难上难。

1988年4月15日，《解放日报》刊登特稿《"巴拉巴拉"东渡》，这是国内第一篇报道"出国潮"的长篇通讯

　　转眼到了1988年春天，情势骤变，上海街头涌现开埠以来从未有过的，也是新中国成立以来从未有过的"出国潮"奇观。街谈巷议早已如火如荼，但当时的媒体在没有接到"上面指示"前，习惯性地选择沉默。周瑞金却坐不住了，他几次与熊能商量，希望《专稿特稿》专栏关注这次"出国潮"的动向，敢于版面作为，尽快写出长篇通讯，全面、客观、准确地报道这史无前例的"出国潮"。

　　当时的采访困难重重：通信条件落后，打国际长途很是艰难；赴日潮刚刚兴起，只有去不见回，采访当事人如大海捞针。连续数天，能能死守在上海虹桥机场国际到达口，紧盯着日本来的航班，见年轻旅客就一个不漏地问："您是自费留学生吗？"

功夫不负有心人。长篇通讯《"巴拉巴拉"东渡》终于送到周瑞金的案头。他大笔一挥当即签发："这是国内第一篇报道'出国潮'的长篇通讯，我能预料刊出后的影响。"结果，其影响比周瑞金预料的还要大，无数人在抢读这篇通讯。

"巴拉巴拉"取自日语"民间松散"之意。当时商家也借此打广告，淮海路美轮美奂的橱窗里，大字标出"巴拉巴拉旅行包""巴拉巴拉旅游鞋"，成为出国赴日的"标配"。

留学生家长将这篇报道复印后，迅速电传到日本，于是在留学生中疯传开来——党报写我们？政府怎么看我们？将来国家怎么待我们？

报社有位赴日的员工，后来向周瑞金描述当时赴日的自费留学生争阅此文之盛况："那天我在语言学校上课，日本老师已经进教室了，但教室里热闹得像锅滚粥，老师问发生了什么事，我们说，大家都要看上海的报纸是怎么写我们自费留学生的。日本老师没办法，只好提议派一位学生上讲台，将这篇报道全文大声念一遍。文章有6000来字，半个小时才念完，最后全班起立鼓掌……"

周瑞金听了深深被触动："作为社会的'眼睛'与'喉舌'，媒体只有撩拨起青年的心弦，才能触动中国的神经。"

几年后，"巴拉巴拉"东渡的打工者们带着颇丰的经济收入回到上海，给上海社会带来了极大的冲击。周瑞金又及时组织发表《"巴拉巴拉"归来》的长篇通讯，以开放的观念、热情的语言，肯定他们给社会带来了开放意识、商品经济意识和现代消费意识，引导舆论正确看待他们，发挥他们对于经济发展的独特作用。这篇报道在市民和海外留学生中引发了深刻的共鸣。

在《创造生气蓬勃的舆论环境——对〈解放日报〉改革开放宣传报道的一点思考》文章中，周瑞金阐述：

面对可视新闻的挑战，尤其是受众对于信息立体化的渴求，我们应当从平面的、直叙的单一报道形式中跳出来，大量采用集纳式的和解释性报道，使读者了解事物发展的全景、背景和前景，从信息的大容量和深层面上给他们以满足。

"专派记者"跨市追踪灾情

1987年5月，距上海近3000公里的大兴安岭发生特大森林火灾。持续20多天，其损失之大、死伤之众，闻所未闻。大火烧起来的第一夜尤其惨烈，排山倒海般的火焰由北而南疯狂奔突，瞬间寂静的森林变成人间炼狱。

中央发话了，部队上去了，火场还在日夜扩大，全民揪心，新华社第二天的统发稿，却只有寥寥几行字。周瑞金回忆："记得那天下午，一群青年记者聚在报社评论部里议论这场大火，我进去后他们突然提出一个请求，希望报社批准，派自己的记者到火场采写独家报道。"

在1987年，上海主流媒体若自主出动前往重大灾害现场采访，就是"第一个吃螃蟹"的。周瑞金被记者们的奋勇请缨感染了。面对如此重大灾难，媒体人不能仅仅"照单收发"，袖手旁观。僵硬的陋规远不能适应改革开放的新时代大潮流，"破冰"势在必行。在与陈念云总编商量后，他当天决定派熊能尽快赶往大兴安岭，并给了个那时媒界鲜见的头衔——"本报专派记者"。

熊能不负所托，从上海出发不到 8 个小时，已传回来第一篇通讯《他乡遇老乡》，通过一位在大兴安岭工作的上海老知青的亲身经历，真实展示了九死一生的火场和令人痛心扼腕的大灾况。这是上海媒体的"破冰"篇，之后每天从火场发回的"本报专派记者"独家报道，深深吸引着广大读者，社会反响之强烈甚属罕见：街道、里弄干部组织街坊邻里，敲锣打鼓一批批到报道中提及的上海籍扑火指战员的家中慰问；上海市宜川中学是扑火前线一位上海籍团政委的母校，他们看到报道后，当天召开全校大会，宣读通讯，以这样的毕业生为荣，号召全体师生向火场英雄学习；曾在大兴安岭挥洒过血汗的上海知青，纷纷来电来人，希望通过报社尽快向他们的"第二故乡"捐款捐衣……

"本报专派记者"熊能从火线返沪时，犹如英雄凯旋，市政府隆重召开表彰大会，社会各界的函请纷至沓来，熊能受邀出席近百场"火场专题报告会"。

"破冰"突围后的独家报道，其广度、深度、亲和度、可信度，是以往统发稿不能比肩的。熊能说："第二年，即 1988 年，中央宣传部门组织包括香港在内的全国 11 家媒体赴大兴安岭灾区，采写重建家园的成果，我被邀在列。此事从中央到地方极为重视，我们记者在大兴安岭的加格达奇集中后，每人配备一辆专车，一上路前有警车开道，后有面包车、卡车压阵，浩浩荡荡。显然，这次的主题不是报忧，是报喜。"

然而，就在接风的午宴席间，熊能私下获悉，因火灾被收监的11名嫌疑人，在前不久的法庭一审中全不认罪；更奇怪的是，一大群当地职工在法庭内外抗议审判，当被告发言时就拼命鼓掌，检方发言时就拼命起哄，法院一审竟然离奇地以"完败"收场。当地媒体一语不发。

大兴安岭火灾举国震惊，以此为戒，全国范围的"自查自纠"方兴未艾，而大兴安岭灾区本地却出现舆论倾向的巨大波折，一审竟然"完败"，此事无论如何不应成为媒体关注的盲点。

熊能在电话里请示周瑞金：此线索可否深入采访报道？周瑞金明确表态："有重大价值的新闻不要轻易放弃，外地的负面报道能不能登，不必多虑，报纸的舆论监督功能是不分地域的。将在外，一切见机行事。"

写"人祸"比写"天灾"更艰难。熊能此后的采访非常不易，既要完成随团"一天一站"紧张的正面成果采写，又要争分夺秒"隐蔽"地完成"负面报忧"。熊能千方百计地打入监狱，见到了所有在押的当事者，走访了各处几十位见证人，很快写成重大报道《谁之罪》，跨界披露当地的"家丑"。

熊能由衷地说："作为报社老总，周瑞金老师始终勇于政治担当，敢于版面作为，他审阅了我的文章后很快签发。1988年11月25日，《谁之罪》在《解放日报》的《专稿特稿》栏目整版发表，立即被国内媒体争相转载，激起很大反响。"

首揭上海母亲河的严重污染[2]

"现在的媒体，面对环境污染不再那么噤若寒蝉了。每天的天气预报都敢公开报出'轻度污染''中度污染'等资讯，"周瑞金说，"而在 20 世纪 80 年代，一切都在国家'计划'中，排污和埋单，都是国家之事，无须媒体多嘴，即使了解污染真相也不许'打横炮'。"

一如巴黎的塞纳河、圣彼得堡的涅瓦河、伦敦的泰晤士河，中心城段长约 42 公里的苏州河是上海的母亲河。曾几何时，这条母亲河就像条敞盖的阴沟，漆黑的河水从大上海闹市中心臭气熏天地淌过，半座城的人每天从它身边掩鼻而过。

而且苏州河的污染指数无法定级、无法测量，环保探头一入河中无异于毁灭性自残。没人知道它的含毒指标，没人知道它会对人体造成怎样的伤害，它却日复一日地全部流进黄浦江，上海人则别无选择地同饮一江水。

媒体人也曾大声疾呼。20 世纪 50 年代搞"大跃进"运动，媒体就喊出"奋战 ×× 天，誓将苏州河变成西子湖！"的口号，甚至有媒体把臭不可闻的苏州河吹成"聚宝河"，终究弄成笑话。以后媒体就集体失语。

苏州河的污染达到顶峰。而此时国际上的环保理念已经深入人心，欧美大城市母亲河的治污相继竣工。上海的主流媒体，谁发第一声？能不能就污染问题率先打开窗户说亮话？

2　参见周瑞金：《我的报人生涯撷珍》，浙江人民出版社 2020 年版，第 95-97 页。

1989年1月20日，《解放日报》刊出长篇通讯《黑色的泪》

　　周瑞金找来熊能布置任务，要在《专稿特稿》专版刊发长篇通讯，尽可能把苏州河的污染写清楚，绝不再搞文过饰非，要说真话，将污染真相兜底托出。

　　熊能接连几天沿着苏州河两岸来回跑。他说："这里是'禁区'，荆棘丛生；也正因为媒体从未踏足，所以遍地都是故事。"

　　1989 年 1 月 20 日，《解放日报》刊出长篇通讯《黑色的泪》，标题触目惊心。这是上海主流媒体第一次正面披露苏州河的污染问题；第一次披露曾经所谓"治污"的荒诞与不堪；第一次直言我们的失误与承受的恶果；第一次直言我们的环保与世界的距离和当下的尴尬；更是第一次坦陈眼前治污的困顿与阻碍。熊能说："遗憾的是，当时没能拿到'最高机密'苏州河污染数据，不然会更触目惊心。"

20年以后，上海的母亲河早已成为市民、游客欢聚共享的"城市项链、发展名片、游憩宝地"。苏州河岸线的"八大景观"，更是打造出一个令人向往、有温度的世界级滨水空间。

上海电视台的节目要说苏州河昨天与今天的故事，为此专门采访熊能，请他回忆当年撰写这篇通讯时的情形。面对镜头，熊能引申了周瑞金的那句话：媒体人需要一点敢为人先的勇气，一点敢开先河的担当。击中社会绷紧的那根弦，是广大读者的渴求，也是专业媒体人问心无愧的责任与尊严。

第三章

勇为改革鼓与呼

周瑞金说："'皇甫平'文章发表的前前后后，我在报人生涯中难得体验了一回舆论风波、政治较量的悲喜剧的滋味！'皇甫平'文章使我的人生成为评论的人生，也是为改革鼓与呼的人生。"

"皇甫平"评论发表前后

1991 年 3 月和 4 月，上海的干部让《解放日报》根据邓小平不久前在上海的讲话，整理出了 4 篇系列文章。这些文章没有暴露与邓小平的关系，而是署名"皇甫平"（意思是"黄浦评论"）。第一篇皇甫平的文章发表于 3 月 3 日，批评了"一些同志"把市场说成资本主义。文章说，计划和市场只是利用资源的两种不同方式，不是社会主义或资本主义的标签。政治圈里的人在猜测"皇甫平"的文章背后究竟为何人，但当时只有极少数人知道那是邓小平。[1]

傅高义教授在他的《邓小平时代》中这样写道。

这部书被誉为"邓小平研究'纪念碑式'的著作"，这段文字出现在书中《终曲：南方之行，1992》中，可见作者认为"皇甫平"系列文章在邓小平时代、在中国改革开放史中的重要分量。

这段文字中却有两处微瑕：

一是《解放日报》发表这 4 篇系列文章，不是受之"上海的干部"

1　[美]傅高义：《邓小平时代》，冯克利译，生活·读书·新知三联书店 2013 年版，第 619 页。

组织发表"皇甫平"系列评论时的周瑞金

所"让"。

周瑞金说："我在市委领导同志家里亲眼看到邓小平视察上海的谈话材料，当时并没有其他报社的老总在场。我理解，市委领导给我看这个材料，是让我了解情况以便把握宣传口径。这个意图是很明确的。当时，市委领导同志并没有让我做记录，也没有直接布置我写文章。"

2006 年春节后，周瑞金发表《改革不可动摇》文章时再次明确表示："这跟 15 年前的情况相似，这两次文章都是我自己思考观察的结果，没有什么授意、授权在背后。"

二是"皇甫平"第一篇文章《做改革开放的"带头羊"》不是发表于 3 月 3 日，而是发表于 1991 年 2 月 15 日，即辛未羊年大年初一。3 月 2 日，"皇甫平"发表系列评论第二篇《改革开放要有新思路》。

1992 年，邓小平发表南方谈话后，"皇甫平"系列文章扩大了影响力，"皇甫平"三个字也因此被赋予更多的猜测和想象空间，成为被历史记录的名词。

2008 年 11 月，"30 位改革开放 30 年的风云人物"评选，历经 9 个月，有超过百万人投票，经南方报业集团、《南方都市报》"评审团专业、细致、苛刻的评定"，周瑞金以组织发表"皇甫平"系列文章而当选。

2018 年 10 月，商务印书馆出版的《见证：中国改革开放 40 年 40 人》一书中，"站在改革开放 40 年的历史节点上，选取 40 位代表人物"，周瑞金再次入选。

"皇甫平"，成为中国改革进程中独具影响力的标识性符号；组织发表"皇甫平"系列评论，使周瑞金成为改革开放中"具有标志意义的思想者"，也因此改写了他的人生。

"改革年"风乍起

1990年底，上海市委领导通知周瑞金：做好赴香港担任《大公报》社长的准备。周瑞金这年52岁。

1991年1月28日，邓小平第4次来上海过春节。从1988年开始到1994年，他在上海过了7个春节。前几次邓小平来上海过春节，大都与家人住西郊宾馆。1991年来上海，他没有与家人一起好好休息，而是频频外出视察、参观，还在新锦江饭店顶楼旋转餐厅听取有关浦东开发规划的汇报。

傅高义在《邓小平时代》中记叙："邓小平于1991年1月28日乘专列去了上海，在那里一直住到2月20日。他既是为了冬季休养，也是想再次为经济增长点火。听过朱镕基的汇报后，他视察了航空和汽车工厂，还有将要成为世界第三大悬索桥的南浦大桥的建设工地。""他强调开发浦东不但对上海市，而且对整个长江流域都很重要。他说，金融——有意避免使用名声不好的'资本'一词——是现代经济的核心，中国想在金融领域获得国际地位，得靠上海。"[2]

邓小平强调："改革开放还要讲，我们的党还要讲几十年。会有不同意见，但那也是出于好意，一是不习惯，二是怕，怕出问题。光

---

2 ［美］傅高义：《邓小平时代》，冯克利译，生活·读书·新知三联书店2013年版，第618页。

我一个人说话还不够，我们党要说话，要说几十年。"他又一次着重指出："不要以为，一说计划经济就是社会主义，一说市场经济就是资本主义，不是那么回事，两者都是手段，市场也可以为社会主义服务。"他还强调："开放不坚决不行，现在还有好多障碍阻挡着我们。说'三资'企业不是民族经济，害怕它的发展，这不好嘛。发展经济，不开放是很难搞起来的。世界各国的经济发展都要搞开放，西方国家在资金和技术上就是互相融合、交流的。""希望上海人民思想更解放一点，胆子更大一点，步子更快一点。"[3]

周瑞金说："当时机缘凑巧读到小平同志这些最新谈话材料，我真的激动了好几天。凭我长期从事党报工作培养的政治敏锐性和责任感，我深感小平同志的谈话分量非常重，非常有针对性，显然不仅是对上海说的，而是有意识地就全国的改革开放作一番新的鼓动。"

还在大学念书时，周瑞金就有个强烈想法：要当个好记者，一定要击中时代绷紧的那根弦。此时，他觉得当前社会绷紧的弦，就是在改革开放进行了十几年以后，中国究竟向何处去：是继续坚定不移地推进改革开放和现代化建设事业，走中国特色的社会主义道路；还是重提阶级斗争，以反和平演变为中心，走回头路？在这个紧要的历史关头，周瑞金认为绷紧的弦就是要继续推进改革开放。他说"作为中共上海市委机关报的《解放日报》负有宣传重任，我有了必须站出来'鼓与呼'的使命感"。他一边移交工作，一边自觉开始组织撰写系列评论文章。

3　邓小平：《邓小平文选》第3卷，人民出版社1993年版，第367页。

《解放日报》1989 年、1990 年已连续两年在农历大年初一，都由周瑞金在头版的《新世说》栏目撰写一篇千字文的小言论祝贺新春。而 1991 年庚午岁尾，在了解到邓小平在上海视察的谈话记录后，周瑞金感到，只写一篇小言论已不足以宣传邓小平关于改革开放的新思想。

2 月 13 日小年夜那天，他找来评论部的凌河、市委政策研究室的施芝鸿两位，说了自己在市委领导同志家里看到的邓小平在上海视察时的谈话精神。

凌河，1987 年自《民主与法制》杂志社调到解放日报社，主撰评论。他笔名"司马心"的知名度已超出他的真名。

施芝鸿，早在上海市农委当秘书时，就是解放日报社的得力通讯员。以后进入上海市委政策研究室，成为那里的一根笔杆子。他在公务之余勤奋笔耕，写了大量政论与时评。周瑞金评价他"文才卓荦、人品高尚，默默无闻地为《解放日报》的报道和评论工作作出了重要贡献"。

正巧，施芝鸿也在市委研究室听到邓小平视察上海谈话的传达，并在笔记本上作了完整详细的记录。周瑞金核对后，内容与他在市委领导同志家中看到的一样，当即提议 3 人合作写几篇署名文章，并细说了已构思好的准备在大年初一发表的评论提纲：抓住"辛未羊年"做文章，以"十二年一个轮回"作回溯前瞻，又从"六十年一甲子"作更大时间跨度的回顾和展望，提出 1991 年中国正处在改革开放新的历史交替点上。这篇评论按周瑞金口授提纲，由凌河执笔，周瑞金改定。

1991年2-4月，《解放日报》头版陆续发表4篇"皇甫平"文章

1991 年 2 月 15 日，正逢全国休假迎新春，《解放日报》头版上半版刊登邓小平与上海市委、市政府领导迎新春的新闻报道和大幅照片，下半版加框刊登"皇甫平"署名评论《做改革开放的"带头羊"》——这就是"皇甫平"系列评论的第一篇。文章提出，"在这个历史性的'改革年'中，我们要把改革开放的旗帜举得更高。我们要进一步解放思想，突破任何一种僵滞的思维方式的束缚，以改革开放贯穿全年，总揽全局"。

2013 年 8 月 14 日下午，周瑞金在《朱镕基上海讲话实录》出版座谈会上明确说："'皇甫平'系列评论在当时海内外媒体引起强烈反响。这些文章中写的 1991 年是'改革年'，'何以解忧，唯有改革'，都引自朱镕基同志在上海市干部传达会议上的原话。"

因为当天是辛未羊年大年初一，很多读者并没有充分注意到"皇甫平"文章，但邓小平看到了。

"必须站出来说话"

周瑞金说："实际上，小平同志已经感到，在当时国际大形势和国内政治气氛下，如果不坚决推动改革开放，不加快经济发展，再走封闭僵化的回头路，中国是没有前途的，中国人民是没有福祉可言的。"

1989 年春夏之交，我国发生了一场政治风波。由于国际制裁和经济整顿等众多因素，从这一年开始到 1991 年，我国经济连续 3 年下滑，1990 年下滑得最厉害，年增长只有 3.5% 左右，跌到了改革开放以来的最低点。

邓小平对此状况感到着急。1990 年 12 月 24 日，在党的十三届七中全会召开前夕，他找中央领导同志谈话，提出一定要把改革开放推向前进，"要善于把握时机来解决我们的发展问题"[4]，强调推进改革开放"不要怕冒一点风险"，"改革开放越前进，承担和抵抗风险的能力就越强"。[5]他还强调："必须从理论上搞懂，资本主义与社会主义的区分不在于是计划还是市场这样的问题。社会主义也有市场经济，资本主义也有计划控制。""不要以为搞点市场经济就是资本主义道路，没有那么回事。计划和市场都得要。不搞市场，连世界上的信息都不知道，是自甘落后。"[6]

周瑞金在 1989 年 1 月担任解放日报社党委书记兼副总编辑后，全面主持报社的工作。在听了时任上海市委书记兼市长朱镕基关于党的十三届七中全会的精神传达后，他感到非常振奋。联系当时国内外形势，他敏锐意识到这次全会精神有很强的现实针对性和指导性。

20 世纪 80 年代末 90 年代初是社会主义的多事之秋。1990 年，东欧社会主义国家发生剧变，"城头变幻大王旗"。与此同时，苏联也出现复杂变化。开始是 1991 年 8 月戈尔巴乔夫突遇政变，叶利钦出面把政变解决以后，戈尔巴乔夫于同年先是解散了苏联共产党，后来又宣布苏联解体。列宁缔造的世界上第一个社会主义国家，在诞生74 年后轰然倒地、改旗易帜，引起全世界震惊。

面对当时复杂的国内外形势，国内有一些"左"的政治家、理论

4　邓小平：《邓小平文选》第 3 卷，人民出版社 1993 年版，第 365 页。

5　邓小平：《邓小平文选》第 3 卷，人民出版社 1993 年版，第 364 页。

6　邓小平：《邓小平文选》第 3 卷，人民出版社 1993 年版，第 364 页。

家出来总结教训，说由于改革开放才导致了社会主义的垮台。还有人提出，中国的"政治风波"也是帝国主义和平演变的结果，公然提出要在以经济建设为中心之外再搞一个以反和平演变为中心。他们还说什么和平演变最严重、最危险的是在经济领域，要对经济领域改革开放的举措问一问姓"社"还是姓"资"。当时的情景使周瑞金联想起我们党的八大路线变化的历史教训。[7]

1956 年我们党召开八大时，认为急风暴雨式的阶级斗争已经过去，要集中力量搞经济建设、文化建设、技术革命。后来国际局势的震荡，使党内重新提出两个阶级、两条道路的矛盾是我国的主要矛盾，当时正在开展的党的整风运动变成了反右派斗争，直到全民族遭受十年"文化大革命"影响，政治冤案遍及域中，经济濒临崩溃的边缘。[8]

历史总是惊人的相似。周瑞金清醒地意识到，20 世纪 90 年代初，中国又到了是继续坚持党的"一个中心、两个基本点"的基本路线，走中国特色社会主义道路，坚定不移地推进改革开放和现代化建设事业；还是重提阶级斗争，以反和平演变为中心，走回头路的关键历史时刻。

1990 年，邓小平着眼于我国改革开放和现代化建设全局，建议开发开放上海浦东，在高起点、高水平上推进改革开放。1990 年 4 月 18 日，国务院根据邓小平的提议作出开发开放上海浦东的重大决策，把我国改革开放由沿海地区推进到沿江地区。长江流域特别是长三角地区迎来改革发展新机遇。

7、8　参见周瑞金：《皇甫平改革诤言录》，人民出版社 2015 年版，第 21 页。

周瑞金说，抚今忆昔，历史雄辩地证明，改革开放是强国富民的唯一道路，没有改革就没有中国人民美好的今天和更加美好的明天！

"在这样的重要时刻，'皇甫平'必须发声音，必须站出来说话。"

为什么叫"皇甫平"？

1991 年 2 月 15 日是羊年的大年初一，《解放日报》刊出署名"皇甫平"的评论《做改革开放的"带头羊"》，开头这样写道：

庚午马年去了，辛未羊年来了。亲爱的读者，当我们称颂"三阳开泰"之际，当我们互祝吉祥如意之时，您是否想到，我们正处在一个意味深长的历史交替点上？

12 年一个"轮回"。回首往事，上一个羊年——1979 年，正是党的十一届三中全会召开之后开创中国改革新纪元的一年。……抚今忆昔，历史雄辩地证明，改革开放是强国富民的唯一道路，没有改革就没有中国人民美好的今天和更加美好的明天！

周瑞金说："当时有 19 个月没有谁敢讲 20 世纪 80 年代改革的成绩了。在这个氛围下面，所以我们第一篇文章就肯定 20 世纪 80 年代的成绩，我们今天能够过这么好的生活，就是改革开放带来的。文章语句虽平淡，但在那个时候，大家都觉得眼前一亮，感觉讲出了人们的心声。"

为什么这组系列评论要用"皇甫平"这个署名呢？在以后接受采

访时，许多记者都不约而同地向周瑞金提问。

2月13日小年夜那天，在酝酿写第一篇文章时，周瑞金曾对凌河、施芝鸿开玩笑说，50年代的"马铁丁""龚同文"都是由3个人组合的署名，文章很有影响。我们3人也组个"马铁丁"式写作组吧。

周瑞金说："在讨论第一篇评论文章时，并没有涉及署名问题。第二天初稿出来后，我才考虑署名问题。所以，'皇甫平'这个署名是我独自在大年夜拟定的，没与凌河和施芝鸿商量过。"

为什么要署"皇甫平"这样一个笔名呢？

海外不少媒体的解读，一般都把"皇甫平"说成是"黄浦江评论"的谐音。傅高义在《邓小平时代》中也这样认为。在当时的交锋和争议过程中，周瑞金也不便把自己的深层想法和盘托出，所以一段时间内，形同默认了"皇甫平"就是"黄浦江评论"的意思。直到1994年4月，他在撰写纪念《解放日报》创刊45周年文章《扬"解放精神"创"解放风格"》时，才透露"皇甫平"署名的深层含义："'皇甫平'的署名是我拟定的，现在人们都知道它含有黄浦江评论的意思，这只从谐音取义；其实它还蕴涵有更深一层的意思，就是宣传邓小平最新的改革开放思想。"

"一看'皇甫平'就知道有来头"

过了3个星期，1991年3月2日，"皇甫平"发表系列评论第二篇《改革开放要有新思路》，阐述邓小平改革开放新思想中最重要、最关键的一点，就是要发展市场经济。这篇文章由周瑞金出题、施芝鸿执笔，再由周瑞金改定。

施芝鸿在接受《新闻记者》杂志采访时说："我们酝酿写的第二篇文章是《改革开放要有新思路》。根据党的十三届七中全会精神，20 世纪 90 年代改革的重点是搞活大中型国有企业。如果说，农村经改、发展多种经济成分，还只是改革的'外围战'，那么，搞活大中型企业就是一场难度更大、覆盖面更广、意义更为深远的'攻坚战'，没有新思路、新招数不行，简单地套用 20 世纪 80 年代改革中某些做法也不行。所以，老一辈革命家和领导同志强调要更快、更好、更高、更大胆，要进一步解放思想，要冒一些风险。"[9]

周瑞金说，邓小平在 1990 年底、1991 年初的两次谈话，都强调要在发展市场经济问题上进行思想解放和理论突破。"我理解，小平同志要推动改革开放的深入，到了 20 世纪 90 年代的此时此刻，说穿了就是要在建立社会主义市场经济新体制上求深入、求突破。"

我国在 20 世纪 80 年代的改革，基本上是一种增量改革，就是在公有制经济外增加一块新的发展空间，可以搞私营经济、个体经济，也可以搞中外合资或外商独资经济，当时还没触及计划经济体制内的国有企业。20 世纪 90 年代的改革，开始由体制外转向体制内，由增量改革转向存量改革，这就必须把建立社会主义市场经济体制作为经济体制改革的目标，就必然要破除"搞市场经济就是搞资本主义"的思想观念。因此，《改革开放要有新思路》的点睛之笔，就是指出 20 世纪 90 年代改革的新思路在于理直气壮地发展市场经济：

---

9 施芝鸿：《改革潮头鼓呼集》，人民出版社 2019 年版，第 222 页。

就以计划与市场的关系而言，有些同志总是习惯于把计划经济等同于社会主义经济，把市场经济等同于资本主义，认为在市场调节背后必然隐藏着资本主义的幽灵。随着改革的进一步深化，越来越多的同志开始懂得：计划和市场只是资源配置的两种手段和形式，而不是划分社会主义与资本主义的标志。资本主义有计划，社会主义有市场。这种科学认识的获得，正是我们在社会主义商品经济问题上又一次重大的思想解放。在改革深化、开放扩大的新形势下，我们要防止陷入某种"新的思想僵滞"。我们不能把发展社会主义商品经济和社会主义市场，同资本主义简单等同起来。

文章联系当时中国和上海的实际，宣传了邓小平视察上海时的讲话精神。其中鲜明提出"我们要防止陷入某种'新的思想僵滞'"，并指出这种"新的思想僵滞"具体表现为，把发展社会主义市场经济同资本主义等同起来，把利用外资同自力更生对立起来，把深化改革同治理整顿对立起来，等等。这几个"新的思想僵滞"的表现，是根据当时一位中央领导同志的讲话精神概括出来的。

在我们党关于改革开放的话语系统中，"思想僵化"是专指真理标准大讨论时的因循守旧、墨守成规的思想观念、理论观点。当时邓小平讲过，有不同看法，基本上是怕出问题，怕出问题不一定就是思想僵化。所以，周瑞金经过推敲，认为用"思想僵滞"的提法，要委婉一些，也更准确一些。

这第二篇文章是"皇甫平"系列评论中最重要的一篇。后来上海市和全国评好新闻奖，都是以这篇评论为代表作的。

这篇文章引起的社会反响更大。赞成的人很多，看到文章后都非常兴奋，包括经济学家吴敬琏。他后来遇见周瑞金就说："一看'皇甫平'就知道有来头，一定是改革开放总设计师发话了。"

文章也遭到"左"的思潮强烈反对，认为市场化是资产阶级自由化的核心。文章提出改革开放的新思路就是发展市场经济，引起了这些人的不满甚至恐慌。[10]

"姓'社'姓'资'"引燃导火索

1991 年 3 月 22 日，"皇甫平"系列评论第三篇《扩大开放的意识要更强些》发表。这篇文章由凌河根据理论工作者沈峻坡的来稿改写。

凌河认为：这篇文章之所以引起那么大的轰动，引起那么多的责难，则是因为提出了不要囿于"姓'社'姓'资'"的无理诘难这个命题。我们深深感到，近年来，两个"凡是"改变为一个"凡事"（即凡事都要问一问"姓'社'姓'资'"）。这是长期以来阻碍改革开放的一个要害问题。实践证明，"皇甫平"文章击中了这个要害。[11]

文章从上海对外开放的过程中出现的争议说起：从国际饭店屋顶上最早竖起日本东芝的霓虹灯广告引起强烈反对声，说到后来在虹桥进行土地使用权拍卖引起很大阻力。这样的对外开放，是不是让外国资本家把钱都赚去了？会不会损害民族工业、民族经济？会不

10　参见周瑞金：《皇甫平改革诤言录》，人民出版社 2015 年版，第 29-30 页。
11　魏永征：《周瑞金、凌河、施芝鸿：皇甫平三人谈》，《新闻记者》1992 年第 9 期。

会使上海重新变成旧社会"冒险家的乐园"？针对这 3 个思想障碍，这篇文章阐述了邓小平关于"开放不坚决不行"的思想，明确提出："增强扩大开放意识，就要求我们进一步解放思想，抛弃任何一种保守、僵滞、封闭的观念，形成与一个先进的国际城市相称的开放型软环境"——

90 年代上海的开放要迈大步子，必须要有一个系列崭新的思路，敢于冒点风险，做前人没有做过的事，这对于我们的开放意识，更是一个严峻的考验。例如开发浦东、设立保税区、实行进入自由、免征出口税等带有自由港性质的特殊政策，对于这类被称为造就"社会主义香港"的尝试，如果我们仍然囿于"姓'社'还是姓'资'"的诘难，那就只能坐失良机。又如允许外国人在浦东设银行，并且在外滩建金融街，以振上海国际金融中心之雄风，对于这类敢为天下先的探索，如果我们还是陷在"新上海还是旧上海"的迷惘之中，那也只能趑趄不前，难成大事。

文章一经刊登，就有不少读者给报社打来电话询问作者是谁，并说读了文章很有启发，有助于进一步解放思想，认清形势，打开思路，坚定信心；也有人来打听文章背景，是否得到了授意，更有杂志纷纷撰文或无限上纲，或乱扣帽子，或严厉质问——改革开放可以不问"姓'社'姓'资'"吗？

《扩大开放的意识要更强些》就此点燃了一场激烈争论的导火索。

敬"国宝"，除"国妖"

4月12日，《解放日报》发表"皇甫平"系列评论第四篇《改革开放需要大批德才兼备的干部》。这篇文章由周瑞金出题目，施芝鸿执笔，周瑞金修改定稿。

就在4天前的4月8日，在七届人大四次会议上，时任上海市委书记兼市长的朱镕基被补选为国务院副总理。《改革开放需要大批德才兼备的干部》就是以此为背景，论述改革开放需要大量德才兼备的干部，阐述邓小平关于大胆使用、科学使用人才的思想，即要把坚持改革开放路线、作出政绩、得到人民拥护的人提拔到领导岗位上去。文章评述——

现在也有这种情况：有的同志"讷于言而敏于行"，虽不善言辞，却颇能实干，这种实干家我们要用。有的同志虽不善于"决胜于千里之外"，却能"运筹于帷幄之中"，善于思考，有见解，有点子，这种羽扇纶巾、出谋划策的智囊型人才我们也应当用。至于有的同志"兼资文武此全才"，既能雄辩滔滔，又能冲锋陷阵，那更是人才难得，求之不得。只有那些"口言善，身行恶"的"国妖"，两面派、骑墙派一类角色，才毫无疑问绝不能让他们混进我们的干部队伍中来。

根据江泽民在党的十三届七中全会上关于干部问题的讲话精神，这篇评论文章还引用了战国时期思想家荀子在《大略》篇中说的一段话："口能言之，身能行之，国宝也。口不能言，身能行之，国器也。口能言之，身不能行，国用也。口言善，身行恶，国妖也。治国者敬其宝，爱其器，任其用，除其妖。"文章强调改革开放需要大批勇于思考、勇于探索、勇于创新的闯将，要破格提拔对经济体制改革有进取精神的干部。当政者对于国宝级的人需要非常恭敬、很好地用他，对于有用的人才要大胆任用他，而对国妖式坏人则必须坚决清除，绝不能让他们混进我们的干部队伍中来。这是对邓小平关于要从组织人事上保证推进改革开放重要思想的积极呼应。

就这样，从2月15日到4月12日，《解放日报》以每篇发表时间间隔20天左右这样的节奏，在头版重要位置连续发表了4篇"皇甫平"署名文章。4篇文章主题一以贯之，内容相互呼应，文风鲜明犀利，及时宣传并深入阐发了邓小平最新的改革开放思想，形成了一个有力推进改革开放的完整的舆论先导系列，却也由此引发了一场激烈的思想交锋。

既沉默，又未沉默

《新闻记者》杂志主编魏永征对周瑞金、凌河、施芝鸿都很熟悉，他认为"'皇甫平'是一个合理的相互取长补短的组合"。

他在采访中问周瑞金："面对这些颇具声势的责难，你们是怎么考虑的？"

周瑞金回答，我们既然写文章宣传进一步解放思想，敢冒风险，敢为天下先，当然自己也要作冒一点风险的思想准备。文章发表后会发生一些争议，我们是有所预料的。但是，我们没有想到会招来那么大的压力，而且承受压力的不仅仅是我们几个人。其实，我们只要把"皇甫平"文章重新发表，加一个"编者按"，一切就很清楚。有文章硬说我们是主张改革开放不要问姓"社"姓"资"，然后上纲上线，说是模糊社会主义方向，引向资本主义。我们在哪一篇文章、哪一个段落说过这样的意思呢？但是，当时我们还是遵照市委的指示，顾全大局，不予置理，相信大多数群众会明辨是非、服从真理。

凌河明确表示，面对种种压力，"皇甫平"可以说既沉默，又未沉默。我们决没有放弃我们的立场和观点。

施芝鸿说，关于"姓'社'姓'资'"，第三篇文章只是提出了问题，"皇甫平"曾打算在第五篇文章中集中论述这个问题，当时也作了酝酿。因为周瑞金当时要赴港履新，这第五篇就搁下了。

"皇甫平"系列评论文章发表后，在国内外、党内外反响强烈。许多读者称赞这是"吹来一股清新的改革开放春风"。这些文章的发表有助于进一步解放思想，清朗形势，打开思路，坚定信心。

《解放日报》驻京办事处也收到很多电话。有的打听文章背景，问是不是传达了邓小平讲话精神，还有的表示这些文章以加大改革分量为主旋律，说出了他们的心里话。全国不少省、自治区、市驻沪办事处人员都接到当地领导人电话，要求收集"全部文章"，有的还派出专人到上海来了解"皇甫平"系列评论的"发表背景"。

这4篇文章也在国外引起反响，包括美联社、法新社、路透社等世界各大通讯社纷纷报道文章内容，并打电话询问："皇甫平"是什么背景？是谁授意的？是不是邓小平？进而作出种种猜测。这些猜测大多没什么根据。但是，一家地方报纸的几篇署名评论文章，引起海外舆论如此广泛的注意，确是新中国成立以来所罕见。

对这些系列评论文章的正面反应是主要的，说明邓小平重要谈话深得人心，但反对声也不绝于耳。周瑞金说："我们原来期望1991 年是改革年，不曾料想这一年却变成了改革的争论之年、交锋之年。"

先是些小刊物打头阵，到了八九月份，一些主要媒体也刊文，批判"皇甫平"文章"引向资本主义邪路""断送社会主义事业""不合党章条款""改变共产党人的政治纲领"和宣扬"庸俗生产力论"、鼓吹"经济实用主义"等。明眼人一看便知，这已不仅仅是在批判"皇甫平"了。

在这个过程中，中央媒体中唯有新华社站出来支持"皇甫平"系列评论文章。当年 4 月，新华社《半月谈》杂志发表评论呼应"皇甫平"文章，明确表示不能对改革开放任意进行姓"社"还是姓"资"的诘难。一些媒体对此大为恼火，就在挞伐"皇甫平"文章的同时批判《半月谈》。这些文章批判"皇甫平"还是不点名，批判《半月谈》已公开点名。[12]

在上海，有位老干部也写了一篇很长的文章，逐字逐句批驳"皇甫平"。文章转给了周瑞金，周瑞金并没有理会。

---

12 参见周瑞金：《皇甫平改革诤言录》，人民出版社 2015 年版，第 34—35 页。

当时的氛围却格外凝重。有位理论家写了篇文章，坚持要弄清"姓'社'姓'资'"的立场，不然就"改变了共产党人的政治纲领"。他让《解放日报》驻北京办事处的记者转给周瑞金，说只要把此文刊在《解放日报》上，可视作"皇甫平"的一种自我批评，一些报刊就不再发批评文章了。周瑞金淡淡一笑：这分明是一种"战场喊话"。他要驻京办事处记者明确转告那位作者，除非把文章中的那些话删掉，否则《解放日报》不可能刊登他的文章。后来那篇文章就发到其他报刊上去了。

1991年7月4日，中国社会科学院召开座谈会，讨论"当前经济领域若干重要理论问题"。吴敬琏、卫兴华、戴园晨、周叔莲、樊纲等经济学家就"姓'社'姓'资'"这一敏感问题坦陈己见，声援"皇甫平"。吴敬琏在会上说："从全局上说，从战略上说，一定要保证我国整个经济发展的社会主义方向。从具体问题来说，不能囿于姓'社'还是姓'资'的诘难。对外开放用了一些社会化大生产通用的做法，如果问姓'社'还是姓'资'，这些做法都不能用了。如果这样的话，从根本上说来，是妨碍社会主义经济繁荣的，甚至是破坏社会主义繁荣的。"

1992年4月，吴敬琏向中央领导提出"社会主义市场经济"的建议被采纳。2008年10月8日，在上海交通大学举行的纪念改革开放30周年大型研讨会上，周瑞金和吴敬琏作为对话嘉宾，都认为"政府主导的市场经济可能走上重商主义"。吴敬琏笑着对周瑞金说："我们还在续谈'皇甫平'文章中的话题呢。"

《大公报》履新被临时取消

组织撰写发表"皇甫平"系列评论之前,周瑞金曾预料到会引起争论,也做好了冒点风险的思想准备。但是他根本没想到会引起这么激烈的反应,会招致如此凶猛的"批判",拿大帽子吓人竟严重到如此程度。

"看到那些歪曲我们文章原意、无限上纲挞伐的'大批判'文章,我们本想进行反击,"周瑞金说,"但当时上海市委领导理解我们的处境,悉心保护我们,在任何会议上都没有给我们施加过压力。所以,我比较坦然。同时,遵照市委关于淡化处理、不要正面交锋的指示,我们顾全大局,对恶意攻击的文章一概不予置理。但对于这些重要情况,我觉得有必要向市委领导作一次较为详尽的书面汇报。"

在"皇甫平"系列评论第四篇发表后 10 天,也就是 4 月 23 日,周瑞金以解放日报社总编室的名义给上海市委写了一份报告。他在报告中详述"皇甫平"文章的来龙去脉,为什么考虑发表这 4 篇文章,文章发表后引起的反应等,写清正、反两方面的反响,还提到港台报纸的报道。比如最早报道"皇甫平"文章的是台湾《联合报》,周瑞金把《联合报》的有关报道复印件作为附件一并呈报给市委领导。[13]

上海市委宣传部分管理论和意识形态工作的副部长刘吉把"皇甫

13　参见周瑞金:《皇甫平改革诤言录》,人民出版社 2015 年版,第 38–39 页。

周瑞金在演讲中回顾自己报人生涯中的风风雨雨

平"这组系列评论文章，包括一些有代表性的批判文章都搜集起来，通过邓楠转送给邓小平。因为"皇甫平"系列评论的第一篇文章发表时，邓小平在上海过春节，正好能看到这篇文章。刘吉转送的材料，能使邓小平对"皇甫平"整个事件了解得比较清楚。[14]

周瑞金当时还酝酿，要写第五篇"皇甫平"评论，专门论述"怎么看待姓'社'姓'资'""改革开放到底是姓'资'还是姓'社'"，因为这个问题已经引发了争议。但这篇文章的写作随即搁下了。1991年3月，中共港澳工委来电话，为迎接香港回归，催促周瑞金尽快赴港履新。

正当周瑞金交接完手头工作，与香港《大公报》同事已接触交流，

---

14 参见周瑞金：《我的报人生涯撷珍》，浙江人民出版社 2020 年版，第 24—25 页。

解放日报社也开了欢送会，行装准备就绪，6月10日赴港的飞机票也订好，却遭遇风云突变。6月3日，中共中央组织部临时给上海市委组织部打来电话，问周瑞金是否还在上海，叫他别去香港报到了。市委组织部当天派人来解放日报社通知周瑞金不要去香港，并当场收走了他去香港的飞机票。周瑞金真的蒙了：这算怎么回事？两个大红公章，一个是中共中央组织部，一个是中共港澳工委，明文调令让他去香港大公报社赴任，怎么一个电话就将这一切给轻易取消了呢？

解放日报社的工作已移交，又不去香港，周瑞金说自己"被悬在半空中，那一阵子好不尴尬"。直到1993年，中央调他到人民日报社工作。

2018年8月16日，香港《大公报》刊出整版文章，大标题为《"皇甫平"破藩篱做改革"带头羊"》，副标题为《忆廿七年前风云　周瑞金：开放是人心所向》，对周瑞金这位当年受命却未能就任的"社长"表达敬意。

好在周瑞金在解放日报社工作已近30年，大家对他很了解。他说自己"是在解放日报社成长起来的，所以报社里面同情、理解我遭遇的人比较多"。他并没有气馁，感到宣传邓小平改革开放思想是过还是功，总有是非明白的一天。当时上海市委没有派人来接替他的位置，周瑞金还是担任原来的党委书记兼副总编辑，仍主持报社全局工作。

这年7月1日庆祝党的70周年诞辰，解放日报社举办书画展活动，周瑞金带头参加，写了一幅郑板桥《竹石》诗的条幅挂在墙上："咬

2018年8月16日，香港《大公报》刊出文章，对周瑞金这位当年受命却未能就任的"社长"表达敬意

周瑞金1991年的书法作品挂在解放日报社报史展厅

定青山不放松，立根原在破岩中。千磨万击还坚劲，任尔东西南北风。"借诗表明心迹，报社同事对此自然心领神会。

"神仙会"上酿选题

1991年8月31日，即在苏联"八月变局"后10天，周瑞金组织撰写发表评论员文章《论干部的精神状态》，明确提出贯彻"一个中心、两个基本点"的基本路线不能动摇，必须坚定地扭住经济建设这个中心，绝不分散我们的注意力。只有振奋精神坚持改革开放，才是我们唯一的出路。

这年10月，周瑞金发表长文《"科学技术是第一生产力"的理论和实践意义》，着重论述只有把生产力搞上去，才能在和平演变的挑战中岿然不动。文章明确提出，苏联"红旗落地"，并非由于"卫星上天"；社会主义国家唯有经受住新科技革命的挑战，红旗才能举下去，才能更高飘扬。二战以后科学技术的发展，包括原子能发电、人造地球卫星、核动力破冰船等，都是由苏联最早造出来的，这些科学技术在当时都是最先进的。因此20世纪50年代，社会主义的声誉在全世界如日中天。但是，苏联后来在科技民用化、推动经济发展方面没有做好，它只有军备竞赛带来的科技发展，这就支撑不住经济社会发展。老百姓生活长期得不到提高，农副产品都买不到，苏联的失败，根本原因在此，而非它搞改革开放。

经市委主管领导审定，这篇文章实际上是对苏联衰变和解体的深层教训作一个与当时主流舆论不同的阐述，其基本精神与"皇甫平"

系列评论文章一脉相承。

主政《解放日报》时期，周瑞金喜欢请社会上有思想、有见解的人，来专门研究讨论当前形势和社会热点话题，其中有些同志以后成了高层领导人。周瑞金称："这个业余队伍有点像'神仙会'，大家会定期交流，一起商议评论选题。我隔一段时间就请大家吃饭，根据各自发表的见解，把那些精彩的学术思想和学术观点，提炼整理成评论发表，使《解放日报》的思想性、理论性不断增强，导向性、指导性更加鲜明。"

比如1991年12月，《解放日报》有两篇重要评论——《改革开放要有胆略》《再论改革开放要有胆略》，就是这样写出来的。当时有一份高层内参上，刊出一个被吹捧为"理论家"的人给中央上书，要求停止改革开放，说改革开放容易被帝国主义和平演变，当前应当加强社会主义教育。周瑞金安排在"神仙会"上辨析这份材料，他根据大家发言讨论的精神，采集提炼出这两篇评论。《改革开放要有胆略》的开头从上海副食品体制改革的实践说起：

菜市繁荣，菜价适中，近一个月来，上海街巷之间，市民纷纷称道。这种喜人景象，是在改革副食品产销体制，实行蔬菜放开经营之后出现的。1985年，本市率先对水果流通体制进行改革，实行水果放开经营，随后又让水产、家禽放开，1991年11月1日起，又对蔬菜、豆制品放开经营。现在看来，改革每跨出一步，都取得了令人欣慰的效果，市场出现前所未有的活跃，数量充沛、品种增加、价格平稳、质量有所提高，买卖比较公道，市民普遍感到满意。事实证明，上海副食品体制的改革是成功的。

《再论改革开放要有胆略》开头就说"小鱼吃大鱼"的新闻：

百日之前，杭州一家校办小厂，兼并一家国营大型企业，成为华东乃至中国的一大新闻。"小鱼吃大鱼"给人们带来兴奋，也引起忧虑——"小鱼"能不能吃掉"大鱼"？会不会被"大鱼"撑死拖垮？人们拭目以待。现在，百日已过，到底如何呢？本报今天发表的通讯《百日兼并》，生动展示了杭州"娃哈哈"集团基本完成对于濒危的杭州罐头食品厂实施机制转换的过程，宣告这次兼并已经熬过阵痛，取得成功。

这两篇评论开头都从人们身边的新闻说开去，特别接地气。得出的结论令人信服：凡百事之成，必在敬之。既要大胆，又要谨慎，既要有敢冒风险的勇气，又要有科学严谨的决策。"胆""略"相济，说到底，就是解放思想，实事求是。这是我们从事一切改革的根本思想路线。

这两篇评论发表后产生很大影响。

大音希声扫阴翳

到 1991 年下半年，形势出现转机。

就在"左"的势力"围剿""皇甫平"系列评论文章时，北京流行着一句话："京都老翁，坐看风起云涌。"这表明邓小平当时非常冷静，不动声色地观察和思考着 1991 年发生在我国的这场思想交锋。

1989 年、1990 年到 1991 年，邓小平多次找中央领导同志谈话，他从 1991 年这一年的争论交锋中可能看得出来，"皇甫平"的文章完全是在宣传他的思想，竟会引起那么大的反对声、遇到那么大的阻力，他如果再不走到前台发话，就很难直接推进改革开放了。

他在选择时机。

进入 1992 年，中央就要开始酝酿十四大的主题、酝酿十四大领导班子的组成，这是我们党和国家最关键的时刻。邓小平选择这个时机，以 88 岁高龄亲自视察南方。正是这趟南行，为当时中国经济改革中的种种纷争画上了句号。

1992 年 1 月 18 日至 2 月 21 日，邓小平从武昌、深圳、珠海到上海，一路走来大讲改革开放，反复强调改革就是要搞社会主义市场经济，党的基本路线要管一百年，动摇不得。他说，不坚持社会主义，不改革开放，不发展经济，不改善人民生活，只能是死路一条。

抓住 1991 年思想争论和交锋的要害，邓小平尖锐地指出："改革开放迈不开步子，不敢闯，说来说去就是怕资本主义的东西多了，走了资本主义道路。要害是姓'资'还是姓'社'的问题。判断的标准，应该主要看是否有利于发展社会主义社会的生产力，是否有利于增强社会主义国家的综合国力，是否有利于提高人民的生活水平。"[15]他还提出，社会主义的本质是解放生产力，发展生产力，消灭剥削，消除两极分化，最终达到共同富裕。从这个角度看问题，"计划多一点

15　邓小平：《邓小平文选》第 3 卷，人民出版社 1993 年版，第 372 页。

还是市场多一点，不是社会主义与资本主义的本质区别。计划经济不等于社会主义，资本主义也有计划；市场经济不等于资本主义，社会主义也有市场。计划和市场都是经济手段"[16]。

针对1991年思想交锋中暴露出的问题，邓小平一针见血地指出："现在，有右的东西影响我们，也有'左'的东西影响我们，但根深蒂固的还是'左'的东西。有些理论家、政治家，拿大帽子吓唬人的，不是右，而是'左'。'左'带有革命的色彩，好像越'左'越革命。'左'的东西在我们党的历史上可怕呀！一个好好的东西，一下子被他搞掉了。右可以葬送社会主义，'左'也可以葬送社会主义。中国要警惕右，但主要是防止'左'。"[17]

1992年1月31日，邓小平乘坐的火车到达上海。他与家人在这里休息了3周。

2月4日，即农历猴年的大年初一，也是"皇甫平"评论《做改革开放的"带头羊"》发表一周年之时，周瑞金又组织"皇甫平"成员署名"闻顾"，在《解放日报》头版刊登重头评论《十一届三中全会以来的路线要讲一百年》，在全国率先拉开宣传、阐发邓小平南方谈话精神的序幕。文章在国内外引起很大反响，人们一看标题这么大的气派，就知道讲这个话的人肯定是邓小平；一看《解放日报》这样旗帜鲜明地率先宣传阐发邓小平视察南方重要谈话，就知道这与一年前宣传的邓小平在上海过春节期间的重要谈话是一脉相承、一以贯之的。

16　邓小平：《邓小平文选》第3卷，人民出版社1993年版，第373页。
17　邓小平：《邓小平文选》第3卷，人民出版社1993年版，第375页。

同一天报上一图两用

就在大年初一这天午后，解放日报社摄影美术组组长张蔚飞按两天前所约，到西郊宾馆来访杨绍明。

张蔚飞这次奉命担任邓小平视察上海期间的唯一摄影记者，他与跟随小平同志一路视察的杨尚昆之子、中国摄影家协会副主席杨绍明是老朋友。当看到杨绍明拍摄的邓小平漫步深圳仙湖植物园的照片时，他来不及请示报社领导，就立即请求杨绍明将这张照片"赐予"《解放日报》"彩色周末"刊登。杨绍明爽快地答应了，但又说，这等于把小平同志视察南方的消息捅出去了，所以得征询小平秘书王瑞林的意见。很快，经与小平同行的杨尚昆首肯，王瑞林同意，杨绍明这就约张蔚飞来取这张照片。拿到照片，喜形于色的张蔚飞又放胆问杨绍明："《解放日报》去年发了'皇甫平'系列文章，引起很大争论，不知杨主席是否知情？"

杨绍明说："这件事怎么不知道呢？现在你们不用担心了。小平同志这次在深圳谈了很多要进一步改革开放的话，'皇甫平'的文章是符合小平同志讲话精神的。这次小平同志在深圳讲到，改革开放一开始就有人反对，现在仍不免有人反对，但现在中国只有改革开放这一条路可走，中国不搞改革开放只会死路一条。改革的步子还要加快，深圳的后10年要比前10年搞得更快才行。话讲到这种程度了，你们还怕什么？你们《解放日报》今天（2月4日）这篇评论《十一届三中全会以来的路线要讲一百年》，就体现了小平同志在深圳讲话的意思。首长（杨尚昆主席）认为，这篇文章写得很不错。"

张蔚飞听了很兴奋，回报社后就将杨绍明这段话，原原本本向周瑞金作了汇报。

杨绍明拍摄的"邓小平在深圳仙湖植物园漫步"照片，原定在 2 月 15 日《解放日报》"彩色周末"头版刊出。周瑞金和值班副总编看到提前拼好版的周末版，决定把照片同时放到新闻版头版头条位置，向读者透露邓小平视察南方的消息。于是，2 月 15 日出版的《解放日报》，在头版头条位置和当天出版的"彩色周末"头版，同时刊出这张照片。周瑞金说："周末版刊登的图片过于突出艺术性一面，放到头版就是政治性的了。一图两用，用的效果是大不相同的。"

在同一天的报上一图两用，显然有违一般的编排规矩。张蔚飞和新闻版责任编辑陈振平一直都弄不清楚报社领导为什么要这样编排处理这张照片。

陈振平以后在《头版春秋：30 年夜班编辑手记选编》一书中要写《小平视察南方照片上头条：一图千言》，特来请教周瑞金当初为何这样决策。周瑞金告诉他："这是我决定的，是不动声色的突破——一图同日两用。只有特大意义的情况下，采用此手法，以启发读者思考，将有重大新闻发生。"

陈振平在书中写到，确实，对于这样明显不按常理出牌的编辑方式，一般读者也许不能完全理解其中的潜台词，但内行的读者一定能够解读出这样的信息——编辑在刻意强化这张照片的冲击力，以非常规手段吸引读者的注意力，以不惜承担政治风险的胆魄表达一种政治定力。

上图：1992年2月4日，《解放日报》头版刊登重头评论《十一届三中全会以来的路线要讲一百年》，在全国率先拉开宣传阐发邓小平南方谈话精神的序幕

右图：1992年3月26日，《深圳特区报》发表《东方风来满眼春——邓小平同志在深圳纪实》

当时已有邓小平南方谈话的内部消息在圈内流传。《解放日报》独树一帜地在头版头条刊登邓小平在深圳的照片，用非同寻常的版面语言捅开了这层窗户纸，成为国内第一家披露邓小平视察南方这一重大信息的报纸。

1992 年 2 月 21 日，邓小平回到北京。2 月 28 日，中共中央政治局决定，将邓小平南方谈话作为 1992 年中央"二号文件"下发，并要求尽快逐级传达到全体党员干部。

"邓小平的这个讲话如同石破天惊，极具理论上的创新精神和批判精神，对改革的实践是又一次的巨大推动。"时任体改委主任的陈锦华在回忆录中说。

一年前因"'皇甫平'事件"受到"政治冷藏"的周瑞金激动地说："小平同志南方谈话，真正是大音希声扫阴翳！"

那些激烈抨击"皇甫平"系列评论文章的"左"的政治家、理论家，这时已纷纷收起手中的大帽子，偃旗息鼓；有的连忙转向写防"左"的文章。

1992 年 3 月 26 日，《深圳特区报》发表长篇通讯《东方风来满眼春》，栩栩如生地传播邓小平视察深圳的活动和谈话内容，新华社随即向全国转发。

1992 年 4 月 16 日，《解放日报》在头版头条位置刊登龚育之文章《在有中国特色的社会主义旗帜下——读邓小平著作的笔记》。全文达 3 万多字，不仅当天从头版转到 3 版，还在 4 月 17 日、18 日连续用整个第 3 版连载，这对当时每天只有 4 个新闻版的报纸来说十分罕见。而且，按多年形成的办报规矩，只有党的主要领导人的文章才

1983年秋，欢送龚心瀚、丁锡满履新上海市委宣传部副部长，《解放日报》党委编委会成员合影纪念。前排左起：丁锡满、夏其言、王维、龚心瀚；后排左起：周瑞金、徐学明、陆炳麟、陈念云、储大宏、冯士能

刊登在党报的头版头条，而龚育之是中宣部副部长。

周瑞金说，《解放日报》之所以这样突破常规，是因为在我国社会主义现代化建设的关键时期，认真学习、深刻领会、全面贯彻邓小平视察南方谈话的重要精神，不仅对当前的改革和建设具有十分重要的指导作用，而且对整个社会主义现代化建设事业，都具有重大而深远的意义。以罕见的篇幅刊登龚育之文章，就是要在社会上引起巨大反响，推动对邓小平理论的学习。

从4月开始，自己戏称为"皇甫平"评论"始作俑者"的周瑞金，

1993年欢送周瑞金履新人民日报社，《解放日报》党委编委会成员合影。前排左起：丁锡满、夏其言、周瑞金、王维、陈念云、陈迟；后排左起：李家斌、吉建纲、余建华、张仲修、居欣如、金福安、吴芝麟、俞远明

又精心策划组织了4篇署名评论文章。不过这次没再署"皇甫平"，而是署了"吉方文"——"吉方"是"解放"的谐音。这4篇文章分别是《论走向市场》《论加速发展》《论改革开放姓"社"不姓"资"》《论"换脑筋"》，《人民日报》《北京日报》都在显著位置全文转载了其中的文章。这与1991年羊年春节发表"皇甫平"文章时的境遇，已不可同日而语。

周瑞金说："'皇甫平'文章发表的前前后后，我在报人生涯中难得体验了一回舆论风波、政治较量的悲喜剧的滋味！'皇甫平'文章使我的人生成为评论的人生，也是为改革鼓与呼的人生。"

1992 年夏，在上海和全国相继举行的好新闻评奖活动中，"皇甫平"系列评论文章均以高票获得一等奖。同年 12 月，周瑞金在中共上海市第六次党代会上，以高票当选为中共上海市委委员。1993 年 4 月，中央决定调他到人民日报社任副总编辑。

接到中组部通知时，周瑞金很是感慨：如果邓小平 1991 年不在上海过年，如果不是那次看到他在上海的谈话记录，就不会有后面的"皇甫平"系列评论；如果不是去香港大公报社受阻，他被"悬"了起来，就不会有如今赴京履新的机会。在新闻生涯中，他遇见一次次的机缘巧合。

在人民日报社,周瑞金主要分管评论理论宣传和国际新闻部工作，中国传媒界由此又出了个名人"任仲平"。

"任仲平"这样炼成

1993 年 7 月 14 日，刚到北京人民日报社的周瑞金，就走进邵华泽社长办公室报到。有着少将军衔（1994 年晋升为中将）的邵社长热情接待了他。

在人民日报社编委会上，邵社长传达朱镕基讲话精神和中央宣传领导小组会议精神，决定由周瑞金牵头，组织一些重点文章。

署名并不神秘

1993 年 8 月 11 日下午 4 : 30，周瑞金第一次走进中南海勤政殿，江泽民总书记约他在这里谈话。

一周后，周瑞金召集报社重点文章写作小组会议，于宁、吴长生、凌志军、皮树义、韦典华、杜飞进、曹焕荣等参加，讨论研究选题。

这期间，中宣部部长丁关根约周瑞金去中南海办公室谈话，要求他抓好"三论"——社论、评论、理论，在社会风气上打一个战役，要组织写一些有影响的文章。

1993年7月14日，《人民日报》副总编辑郑梦熊（左）与刚来报社履新的周瑞金亲切交谈

北京市朝阳区金台西路2号人民日报社

报人本色——周瑞金传

当周瑞金谈起办地方版和加强国际新闻宣传的设想时，丁部长很感兴趣，认为这些战略设想应当向书记处汇报。

邵社长随即要周瑞金和另一位副总编辑保育钧一起写一段办地方版的内容，以充实向中央汇报人民日报社的工作。

1993年11月20日上午，丁关根在与周瑞金通话时，提出《人民日报》文章要与电视台、电台和其他报纸相互配合、交相辉映；要组织固定署名文章，像"马铁丁""皇甫平"那样引起明星效应，使文章更有影响力。

曾有文章称"'任仲平'是《人民日报》的神秘署名"，周瑞金淡淡一笑：哪有什么神秘。就像当年在大年夜拟定"皇甫平"的署名，周瑞金这时想到的取意很简单，《人民日报》重点评论栏目的署名就用"任仲平"——《人民日报》重要评论的谐音。

1993年12月22日，"任仲平"第一篇文章《从十一届三中全会到十四届三中全会》，在《人民日报》第一版刊出。

1994年1月7日，"任仲平"第二篇文章《建立统一开放竞争有序的大市场》在《人民日报》头版刊出。由吴长生、皮树义执笔，周瑞金改定。这两篇"任仲平"文章都得到了中宣部领导的赞扬。

进入人民日报社工作之后，周瑞金与朱镕基的接触多了起来。

周瑞金的政治敏感和洞察力，策划写作评论的功底，对时机掌握的分寸感，做事情的担当精神和操作技巧，特别是面临极大政治压力仍不后悔、不后退的勇气，都非常人所能及，朱镕基对此表示赞赏。他在与周瑞金的谈话中，肯定了《人民日报》把关比较好，并强调四句话：抓住机遇，深化改革，促进发展，保持稳定。

用自己语言讲述中央精神

1994年春，国务院出台财税、外贸、金融、投资、国企等方面的改革措施，周瑞金与当时借调北京起草《邓小平理论学习纲要》的施芝鸿再度合作，撰写6000多字的重头文章《上下一心打好今年改革攻坚战》——这是"任仲平"的第三篇文章，发表在1994年3月10日《人民日报》头版。

《上下一心打好今年改革攻坚战》，配合建立社会主义市场经济框架的重大改革，全面深刻地论述了当年全面深化改革的艰巨性、必要性和特点，以及举国上下需要达成的共识，对开启市场化取向的全面改革起了推动作用。文章一出，反响强烈。文章中"上下一心"这四个字，成为这次全国两会使用频率最高的词语之一。

施芝鸿所著《改革潮头鼓呼集》书中收录了周瑞金和他与记者的访谈。

周瑞金说："现在来自几方面的反应和评价，其中就有来自领导上的。中央领导已经充分肯定了这篇文章，特别是朱镕基同志当天就在全国两会一个代表团的讨论会上充分肯定了这篇文章；还有参加今年全国两会的人大代表。这次《人民日报》采访两会的记者到各个代表团，听到代表们的反映，他们都认为这篇文章写得很及时，道理讲得很透彻，解决了他们的思想认识问题。另外，从新闻界看，我们当天就接到好多新闻单位的电话，问这篇文章有什么背景。"[1]

1　施芝鸿：《改革潮头鼓呼集》，人民出版社2019年版，第377—378页。

1994年，周瑞金与施芝鸿（左）在人民日报社合作撰写"任仲平"文章

　　全国众多的新闻单位纷纷打电话到人民日报社询问文章的背景，这是不多见的，说明"任仲平"的文章就像3年前"皇甫平"的文章一样，在我国改革开放的关键时刻及时阐释了中央新的思路，解决了人们认识上的困惑。所以，许多人大代表把"任仲平"的文章和当年"皇甫平"的文章联系在一起，称之为推进我国社会主义市场经济改革的"姐妹篇"。

　　其实，这篇文章是周瑞金和施芝鸿1994年春节期间回上海休假时酝酿写作的。

1994年3月10日，《人民日报》头版发表"任仲平"文章《上下一心打好今年改革攻坚战》，由周瑞金与施芝鸿合作撰写

施芝鸿说："当年我在上海与《解放日报》周瑞金、凌河同志联手写作'皇甫平'文章时，就思考了这样一个问题，在改革开放不断深入的新阶段，改革开放要有新思路。那么，为什么要有新思路，应该有哪些新思路？当时，我们作了理论联系实际的、贯通起来的思考。""这次执笔撰写《上下一心打好今年改革攻坚战》，也深入思考了什么是改革攻坚战，为什么要把新一轮改革重大措施称之为攻坚战，这场攻坚战同20世纪80年代改革相比有哪些特点？对这些重要问题，我们同样也进行了贯通起来的思考，在'任仲平'文章中对一些重大观点和理论的阐释，都是结合改革开放伟大实践，结合自己积极投身改革开放的亲身体验形成的认识，同时进行深入的理论思考的结果。"[2]

《上下一心打好今年改革攻坚战》尤其为人称道的是"用自己的语言，述中央的精神"。有些评论文章往往把有关文件或者领导人讲话，稍加改易便组织成文，这也是必要的宣传方式。而《上下一心打好今年改革攻坚战》则按作者自己的理解和思路，理论结合实际，娴熟运用从正反两方面进行思考和论述的方法，对中央有关精神作出精深阐述，读来令人耳目一新。《新闻记者》杂志认为"从新闻评论写作的角度来说，该文确实是一篇不可多得的范文"。

"任仲平"这篇文章获得当年中国新闻奖评论类文章一等奖，受到中宣部的通报表扬。此后，每逢国家有重大议题或将发生重要

2　施芝鸿：《改革潮头鼓呼集》，人民出版社 2019 年版，第 380 页。

1994年3月，龚心瀚（左）来人民日报社周瑞金办公室，转达中宣部对"任仲平"《上下一心打好今年改革攻坚战》文章的表彰

转变时，"任仲平"都会主动发声，引领舆论，网民称其为"《人民日报》的金牌作者"。

周瑞金认为，"任仲平"能一直成为"重磅"，一是文章发表在党中央机关报头版显著地位，四五千字以上的特殊规格，写一个时段的重大主题，造就了"任仲平"的分量之重；二是文章特点鲜明，在主题选择、文字表达、思想观点上，形成了"任仲平"的重点特色。党的机关报就是要宣传党的主要方针政策路线，这是党的重要部署之一。党报言论必须谨慎，同时能够针对社会存在的热点、难点问题回答群众的疑问，解决群众思想的统一认识——这二者应是统一的。

"现在的'任仲平'评论，比我那个时候可能更有针对性，更精细化，更深刻化，"周瑞金说，"现在网络媒体上有各种各样的言论，自由度比较大，很多也反映了广大民众的声音，这个变化与党报的评论有相互影响的作用。现在的'任仲平'文章，在阐述中央精神的同时又要能接地气，反映群众关切的问题。在这一点上，'任仲平'有新的发展。"

周瑞金深刻意识到，把握着最权威报纸的"发布权"，党的机关报要更注重社会关心的问题。满足不同社会阶层的群众需求，但始终不能脱离中央精神，这是底线。

1995年12月17日，周瑞金在值班签发大样时临时调整，将一封"母亲呼吁"的读者来信，刊登在《人民日报》头版头条突出位置，由此引起全社会的强烈反响。

"母亲呼吁"上头条

1995 年 12 月 17 日，星期日的晚上，报社值班签发大样的副总编辑是周瑞金，由他决定头版版面处理。

在办公室，他按职业习惯先通阅了当晚新华社发来的电讯稿，确定没有当天发生的特大新闻稿需要处理，就准备按周五（12 月 15 日）编前会决定来安排版面。他翻阅着手头的稿件，随即把那封苏州女工的来信提上前来。

临时调整头版位置

这封来信说："我是一位普通的中年妇女，原本有一个幸福的家庭。可近来，我每每以泪洗面，夜不能寐，思前想后，便下决心给您写这封信。"

这位女工和丈夫都在企业中工作，生活条件比较差，"但我们有我们的骄傲——儿子很聪明，读书成绩一直不错，我们希望他能争气，能成材。去年，儿子自学电脑，学得不错，我和丈夫商量了半年，咬咬牙花了 8000 多元买了一台电脑。谁想到事情就出在电脑上，彻底打碎了我们的梦想"。

这位母亲接着诉说，近两个月来，儿子一直神神秘秘，经常把自己锁在房间里，而考试成绩直线下降。直到有一天班主任打电话给她，说她的儿子几个月来上课一直不认真，精神恍惚，最近几个下午竟没来上课。她听后立即请假回家，打开儿子房门，结果发现儿子和两个同学正在看电脑里播放的黄色 VCD。她当场气得手脚冰凉，呆呆站了十几分钟不知该怎么办。她丈夫晚上回来，气得打了儿子一顿，追问黄色 VCD 的来源，才知道是从苏州一家激光电子有限公司买的。这家公司不是地下工厂，而是中外合资企业。

在信的最后，这位母亲痛心疾首地说："我想问一下，在我们国家里，中外合资企业难道可以为所欲为生产这种黄色的东西吗？这难道不违反国法吗？""我的儿子只有 16 岁呀！如果没有好的社会环境，他该怎样走完他的人生啊！"

这位女工的信是写给苏州市委书记的，她要举报这家中外合资企业制作的黄色 VCD 毒害了她儿子，痛心疾首地呼吁党和政府管管这件事。

新华社记者在苏州市委采访时看到这封来信，觉得很重要。新华社随即播发这封读者来信。

12 月 15 日，报社收到这份新华社电讯稿，总编辑范敬宜在编前会上决定，把这封读者来信放在 18 日报纸头版的下半部分地位刊登，并配发一篇评论员文章。周瑞金觉得，这位母亲通过儿子身心受伤害的亲身感受，提出黄色电子产品毒害青少年的普遍社会问题，这对宣传开展扫黄打非斗争的必要性和急迫性，是一个难得的典型事例。

他看了当天安排：头版头条是吉林省增创农业优势的新闻报道，另外是军队高级干部的学习通讯。这两篇稿件都有较大新闻价值，安排在头版头条发表是合适的。但他认为相比而言，"一位母亲呼吁"的读者来信更能打动广大读者的心，而且击中了社会绷紧的一根弦，即防止黄色电子产品毒害青少年的问题。这既符合中央扫黄打非的重要精神，而且同千百万青少年的健康成长密切相关，是每个父母师长以及青少年自身都关注的事情。他这时想调整这封信的版面位置——把这位普通女工的信登上党报头版头条。

他知道，这很可能会招来非议，但"政治家办报"就是要同人民群众站在一起看问题、想问题，人民群众就是我们党报的主角，这完全符合党报的群众办报传统。

周瑞金随即找来夜班编辑部主任李济国商议：将"一位母亲呼吁"的读者来信放在头版头条刊登，把原来安排发头条的吉林省增创农业优势的报道排在头版的双头条位置，把军队高级干部的学习新闻放双头条之下位置刊发。李济国对此想法完全同意。

他又给总编辑范敬宜打电话，报告了夜班编辑部对 18 日头版版面调整的意见。范总编辑同意把"母亲呼吁"放头版头条位置刊登。

如此突出处理唯有《人民日报》

周瑞金接下来召集夜班编辑，具体商定排版中的具体技术问题：

第一，在版面上究竟先放"本报评论员"文章还是先放"一位母亲呼吁"的来信？组版编辑开始的方案是把评论员文章放在上面，然后带出母亲的信。这种做法也常见。按通常看法，评论员文章是代表党中央机关报发言，在"规格"上无疑要高于普通群众的信。周瑞金觉得，还是应当突出"一位母亲呼吁"，因为这封来信是事实本源，评论员文章是从新闻事实引申出来的议论，"催人泪下的感召力、激发力正是来自读者来信，把'一位母亲呼吁'的来信置顶作头条处理，完全符合新闻规律和读者认知习惯"。

第二，母亲的信是在新华社新闻稿里大段摘录的，而新闻导语是新华社记者自己写的背景介绍，接下来就直接引用来信原文。在新闻稿中，记者的导语介绍同母亲的信之间没有过渡的语言，衔接得很突兀，这是有明显缺点的。恰恰是这个缺点启发了周瑞金：如果在新闻稿中，给"一位母亲呼吁"来信换上不同字体，这样既可以纠正原稿没有过渡语言的缺陷，又可以突出来信的效果，一举两得。李济国等人具体提议："母亲呼吁"的内容使用黑体，消息使用宋体，评论使用楷体，以增添版面的丰富性。周瑞金点头拍板："就这样定了。"

从来信刊出后的实际宣传效果上看，这个特殊处理很成功，从中央领导到一般读者，都感到很突出很醒目。全国刊登这条新闻稿的报纸中，对来信作如此突出处理的，唯有《人民日报》一家。

第三，周瑞金事先了解到，江苏省、苏州市的领导在收到这封举报信以后，分别下达严厉查处的批示，督促有关部门采取了果断措施。周瑞金因此与李济国等人商定，在消息中添上举报信"受到江苏省、苏州市领导的高度重视"等语句。有了这个铺垫，《人民日报》在几天后刊发"江苏加大扫黄打非力度"的消息就显得顺理成章了。

第四，评论员文章标题字数原来比较多，不够鲜明有力。夜班编辑大笔一挥，删改成"警惕'电脑犯罪'"六个大字，简明扼要，把随着新科技的发展而出现的新的社会问题非常鲜明地提了出来。

第五，当天还有一篇张家港系列报道之三（张家港也属于苏州市）的稿件，有人提出"一位母亲呼吁"是否推迟一天发？周瑞金表示，以往认为表扬了就不能批评、批评了就不能表扬，这个观念要改变。现实生活是多种多样、丰富多彩的，不是一好百好、完美无缺的；也不是发生了一些问题就一无是处、好也避讳。周瑞金说："张家港报道同时刊登，也是出于政治上的考虑，不因为这家公司的违法犯罪行为就影响苏州的形象。所以，我经过思考还是决定照发。"

那些年，《人民日报》将普通老百姓的来信登在头版头条是极为少见的。

12月18日上午，北京一家大报的总编辑看到《人民日报》当天的报纸，就打电话问总编辑范敬宜：你们对"一位母亲呼吁"的读者来信的版面处理是不是过头了？一封来信值得放头版头条吗？

5天以后，12月23日的《人民日报》头版，刊出《非同一般的头版头条》为题的读者来信。信中说：在看到《一位母亲强烈呼吁……》的标题后，"当时我决不以为是真正意义上的一个母亲，我以为是指我们的地球，我们的祖国，只有她们才适合《人民日报》头版头条这样大字标出。然而接着一看，确实是我国苏州市一个家庭的母亲"。该读者对《人民日报》"这样令人惊心动魄地登载扫黄消息"，给予高度评价。

范敬宜特意将这封来信批转头版登刊，与"一位母亲呼吁"的读者来信相呼应，既增强宣传效果，也是对同行老总的一个巧妙回答。

1995年12月18日，《人民日报》在头版头条醒目地刊出《一位母亲强烈呼吁 扫黄打非不可手软》，并配发本报评论员文章《警惕"电脑犯罪"》

击中社会绷紧的那根弦

《人民日报》头版刊出"一位母亲呼吁"来信后，中央随即出台一系列措施，整顿电子出版物市场，加强营业性录像放映管理，坚决取缔那些毒害群众、毒害社会空气的精神垃圾，在全国规模形成了声势浩大的扫黄打非斗争高潮。

有人问周瑞金：这封"母亲呼吁"的读者来信，是新华社播发的，不是《人民日报》的独家新闻，且与《人民日报》同日刊登这封读者来信的，还有《光明日报》等许多报纸，为什么唯独《人民日报》一家能引起整个社会的强烈反响呢？

还有人问：《人民日报》这次作如此不同的处理，究竟是出于中央领导人的授意，还是报社编辑部自己的策划？

周瑞金笑着说：还是那句话，要主动击中社会绷紧的那根弦——这是他从大学开始就形成的新闻理念。他的新闻生涯，是在每天处理大量读者来信、接待许多读者来访中开始的。正是从接触大量群众来信和读者来访中，他开始了解了社会，了解了群众的喜怒哀乐，了解了党报与群众的关系，了解了新闻报道怎样去贴近社会和民众；他因此称自己有"读者来信情结"。正是这种"情结"，使他这次值班签发大样时，能对一位普通女工的来信如此高度重视。

《人民日报》刊登"母亲呼吁"的读者来信能引起整个社会的巨大反响，在周瑞金看来，这除了党中央机关报本身的地位，还在于报纸的版面编排。他认为，夜班编辑工作绝不是无所作为的文字匠、版面匠工作，而是一项极富创造性的新闻专业活动，夜班编辑对新闻的宣传效果起着十分重要的，有时甚至是决定性的作用。

同样一篇稿件，经过不同的编辑处理，效果就大不一样。像这篇"母亲呼吁"，放在头版头条配言论，与放到其他版面上相比，效果就大不相同。当时，利用高新技术"制黄""贩黄"，直接影响到社会的安定和青少年的成长。这位普通女工提出的问题，正如"本报评论员"文章所说，"是一个社会环境问题，是需要一把手过问、全社会关心的大问题"，对她的来信给以突出处理也就理所当然。

"所以，政治家办报不是抽象的、很玄乎的事情，它体现在每一篇稿件的处理上，"周瑞金说，"政治家办报也不是生硬的，只会写一些空洞的标语口号式的大话、套话，只会板起面孔训人，而是要及时捕捉报道社会热点，用一些生动的新闻事实、能够震撼心灵的材料，起到一定的鼓舞、激励和警醒的作用；同时通过揭示社会问题来促使相关部门采取行动，增强媒体的影响力和公信力。"

1996年1月22日至26日，全国宣传部长会议在北京召开，周瑞金作为《人民日报》副总编辑列席会议。与会者再次谈到《人民日报》在头版刊出"一位母亲呼吁"的读者来信，称赞这是党报及时反映人民群众的意愿和要求。

也是在这次全国宣传部长会议期间，人民日报社突然宣布华东分社"换帅"：由副总编辑周瑞金接替原社长保育钧，兼任分社社长。

接棒华东分社

1994 年 1 月 20 日，江泽民主持，中央政治局常委会讨论人民日报社工作。在邵华泽社长做简短汇报后，李鹏、朱镕基、李瑞环、胡锦涛、丁关根、温家宝相继发表意见，充分肯定人民日报社工作，强调《人民日报》重要地位和作用，并批准办地方版、计划单列、财政补贴 1.6 亿元。

江泽民、李鹏、乔石、李瑞环相继为《人民日报》地方版题词。

从来没有一张报纸的地方版创办，需要中央政治局常委会议讨论批准，并有多位中央领导题词勉励。

功成身退主动避"嫌"

1994 年 2 月 3 日，邵华泽社长召集两位副总编辑周瑞金、保育钧和秘书长朱新民（后任副社长），研究落实地方版工作。会上议定四条：其一，成立具体工作班子；其二，先在上海办华东新闻版；其三、人民日报社华东分社为副部级单位，由一位副总编辑兼分社社长；

其四，在上海招聘一批采编和行政人员。

20天后，2月23日，人民日报社在上海召开新春联谊座谈会，上海市主要领导和相关负责人100多人出席。周瑞金主持座谈会，社长邵华泽在讲话中介绍中央政治局常委会讨论人民日报社工作情况和重要指示精神；他宣布人民日报社决定，在上海办第一个地方版华东新闻版，要求各级领导支持。上海市委领导讲话表示将全力支持，龚心瀚代表中宣部要求华东六省宣传部门给予支持。

这期间，周瑞金主持，人民日报社与日本经济新闻社地方部长一起座谈，听取日本经济新闻社办地方版的经验。社长邵华泽对地方版有了进一步构想，提出"大同小异，前同后异，小步前进"方针，确定由周瑞金、保育钧牵头，吴长生负责编辑部，崔文玉负责经营管理，具体筹备华东新闻版。

周瑞金曾长期在解放日报社工作，在上海有着"天时地利人和"的优势。他牵头华东分社前期筹办，顺利推进着各方面的工作。

分社选址在虹口区青浦路50号黄浦大楼，这里朝向黄浦江面的窗口能远眺对岸的东方明珠塔。"华东新闻"以后的评论专栏因此取名《珠下走笔》。

分社领导层以总社调派为主，其中有总编辑吴长生、副社长曹焕荣、副总编辑戴玉庆、华东新闻采编部主任凌志军、上海新闻采编部主任钱江等，总编室主任高海浩之前是《人民日报》驻浙江记者站首席记者。周瑞金还从上海几家新闻单位，抽调了一批从事编辑、摄影、广告、经营管理、照排印刷的骨干人才，充实分社领导班子。其中来自解放日报社的就有贾安坤（时任上海市新闻出版局副局长）、吴芝麟、冯长明、张蔚飞、徐振国、刘世兴、曹建华等一方领导。其中，周瑞金与贾安坤相识相知相交几十年，更有着传奇般机缘。

属牛的贾安坤比属兔的周瑞金大两岁。1957年秋，两人一同跨进复旦大学校门；毕业后一同走进解放日报社；20世纪80年代中期，周瑞金与贾安坤成为前后任的总编辑助理。周瑞金主持解放日报社全局工作时，贾安坤全面主持夜班编辑部工作。两人配合十分默契，无懈可击。

如今，命运又安排两人一同为华东分社并肩战斗。贾安坤调任分社秘书长，后又被选为分社机关党委书记，集分社行政、党务、后勤于一身，工作担子更重。他为人坦荡荡，富有智慧敢于直言，在一次干部会上神情严厉："为什么有些工作老是打不开局面，就是有些同志太把自己当成官儿了，只吃开口饭，不做事。今天话讲明白，在我们这种新闻单位，不认真做事、做人，我就不认你这个官！"

中国第一大报在上海新设地方分社，作为改革试点，要面向社会公开招聘一批采编、经营、行政人员，为此在数家报纸上刊登招聘广告，这是《人民日报》第一次在别的报纸上刊登自家的广告。这对当地新闻人有着磁石般的吸引力，初次笔试就有3000多人参加，留下30多人参加面试，最终录用10多位，主要来自上海各新闻单位。

后来担任华东分社新闻采访部副主任的高渊回忆："记得当时小屋子里坐了四五个京味十足的面试官，其中一位问我'对浦东改革开放有何建言献策'，这有点像宋代科举取士策论的考题，现在想来真够大的，也算让我初步领教了《人民日报》的格局。"

1994年9月18日至22日，华东分社在江苏太仓市刘家港马北村进行采编人员培训。这一被称为"马北会议"的 4 天培训，是华东分社历史上一个很重要的会议。分社总编辑吴长生主持会议，周瑞金作关于《人民日报》性质、地位、任务、作用的主旨演讲。他的演讲从聊家常的形式开始，说他自己刚走进北京金台西路 2 号大院时，感觉人民日报社真大，像个小社会，门口还有武警站岗。他很快就感受到，大院里的氛围很随和，尽管是个部级单位，但年轻人和社领导碰上都可以闲聊几句，或偶尔在食堂一张桌上吃饭，习以为常。这与解放日报社的情形一样，他很快适应并融入了这个新的工作环境。他希望新来的同志也能很快融入人民日报社的工作环境。进了《人民日报》的门，就是《人民日报》的人。

他首次明确了"以全国眼光看华东，从全国角度写华东，以区域经济报道为主、兼顾其他"的华东版编辑思想。培训中提出《人民日报》记者的视角要高人一筹，要站在总书记、国务院总理的高度看问题——他的这句话以后成为华东分社最早一批采编者的"标识性"记忆。

《新民晚报》体育部主任李天扬在文章中回忆："上海青浦路50 号是人民日报社华东分社最初社址。1994 年 10 月，我到这里上班。刚进分社，听到最多的两句话，一是'要像总书记、总理一样思考问题、策划选题'；一是'稿子要比别人高出一筹'。"

《文汇报》总编辑陶峰说：当年在培训中第一次听到这两句话确实感到震撼。现在看来，这样的提法对提高党报采编人员的政治站位、增强政治能力，还是有一种激励作用的。

周瑞金对此说，站在总书记、国务院总理的高度看问题当然只是个比喻，但《人民日报》记者确实要有政治家的眼光，要有那种"站在天安门看中国"的政治意识、大局意识以及百姓情怀。他要求分社工作人员政治要敏锐坚强、业务要精益求精、作风要严谨平实，提倡敬业精神、团队精神、创新精神。

那次培训采用"官教兵"的练兵方法，总编辑和几位部主任现身说法、传授技艺——

吴长生说他在西藏日报社时，有一次为编发一篇反映牧区新人新事的小通讯，反复调整文章结构，竟重写了七遍。

被称作"中国政论写作研究型榜样"的凌志军讲课快结束时，新入社的一位女记者问及"写作技巧"，他含笑回答："最高的技巧就是无技巧"。

《一人沉浮，千夫评说——步鑫生被免职后的种种议论》，因撰写此文而夺得中国新闻一等奖的高海浩提出，新闻界其实也要反思自身。

曾身临中越边境战地采访的钱江说，新闻在哪里，记者就在哪里。不管是上天入地，还是穿越炮火……

在报社编委会征询意见时，周瑞金主动提出：因评论工作离不开，不能去上海担任分社社长。就在他这次来马北村之前，社长邵华泽已正式告诉他，由副总编辑保育钧兼任华东分社社长。

周瑞金退让分社社长还有个原因——有人说他想回上海工作，才积极提议办地方分社。这虽然可笑，但他仍然主动避这个"嫌"。

中宣部领导这时给报社来电话也明确表示：中央调瑞金同志到人民日报社，是为了加强你们的评论和理论工作的。创办"华东版"，各种事务肯定很多，让周瑞金兼分社社长肯定要牵扯很大精力，中央的意图就落空了，所以不能让周瑞金去上海当社长。

周瑞金心想，还好是自己先主动提出不当这个社长。

1994 年 10 月 20 日，华东分社社长保育钧宴请上海市委、市政府领导，周瑞金作陪，也由此为自己的华东版筹备工作画上圆满句号。

华东新闻一炮打响

1994 年 12 月 19 日，人民日报社华东分社在上海友谊会堂举行成立大会时，"华东版"离正式出报只剩 10 多天时间，"大保"社长要求分社进入倒计时。

在人民日报社，大家都习惯称保育钧为"大保"。他任人民日报社科教部第一主任时，还不满 40 岁，是报社最年轻的正主任。那时报社大院里没人称官衔，由于保育钧年岁不大不小，称"老保""小保"都不好听，于是"大保"的称呼就在报社叫开了，而且他长得又高又壮，做派大大咧咧，说话响如洪钟，叫"大保"还真名副其实。"大保"身上有一种对新闻理念的担当、对事业的务实精神。

1984 年新中国成立 35 周年阅兵之后，北京大学游行队伍走近天安门金水桥时，几名大学生突然打出写着"小平您好"的大幅标语。这个只出现了 14 秒钟的场面，被正在现场的《人民日报》摄影记者王东拍摄了下来，当晚照片被送到编辑部，随即出现在"大保"面前——时任科教部主任的他是当天版面负责人。

北大学子这个热烈举动并非"规定动作"，这张照片能不能用？

保育钧（中）与总编辑吴长生（左）、上海新闻采编部主任
钱江在看华东版试版版样

这是最考验编辑胆量和决心的时候。"大保"非常看重这张照片，当
即拍板刊用，上级负责人随之也一一通过。10月2日《人民日报》刊
出这张"小平您好"照片，得到社会广泛好评，也解除了未经事先批
准在游行中高擎"小平您好"横幅的那几位北大学生的压力。

　　如今，华东分社的同事们充分感受着"大保"的这种务实、担当
精神。总编室主任高海浩、华东新闻部主任凌志军、上海新闻部主任
钱江，这些《人民日报》响当当的角儿，如今带领着采编人员在反复
琢磨着一个个选题。高渊在文章中说："讨论布置选题时，总让我疑

惑他们正坐在中南海的某间办公室里，思考这个泱泱大国当下遇到的问题，殚精竭虑地寻找破解之道。"

在华东版出报前的最后冲刺阶段，大到版面设计、广告招揽，小到设备调试、生活安排，"大保"都要过问。当时确定华东版每周一至周五各出5块版，版次在《人民日报》第8至12版。其中8、9版为华东新闻版，其他为专版，设有《华东财经》《华东人物》《华东市场》《企业博览》《社会文化》《华东开发开放》《华东写真》《华东经济数据》等（一年后，华东版版面调整在《人民日报》的9至12版，共4个版面，并在第9版增加"华东新闻"的报头）。

试版开始，"大保"从早到晚就盯在办公室，和大家一起商量版面，研究稿件和标题；和大家一样吃简单的盒饭。遇到休息日，在宿舍里，作为老大哥的他，就吆喝着住在一栋楼里的小同事们集体做饭改善生活。他嘻嘻哈哈的，就像小同事们的一个大朋友。

1995年1月1日，《人民日报》华东版正式创刊后，很快在华东地区形成广泛影响。华东新闻版既高屋建瓴，又贴近读者、贴近实际的新变化。

1月23日，上海市委宣传部新闻出版处转发《解放日报》编委会就1月上旬该报宣传报道的评议小结，其中也对华东版作了分析比较："《人民日报》华东版放下中央大报的架子，长文章明显减少，短稿增多，版面信息量增加，可读性增强，同时，版面既保持原有严肃的风格，又力求生动活泼，标题比以往粗大，照片画面也较漂亮。报纸广告版面有所增加，比较注意广告的创意设计。虽然目前其风格特征尚不十分明显，但已经初步体现创办者的总体设想，潜在的能量

1996年，周瑞金（中）接棒华东分社时，听取保育钧（左）介绍分社情况

不能低估和小看。"

　　《解放日报》所分析的这些特点不断被强化补充，"华东新闻"很快形成自己的风格，一些新栏目更是一炮打响。"大保"这时稍微松口气，开始京沪"两头跑"，更多时间是在北京忙。谁也不曾想到，仅过一年多时间，情况就发生了急剧变化。

　　人民日报社在1996年初突然宣布：保育钧不再担任副总编辑，不再兼任华东分社社长，改由周瑞金兼任社长职务。

提倡现代记者的三项技能

1996 年 1 月，华东分社在报社附近的海军部队大礼堂召开全体会议。

当天上午 9 点多，刚到分社履新的周瑞金不让人陪同，独自轮着去总编室、华东新闻采编部、上海新闻采编部等办公室"串门"，不时与编辑、记者们聊上几句。这番"接地气"使他心中更有底气。在华东新闻采编部见到李泓冰时，周瑞金笑着说："我也来分社报到了。"

李泓冰在文章中写道："作为晚辈与下级，我所认识的周老，是一位蔼然而有书卷气的长者，他甫抵北京担任人民日报社副总编辑，便找到我这个当时跑文物条线的小记者，希望我带他去看看北京的名人故居，当时便想，这位上海来的领导很有雅兴。后来，我追随周总南下，参与创办《人民日报》华东新闻版，接触多了，发现他在办报出题目时总能发人所未发，特别是他对改革议题的情有独钟，对改革碰到阻力的焦首煎心，令人印象深刻。"

上午 10 点，人民日报社社长邵华泽、副总编辑周瑞金、秘书长朱新民等领导坐上了主席台。邵华泽宣布周瑞金兼任华东分社社长的任命后，周瑞金的发言依然像朋友间促膝相谈，在座的编辑记者们重温了他在马北村培训讲话时的那种亲和力和感染力。

周瑞金指出，现代记者的成绩取决于报道的深度和广度，取决于观察、分析和判断的能力。因此，美国、日本等国都要求记者拥有双学位，即不但要拥有新闻学学位，而且要拥有另一门学科如经济学、法学、社会学或某些理工学科的学位。这就是专家学者型的记者。他提出，现代记者应当具备三项基本技能：熟练掌握一门外语，能用电脑采写发稿，学会自驾汽车采访。时间不等人。不要很久，随着中国在各方面走向与国际接轨，这三项技能必将成为衡量一个记者是否称职的现实要求。时任中宣部副部长翟泰丰对此充分肯定，曾在公开场合说，周瑞金是全国最早提倡现代记者必备三项技能的人。

周瑞金指出，近年来社会流传有关记者形象的"民谣"多了起来，什么"防火防盗防记者""一等记者炒股票，二等记者拉广告，三等记者写外稿，四等记者为本报"等，这当然有片面和搞笑成分，然而从某种意义上也折射出记者队伍中存在的问题。因此，加强新闻队伍建设、提高记者素质、塑造记者的良好形象，成为从中央到地方的新闻主管部门和媒介单位的共识。良好的记者形象必须坚持"五要五不要"：要清醒不要迷糊，要深沉不要肤浅，要创新不要守旧，要自强不要自满，要清廉不要拜金。

讲话临结束，周瑞金引用唐朝诗人罗隐的一首诗："不论平地与山尖，无限风光尽被占。采得百花成蜜后，为谁辛苦为谁甜。"他说，记者应当像蜜蜂那样，辛勤采花酿蜜，不计较个人名利，为人类自觉奉献甜美的精神食粮。

温文尔雅的新社长，那带着乡音的讲话时而轻松，时而严肃，时而娓娓道来，时而循循善诱。全场轻悄悄的，偶尔响起会意的笑声。

一个月后，在华东分社工作会议上，周瑞金讲的全是压实工作责任的"条条杠杠"和硬性指标。他要求报纸宣传、广告发行、多种经营、财务管理、技术管理、行政管理、人事管理等方方面面的工作都要在原来的基础上再前进一步。

在报纸宣传方面，在保持华东新闻版的格局和质量前提下，要下功夫给北京总社提供重点报道，要抢占制高点，争取上头版头条。向头版头条提供重点报道，可以打出分社的影响，可以加强与总社的联系，也可以获得华东各省记者站的支持并加强协作。

在广告经营方面，要确保指标完成，这是硬任务。编委会提出两个轮子一起转。报纸要办好，广告、发行、印刷、经营的工作也要做好。

在发行工作方面，《人民日报》当年在华东六省一市的发行量接近56万份。上海一直是《人民日报》发行的低谷，如今已开始实现新突破。

五大创新特色

"华东新闻"的区域报道、舆论监督、言论、新闻策划、新闻摄影，被认为是五大创新特色。这期间，常务副社长、总编辑吴长生坚持以"吴酩"的笔名撰写发表评论，还与一班人积极探索新闻改革的新路子，类似"华东省市长谈区域合作""华东山海行""行走黄河""华东海岛行"等新闻策划，均引起一定的社会反响。其中"新闻扶贫计划"更是在中国新闻界率先提出的创意：在近一年时间里，华东新闻以56个专版，分别报道华东6省的56个国家重点扶贫县，没收取一分钱，记者到县里采访的食宿费用也全部自理。这一活动不仅有力地支援了贫困地区，而且在新闻界引起连锁效应，对改变媒体形象产生了积极作用。

1996年1月，人民日报社华东分社召开全体会议后合影
前排左起：吴芝麟、冯长明、贾安坤、章世鸿、吴长生、周瑞金、
邵华泽、保育钧、朱新民、崔文玉、曹焕荣、戴玉庆、萧关根

1999年7月12日，人民日报社华东分社与国家发展计划委员会宏观经济研究院合办"迈进21世纪的开发区"首届中国开发区发展国际研讨会，上海市市长徐匡迪（右）致欢迎词，周瑞金（左）代表主办单位致辞

周瑞金对此表示：华东分社作为人民日报社第一个区域性地方分社，从诞生之日起就肩负的重要改革使命，是要把中央的方针政策与各地实际结合起来，探索党中央机关报更加贴近实际、贴近基层、贴近读者的新路子。通过"新闻扶贫计划"推进扶贫攻坚大业，充分发挥党报不可替代的独特优势，正是《人民日报》新闻改革的有益尝试。

后来，国务院扶贫办负责人见到周瑞金时，说《人民日报》为全社会参与扶贫攻坚作出了表率，并表示将全力配合支持华东分社的"新闻扶贫计划"。中国扶贫基金会会长项南撰写《"新闻扶贫"赞》，赞扬"《人民日报》新闻扶贫是继开发扶贫、科技扶贫、文化扶贫后的又一创举"。

1995年8月29日，华东新闻开始刊出以批评报道为主的栏目《隐身人手记》。这个栏目专门刊登记者对华东各地各扇"窗口"服务的明察暗访情况。所谓"隐身人"，即隐去《人民日报》记者身份，以普通人的眼睛打量四周、衡量亲身体会到的人情世故。吴长生说，当时华东分社成立不久，报社年轻记者居多，开设《隐身人手记》还有锻炼记者的目的，要让新进《人民日报》的记者不是"闭门造车"，而是主动积极地沉到生活的最底层去了解普通大众的生活、倾听他们的呼声。刚跨出复旦大学校门走进分社的邓建胜，就成为这个栏目的积极撰稿者。20多年后，邓建胜已出任人民日报社广西分社社长，吴长生还记忆犹新地说起当年的新闻"小白"第一次见到周瑞金的"趣闻"：

周瑞金兼任华东分社社长后，还有总社副总编辑的大量工作，就北京上海两地跑，大部分时间在京，来分社时间不多。有一次，周瑞金在分社编辑部楼道评报栏前看评报，邓建胜正好路过，发现是个"生面孔"，就主动问"请问您找谁？有什么事？"周瑞金笑着报了自己的名字。邓建胜这才知道自己面前是位"大领导"。

这事传出后，大家都哈哈大笑，说邓建胜"不识"领导，有疑即问。周瑞金则幽默地说，我要与新来的记者多接触，不然也成"隐身人"了。

1997年，周瑞金主编的《华东写真集萃》由上海人民出版社出版。《人民日报》总编辑范敬宜在序言中说："记得《华东写真》第一期见报之后，中国新闻摄影界的老前辈、中国新闻摄影学会原会长蒋齐生同志立刻给我打电话，激动地说'这是《人民日报》的大喜事，也是中国新闻界的大喜事！'那种抑制不住的兴奋之情，至今记忆犹新。不过，当时我还不十分理解蒋老为什么对这样一张摄影画刊如此厚爱，现在明白了，他是在为一个时代观念的转变而欢呼。"

中国新闻摄影学会为《华东写真》举办新闻摄影研讨会，新闻界老前辈陈念云、马达等都来"站台"。陈念云特别称赞 1995 年 1 月 16 日《华东写真》那张图片：村里党员排排坐，每人身后放只碗，群众通过往碗里丢豆子的办法来评议党员。编辑抓住"豆"和"碗"做文章，直观生动，令人耳目一新。图片肩题是《滨海县正红乡评议党员别开生面》，主标题是：

满不满意　让"豆"说话

合不合格　一"碗"了然

陈念云说："这样的精彩标题多了，报纸自然就好看了。华东版确实做到了图文并茂，两翼齐飞。"

在第 4 届（1997 年）全国报纸总编辑新闻摄影研讨会上，《华东写真》获得新闻摄影最高规格的"创新奖"。

一次次成果，一次次获奖，让周瑞金提出的"出报、出人、出效益、出经验"的要求不断得到体现。

华东分社的成功开办，推动着人民日报社地方版事业的发展。《人民日报》副总编辑李仁臣到广州开办华南分社；华东分社输出的副总编辑，主政华南新闻版的编辑出版工作。1997 年 7 月 1 日，在香港胜利回到祖国怀抱的重要日子，以广东、广西、海南及香港和澳门特区为报道发行范围，《人民日报·华南新闻》创刊。华东分社与华南分社这时南北交相辉映，成为 20 世纪 90 年代人民日报社新闻体制改革的重要成果。

华东分社还走出了高海浩、陈颂清、顾勇华、刘士安、李泓冰、孙健、邓建胜、陶峰、赵彦龙、高渊、吴焰、徐冲等一批国内新闻界

《华东写真》获全国报纸总编辑新闻摄影研讨会"创新奖"。上图为《华东写真》得奖版面之一；下图为周瑞金主编的《华东写真集萃》书影

的领军人才。上海市文联、上海市作协副主席高渊感慨地说："对我来说，华东分社就是我的'研究生院'，都说'什么媒体培养什么记者'，其中的关键或许就是思考问题的高度和角度。"

2021年10月20日，在解放日报社召开的高渊作品研讨会上，华东分社后任领导曹焕荣在讲话中又提道："20世纪90年代初，老周（瑞金）在领导筹办人民日报社华东分社时，曾对包括高渊在内的记者提过三个要求，一是熟练掌握电脑，用今天的话说，就是要有运用互联网的能力；二是熟练掌握一门外语，就是要面向世界，具有知晓中外、纵观全球的本事；三是熟练掌握驾车技术。记得当时分社曾利用午休时间办'新概念英语'班，外语好的记者自己当老师；一批人自掏5000多元学开车，成为1995、1996年就拿到驾照的老司机。显然，高渊朝这些方向努力了，有些方面还超出了老周的期待。如他从一个纯粹'爬格子'写文稿的人转型，参与创办了如今在全国有很大影响的App'上海观察'（现名"上观新闻"）。互联网时代如何当一名优秀记者，以高渊为例是可以议出点东西来的。"

"华东新闻"承载了一代报人的新闻理想和对新闻改革的探索。周瑞金当年提出的记者"三项技能"要求，如今又引出"互联网时代如何当一名优秀记者"的新话题。

"观察家"三十年后再亮相

　　1995 年，周瑞金从退休的副总编辑张云生手中，接过分管国际部宣传报道的任务。如何加强《人民日报》的国际新闻评论工作？在反复思考的同时，他向《人民日报》老总编辑谭文瑞请教。

　　1989 年 3 月，周瑞金刚担任解放日报社党委书记兼副总编辑两个月后，就随谭文瑞为团长的中国新闻代表团访问苏联，半个多月的朝夕相处，彼此间有了更多了解。周瑞金到人民日报社工作后，谭文瑞像老朋友那样，经常来周瑞金办公室聊天。

　　谭文瑞从 1950 年调入人民日报社后，就开始负责国际新闻的编辑评论。他以笔名"池北偶"发表了 800 多首针砭时弊的讽刺诗，既有国内题材，也有国际题材，"池北偶"的名气比谭文瑞还大。20 世纪 60 年代，谭文瑞主持"观察家"国际评论，产生很大影响。

　　一别 30 年，周瑞金想着要把"观察家"专栏重新开出来。谭文瑞却坦率地对他说："那时有周总理指导，国际问题专家写作，发布渠道只有《人民日报》。现在情况不同了，再搞'观察家'评论很难了。"

这时，总编辑范敬宜来为周瑞金助力了。他非常支持周瑞金写作"观察家"国际评论，认为这是扩大《人民日报》在国外影响的重要一招，一定要拿出头版显著地位刊登。总编辑的支持，让周瑞金感到振奋。他与国际部领导及几位资深编辑认真研究后，很快确定选题。经历集体写作，反复修改，终于在1995年12月22日《人民日报》头版，刊出《中国发展有利于世界和平与进步——驳"中国威胁论"》的"观察家"专栏评论。

　　一时间，西方通讯社和电台对此纷纷转发、摘播，不少国家和地区报纸也纷纷报道、发表评论，在国内外产生强烈的反响。有人干脆称"观察家"评论是国际版的"任仲平"文章。对此评价，周瑞金含笑不语——其实，他的初衷正是想让"观察家"成为国际版的"任仲平"。因为两者规格基本相同，每篇五六千字，都放在《人民日报》头版下半版通栏地位，由总编辑签发。中国正向世界舞台中央走来，"观察家"将肩负特殊重任而大有作为，所以周瑞金是怀着一腔豪情让"观察家"重新回归的。

　　"观察家"回归的正是时候。

　　为了激励国际新闻工作者积极开拓、勇于进取的敬业精神，增强我国在国际舆论中的影响力，1995年8月28日，国务院新闻办公室发出《关于开展1995年度第一届"中国国际新闻奖"评选工作的通知》。规定第一届国际新闻奖从1995年1月1日至12月31日的好稿中推荐，1996年1月下旬进行初评，2月进行定评，3月召开颁奖大会。

　　改革开放以来，各地陆续出现评选当地优秀新闻人、新闻奖的活动。上海市新闻界1984年就开始评选新闻奖，1988年还在全市评选

1995年12月22日，《人民日报》头版刊登《中国发展有利于世界和平与进步——驳"中国威胁论"》的"观察家"专栏评论，在首届中国国际新闻奖评委会上高票获得评论类一等奖

"上海市十大名记者"，解放日报社的高肖笑和屠海鸣母子俩同时荣获"上海市十大名记者"称号，一时在上海滩传为佳话。

1990年开始评选中国新闻奖，这是由中国记协主办的全国综合性年度优秀新闻作品的最高奖，也是经中宣部批准常设的全国性新闻奖。周瑞金组织撰写的"皇甫平"和"任仲平"文章，都相继荣获中国新闻奖一等奖。

在1989年主政解放日报社之后，周瑞金参加过全国和上海多次新闻奖的评选活动；如今分管《人民日报》国际新闻报道工作，正好赶上首届中国国际新闻奖的评选，他因此被推选为评委会副主任。

一天，评委会主任李源潮打电话告诉他：国务院新闻办领导建议，第一届"中国国际新闻奖"的定评和颁奖活动放在上海，由解放日报社承办。周瑞金说这个想法好。上海是国际性的大都市，上海的《解放日报》《文汇报》《新民晚报》，以及国际新闻报道和评论都做得很出色。

周瑞金在解放日报社时就非常重视国际新闻报道，经常在头版突出位置发表重大国际新闻，还发表独自的国际新闻评论。1988年11月8日乔治·布什当选美国第41任总统、1992年11月3日威廉·克林顿当选美国第42任总统，《解放日报》都把这重大国际新闻放在头版显著位置刊登；美国发动海湾战争期间，《解放日报》又在头版头条发布准确的开战预报新闻，在全国引起轰动。周瑞金因此觉得，首届"中国国际新闻奖"评选活动由解放日报社承办，可以说是顺理成章、实至名归。

他在与解放日报社党委书记冯士能和总编辑秦绍德电话联系时得

知，国务院新闻办已与上海市委商定这次评奖活动，市委领导也已向他们下达了任务。

中央和地方共有 51 家新闻单位参加这届评选活动，一共选送了 300 余件国际新闻作品参评。1995 年 11 月 29 日，评委会办公室召开全体成员会议，成立了消息组、评论组、专题组、通讯组和秘书组，并就评奖程序、工作分工进行了讨论。

1996 年 2 月初，在北京召开评委会第一次会议，听取评委会办公室初评情况的汇报，秘书组向各位评委分发初评推荐获奖作品和后备获奖作品，进入定评阶段。

3 月 25 日，经过一整天的反复审议，评委们郑重地调整几篇稿件的获奖等级，最终评出一等奖 11 篇、二等奖 25 篇、三等奖 33 篇，共 69 件作品获奖。另有 11 篇作品获鼓励奖。人民日报社的《中国发展有利于世界和平与进步——驳"中国威胁论"》高票获评论类一等奖——"观察家"荣获桂冠。

3 月 27 日，在解放日报社 6 楼会议厅，第一届"中国国际新闻奖"颁奖大会隆重举行。国务院新闻办主任曾建徽、上海市委副书记陈至立在会上发表热情洋溢的讲话。

周瑞金以获奖单位代表的身份讲话时表示，这次《人民日报》有 7 篇作品获奖，固然是国际部记者编辑共同努力的结果，但主要也是由《人民日报》的地位和条件决定的。作为党中央的机关报，《人民日报》的国际报道一直得到党中央、国务院，特别是新闻办公室、外交部领导的直接关心和指导。我们的国际报道力量也比较雄厚，仅采编、资料工作人员就有近百名，还有 33 个常驻世界各国的记者站。

这些条件是一般新闻单位所难以具备的。相比之下，条件不如我们的一些兄弟新闻单位，如解放日报社、文汇报社等，这次都取得了相当出色的成绩，更使我们感到工作还可以做到更好，还要加倍努力，还要更好地向全国兄弟新闻单位学习。

周瑞金指出，目前我们的新闻行业正面临着从传统的计划经济体制向社会主义市场经济体制的转变，从传统的传播手段向现代化传播手段的转变。这对我们掌握现代化技能和知识提出了新的要求，必须努力培养一批能熟练操作电脑、掌握一门以上外语、会驾驶现代化交通工具三项基本技能，又具有现代经济、现代科技、现代国际关系与法律三门基本知识的学者型记者、编辑——除了之前一直提倡的"三项基本技能"，周瑞金继而又提出了记者的"三门基本知识。"

周瑞金强调，国际评论要审时度势，审时即审时代变化之潮流，度势即度世界发展之趋势。没有这样的眼光，没有这样对国际形势的总体把握，是很难写出"观察家"专栏评论的。

"观察家"很快又义正词严地接连发声——

1999 年 5 月，以美国为首的北约轰炸我驻南联盟大使馆，周瑞金及时部署报道，除连发 5 篇评论员文章以外，他还组织发表"观察家"专栏评论，切中时弊，深刻批判那些公然践踏国际法的奇谈怪论。

部署报道"炸馆"事件

2019 年 5 月 8 日，《环球时报》原总编辑胡锡进在微博上发文《20 年前，我是国内第一个得知消息的人》，回忆 20 年前的"炸馆"经历：

那天大清早，我家的电话突然响起，我一接电话，对方在话筒里喊："我是小吕，北约把咱们的大使馆炸了！"我迷迷瞪瞪的，说："你是谁呀？"对方说："老胡，我是小吕啊，吕岩松啊，北约把咱们的大使馆给炸了，使馆正在着火。"我一下子激灵了，反应过来，这是我的好朋友、当时《人民日报》驻贝尔格莱德记者吕岩松打来的。我要求他把消息再说一遍，他说使馆被轰炸了，正在着火、救人。我对他说："兄弟，这事可得百分之百准确啊，我这就把消息给你传出去，万一有一点闪失，咱俩都完了。"他说："这怎么能是假的，我就在现场啊。"我听到他突然哭起来，他说是发现新华社记者邵云环遇难的遗体了。

那是 1999 年 5 月 8 日北京时间凌晨 5 时 45 分（贝尔格莱德当地

时间5月7日23时45分），中国驻南联盟大使馆被炸，现场硝烟弥漫，火光熊熊。《人民日报》驻南斯拉夫记者站首席记者吕岩松搀着妻子，从一片漆黑和窗毁梯残中，摸索着逃了出来。他出来做的第一件事，就是将突发消息通过海事卫星电话传到《人民日报》国际部前任驻南记者、《环球时报》副总编辑胡锡进的家里。

赢得宝贵时间

当时是清晨6时，睡梦中的胡锡进听到这一消息如晴天霹雳，难以置信。弄清基本事实后，他立即向人民日报社国际部负责人陈特安报告，陈特安要他向外交部欧亚司南斯拉夫处处长李满长打电话通报，同时，他自己立即向报社主管国际宣传报道工作的周瑞金报告。

接到报告的周瑞金立即感到神经绷紧，必须要以最快的速度把事实真相告诉我国和世界人民。他后来说，"就这一突发事件的反应，《人民日报》的宣传报道走在了全国前列，而我从头至尾参与了这次事件的宣传报道及相关处理工作"。

"当时我已醒来，电话铃声刚响就接了。听到这一惊人的消息，我要求陈特安与记者吕岩松继续保持联系，随时报告使馆被炸的具体情况。我又立即打电话到社长邵华泽家汇报，邵社长要我在上午9时召开的编委会上报告这一消息，并准备报道意见。紧接着，我马上给我的老朋友、国务院外宣办主任赵启正打电话，通报我驻南联盟大使馆被炸事件。我的意图是，想通过他立即向江泽民总书记报告这个重大而又紧急的外交事件。"周瑞金回忆当时情形。

大约半个小时以后，外交部总值班室来电话，说他们仍未能与我驻南联盟大使馆取得联系，希望《人民日报》记者进一步提供情况。此时，吕岩松又把新华社记者邵云环牺牲，《光明日报》记者许杏虎、朱颖夫妇和使馆武官三人失踪的消息传回国内。周瑞金感到问题的严重性，特别是外交部与大使馆失去联系，这件事非同小可，他立即打电话给国务院办公厅秘书李伟，请他将我驻南联盟大使馆被炸及记者牺牲的情况向朱镕基总理及时报告。

　　当天上午9时，周瑞金参加报社编委会议，原安排这次会议学习讨论批评和自我批评，为编委会成员"三讲"教育进入第三阶段民主生活会做准备。会议一开始，主持会议的邵华泽社长就说，凌晨发生了以美国为首的北约袭击我驻南联盟大使馆的重大事件，先让周瑞金向编委会报告具体经过及报道初步打算。周瑞金即把记者吕岩松陆续报告来的情况向编委们作汇报，并提出宣传报道的初步打算：一是国际部要连续发表评论文章进行谴责与评述；二是《人民日报》（网络版）要以最快速度向全国发布这一举世震惊的新闻；三是国际部办的《环球时报》要准备发号外。邵华泽强调，这是一件重大政治宣传任务，主要报道思想和要求要听从中央部署，但我们可以先把几件具体报道工作抓起来，以取得报道的主动权。他宣布：这期间由周瑞金主要负责这个事件的报道工作，同时负责国际部和网络版的审稿把关工作。

　　根据编委会的安排部署，周瑞金当即召集国际部编辑记者研究落实编委会的部署工作，着手赶写第二天见报的第一篇评论员文章，他将题目定为《强烈谴责以美国为首的北约的血腥罪行》；同时迅速组织国际部、《环球时报》和《人民日报》（网络版）的力量，全力投入对此事件的宣传报道，使《人民日报》较好地体现我国政府的态度，也充分反映人民群众的心声。

周瑞金说："吕岩松在使馆被炸的第一时间，在熊熊燃烧的烈火中陆续发出的消息，是中国甚至也是全世界关于这次事件的第一个反应；而《人民日报》在事件发生后的迅速报道反应，也为我国政府的决策和外交应对赢得了宝贵时间。"

传递民众愤怒心声

5月8日9时20分，《人民日报》（网络版）在第一时序发布这一举世震惊的记者快讯；接着在11时55分第一个在网上发布吕岩松的战地通讯《血的见证——中国驻南使馆被炸目击记》。

8日下午，《环球时报》发行号外，发表记者吕岩松电话口述、编辑部整理的《我亲历中国使馆被炸》长篇通讯，这是第一篇详细描述中国使馆被炸的稿件。

当天下午，北京广大学生、民众已纷纷上街示威游行，强烈抗议以美国为首的北约袭击我驻南联盟大使馆的暴行。《人民日报》（网络版）以最快速度报道北京大学生抗议北约暴行的游行活动，并配以图片客观报道了有学生用石块砸碎美国驻中国大使馆大院前路灯的愤怒行为。在这张新闻图片上网前，编辑曾送周瑞金审阅，说吃不准能不能发表。周瑞金毫不含糊地对编辑说，美国把我国驻南联盟大使馆都炸了，死伤那么多记者和使馆人员，我们游行队伍砸碎美国使馆前的一只路灯，有什么问题？可以刊登！

上图：1999年5月9日的《人民日报》头版

右图：1999年5月9日《环球时报》出版特刊

　　8日晚上，《人民日报》第一篇评论员文章《强烈谴责美国为首的北约的血腥罪行》定稿。当晚，中央电视台在《新闻联播》中摘播了这篇代表中国政府和人民愤怒心声的评论的主要内容。评论严正指出："驻外使馆是一个国家主权的象征，受国际法的保护。北约袭击我国使馆是对我国主权的野蛮侵犯，是对《维也纳外交关系公约》和国际关系基本准则的粗暴践踏，不能不激起全世界爱好和平国家的强烈反对，不能不激起中国政府和中国人民的强烈抗议。这是北约对中国人民欠下的一笔血债。以美国为首的北约必须对此承担全部责任。"

5月9日，《人民日报》第1版刊发我国政府严正声明，首都高校师生游行抗议北约暴行的巨幅图片，评论员文章《强烈谴责美国为首的北约的血腥罪行》，以及北京、上海、广州、成都高校学生举行示威游行的消息；第3版刊发通栏文章《强烈谴责美国为首的北约的侵略行径》，把记者目击、遇难者图片、国际动态分析、有关国际关系准则等全国人民关心的问题，及时、全面、客观、公正地报道出来，以最快速度把尽可能翔实的信息传达给人民群众。

与此同时，《人民日报》（网络版）于9日下午4时，推出《强烈抗议北约暴行BBS论坛》栏目，提供了一个反映民意的窗口。网络版早就打算开辟BBS论坛，让网民自由发表意见，但担心把握不好舆论口径和议论分寸，所以迟迟没有开出来。这次遇到抗议以美国为首的北约袭击我驻南使馆的突发事件，网民同仇敌忾，开辟BBS论坛正是好时机。周瑞金果断提出开BBS论坛的建议，很快得到网络版负责人的赞同，决定下午4时推出，终于实现了敢为天下先的一步突破。

后来，就在这个基础上形成了影响广泛的人民网强国论坛。全国各报网络版也纷起效仿。

5月10日晚上8时30分，人民日报社召开编委扩大会议，社长邵华泽和总编辑许中田传达下午召开的中央宣传领导小组会议的精神。周瑞金在编委会上明确表示，《人民日报》作为主流媒体，应对这样的突发事件，务必要加强对人民群众的爱国激情的理性引导，防止狭隘的民族主义情绪抬头；同时要深入分析美国霸权主义的真面目，揭露北约战略新概念及其对21世纪世界安全与和平的影响。

《人民日报》在连续发表 5 篇谴责以美国为首的北约的血腥罪行的评论员文章之后，又发表《是人道主义，还是霸权主义》《论美国霸权主义的新发展》两篇"观察家"文章。

放下了心上石头

5 月 9 日凌晨，中国政府处理中国驻南使馆遭北约袭击事件专门小组的专机，平安抵达贝尔格莱德。经过两天紧张的伤员慰问、烈士后事处理和外事活动后，专机离开贝尔格莱德，遇难英烈骨灰、伤员及使馆部分工作人员同机回国。

5 月 13 日，中共中央、国务院在人民大会堂隆重召开大会。国务院决定，对我驻南斯拉夫联盟共和国大使馆工作人员和驻南新闻工作者给予表彰；邵云环、许杏虎、朱颖被批准为革命烈士。江泽民在大会上发表重要讲话。

从 5 月 21 日至 6 月 8 日，《人民日报》以学习江泽民在欢迎我驻南工作人员大会上的讲话为主题，连续发表 6 篇社论：《始终不渝地坚持党的基本理论基本路线》《坚定不移地坚持以经济建设为中心》《坚定不移地推进改革开放》《坚定不移地保持社会稳定》《坚定不移执行独立自主和平外交政策》和《团结一心　奋发图强　振兴中华》。

从此新闻媒体的舆论转向，把人民群众的注意力集中到埋头苦干、卧薪尝胆把我国社会生产力、综合国力、国际竞争力搞上去，实现振兴中华的伟大目标上来。

主管人民日报社国际宣传报道工作时的周瑞金

5月25日下午，社长邵华泽向总编辑许中田和副总编辑周瑞金传达：中央决定驻南联盟的中国记者除新华社留下1人、中央电视台留下2人外，其余的15人全部撤出南联盟，以避免发生无谓的牺牲。这是完全正确而及时的决定。周瑞金说："我与邵社长、许总编原来都很担心吕岩松夫妇在南联盟的安全，这样一来，中央的决定让我们心上的一块石头放下来了。"

邵社长要求周瑞金马上布置国际部具体落实吕岩松与他的妻子赵燕萍撤回北京的事宜。周瑞金当即找国际部主任陈特安及办公室负责人董黎明，要他们立即打电话通知吕岩松夫妇做好撤退准备。第二天下午，周瑞金又通过国际长途电话，直接向吕岩松传达中宣部与外交部的决定精神，要他尽快听从大使馆的安排撤回，能早一天就早一天。周瑞金告诉吕岩松，为嘉奖他战地记者的突出贡献，尤其是发生北约袭击我驻南使馆以来的良好精神面貌和出色的报道，报社编委会决定为他记大功一次，工资晋升两级，一次性奖励2万元。周瑞金还告诉他，报社已为他解决了住房问题，这次他们夫妇回来不用再住集体宿舍了。吕岩松当时听了非常感动，一再表示感谢中央和报社对他的关怀。

　　几天后，吕岩松夫妇搭乘中国国航960航班从奥地利维也纳机场起飞，于6月3日上午9时40分准时飞抵北京首都机场。周瑞金代表报社编委会率领报社机关党委、国际部、人事局、外事局等部门领导十多人前往机场迎接。在从机场回报社的路上，吕岩松向周瑞金讲述我驻南使馆遭袭及三位记者遇难的许多细节，并说自己命大，人民日报社福大，记者站的电脑、车子、钞票等财产都没有受损失。周瑞金说，财产算什么，你们夫妇毫发无伤，安全归来，就是无价之宝，就是全报社的最大福气！

　　回到报社时，社长邵华泽、总编辑许中田率全部编委成员及上百名各部门代表，已在5号楼前迎候，邵社长发表热情洋溢的欢迎词，吕岩松也很朴实地说了几句："从今天起，我就是一个普通记者了。我很惭愧，南联盟战争还没有结束就回来了，当了逃兵……"

　　没待他说完，周瑞金马上插话："这是中央的决定，不是逃兵，而是英雄！"没待周瑞金说完，全场响起了热烈经久的掌声。

　　6月8日上午，人民日报社召开全社职工大会，听取吕岩松来自南斯拉夫战地、亲历中国使馆被炸的报告。大礼堂不断响起热烈的掌声，表达全社职工对我驻南使馆的中国战地记者由衷的赞许和敬佩！

吕岩松说，他只是留在南斯拉夫的中国记者中的普通一员，大家的风险概率是一样的，并不存在一个特别的勇敢者。他说他所做的是记者的职业道德要求他必须做的，其他记者也在像他一样做，因此任何特别的荣誉对他来说都是奢侈的，特别是当几名记者已经牺牲的时候。当记者要采访吕岩松事迹时，他一再说："有的同志已经牺牲了，而我们还好好地活着，我们还有什么好说的呢，要说就多说说那些死去的战友吧！"

吕岩松被人民日报社编委会记大功表彰，还被中宣部授予"优秀新闻工作者"荣誉称号，当选为第10届中国十大杰出青年和全国先进工作者，获得第4届长江韬奋奖。不久，他担任人民日报社国际部主任，全面主持国际宣传报道工作，后又升任《人民日报》副总编辑，现任新华社总编辑、党组副书记。

"皇甫平""重出"江湖

　　"皇甫平"，这是在1991年的特定历史条件下，周瑞金与施芝鸿、凌河共同撰写系列评论文章所用笔名，以后再没用过。1992年春节，周瑞金组织宣传邓小平南方重要谈话精神的评论，署名"闻顾"；1992年4月以后，他组织撰写的4篇评论文章，署名"吉方文"。

　　然而，时隔15年后，《财经》杂志上一篇《改革不可动摇》的文章，却又赫然出现"皇甫平"的署名，在国内外读者，尤其在网络读者中，顿时引起几乎可与当年"皇甫平"文章类似的轰动效应——"皇甫平""重出"江湖了吗?

《财经》主编借名头

　　2006年，是粉碎"四人帮"、结束"文化大革命"30周年，也是周瑞金组织撰写发表"皇甫平"系列评论呼唤全面深化改革15周年，更是党中央以科学发展观统领"十一五"规划的开局之年。

　　2005年11月底，中国外文出版发行事业局旗下的《世界》月刊执行主编姚献民前来采访周瑞金。"我在上海和周老茶叙，说到了轰动一时的'皇甫平'系列评论文章。余生也晚，没有执鞭坠镫追随左右的机会，但对那时的风云际会心怀敬仰。有感于此，我决定对周老做一个采访，对当年的历史做一个回顾和梳理，同时约请周老写一篇时评，回应当时社会上隐约成势的质疑改革甚至否定改革的声音。周老欣然应允，于是就有了《改革不可动摇》一文。"姚献民在文章中回忆。

《改革不可动摇》在《世界》月刊以"本刊评论员"的名义发表后，基本还算风平浪静。考虑到这份杂志发行范围较小，周瑞金在2006年1月6日，又将这篇评论在东方网上发表，署的是自己的名字。《财经》杂志主编胡舒立在网上看到这篇文章，当即与周瑞金联系，决定在1月24日出版的《财经》杂志上予以发表，周瑞金表示同意。他没想到的是，胡舒立刊登这篇文章时，竟改用了"皇甫平"的署名。周瑞金说："我猜想她的本意是想表达，当年的'皇甫平'，今天在改革开放又一个关键时刻，再次站出来发表文章呼唤改革不可动摇了！"

这样一来，社会上就传开说，"皇甫平"重出江湖了。一时间"江湖耸动、云谲波诡"。

"客观上说，我原来并不想用'皇甫平'来署名，因为这是在特定历史条件下用的，今天历史条件已发生变化了。何况，原署名是集体合作的产物，而这次是我个人撰写的文章，"周瑞金说，"可是，又不得不说，《财经》杂志用了'皇甫平'的署名，文章的影响力变得更大了。我真的没有想到时隔15年之后，'皇甫平'评论仍然具有那么大的社会影响力。从实践效果来看，主编胡舒立决定采用

周瑞金接受《财经》杂志采访

'皇甫平'署名确实是高明的一招。"

主编"高明的一招",却招来一些人对周瑞金的非议。有人说，当年集体智慧的"皇甫平"，如今俨然被他一人揽功在身；有人更是直言"劝君莫当改革的最高裁判官"。周瑞金对此只是付之一笑：这些议论者如能了解"署名"真相，能深切观察到社会上的种种风云变幻，也许就不会再这样说三道四了。

2004年以来，随着改革开放和现代化建设进入矛盾凸显期，全国出现了改革开放以来的第三次大争论。尤其在网络媒体上，对20多年来的改革开放，特别是对党的十四大确定以建立社会主义市场经济体制为目标的市场化改革，发出种种质疑和否定之声。周瑞金对此密切关注。

当时，一些社会人士联名向党中央上书新的"万言书"，要求中央撤销《国务院关于鼓励支持和引导个体私营等非公有制经济发展的若干意见》，以"反思改革"为名否定改革、反对改革。全国还刮起一阵"郎旋风"：既没有掌握充分的数据，又不经过严密的调查和逻辑论证，就高调指责海尔、TCL和格林柯尔三家公司利用产权改革"侵吞国有资产"，以此来轻率否定国企的全部改革。

2004年到2005年，一家在思想界颇有影响的主流媒体，突然整版整版地批判西方新自由主义，随意给国内主流经济学家强加"新自由主义"帽子，借此否定我国的市场化改革。

个别有影响力的经济学家在讲话中提出领导权问题，说现在我国高校的校长、院长，系、研究室、研究所的主任以及校长助理等，领导权被篡夺了，不在马克思主义者手中，引起思想教育界和广大知识分子的思想混乱。

　　面对如此种种现象，周瑞金早已心存忧虑，他感觉似乎又回到了15年前那场"姓'社'姓'资'"的争论，一股否定改革、反对改革的思潮滋生和蔓延开来。鉴于这种大的社会背景，他到北京与施芝鸿作了一次长谈。"皇甫平"三驾马车之一的施芝鸿，这时建议周瑞金这位主帅"用不老宝刀，再次披挂上阵"，尽快撰写重头评论文章，迎头痛击这股否定改革开放的错误思潮。周瑞金这才亮出"不老宝刀"，随即引发杜甫笔下"一舞剑器动四方"那样的社会群情。

"不老宝刀"动四方

　　周瑞金在这篇《改革不可动摇》中开门见山指出：

　　中国又走到了一个历史性拐点。在全面建设小康社会进程中，我们面临着国内矛盾凸显期与国外摩擦多发期的交织，社会上出现一股新的否定改革、反对改革的思潮。他们把改革过程中出现的一些新问题、新矛盾，上纲为崇奉西方新自由主义的恶果加以批判和否定，似乎又面临一轮改革"姓'社'姓'资'"争论的轮回。

　　文章在肯定市场化改革取得巨大成就的同时，也直言不讳地指出市场化改革中出现的新问题、新矛盾，并具体分析了产生这些新问题、新矛盾的原因：

有些人把改革中出现的新问题、新矛盾统统归罪于市场化改革本身，动摇和否定改革。这显然是片面的、错误的。在经济体制转轨的历史背景下，诸多矛盾主要是由于市场经济不成熟、市场机制作用不充分所致，并非是市场经济、市场机制本身的缺陷。贫富差距的问题，不是因为市场化让一部分人先富起来，而是因为市场化过程中因权力之手的介入，让有些人以牺牲他人为代价暴富起来。借助行政权力致富，损害弱势群体，恰恰是旧体制的弊端造成的，怎能责怪市场化改革呢？

文章指出，社会财富分配不公平问题的产生和扩大，也并非改革的错误；恰恰相反，是改革遇到阻碍，难以深入、难以到位的必然结果。其中一个重大阻碍，在于特殊利益层使改革的整体效率被曲解成"部门利益""地方利益"，让"权钱交易"通行无阻，愈演愈烈。缩小贫富差距，不应当人为地压制致富，而应当通过平等的权利保护和提高穷人致富的速度来实现。改革的目的不是让富人变穷，而是让穷人变富。"仇富"情结无助于缩小贫富差距，不利于走向共同富裕，这是现代工商文明的浅显道理。文章对此分析了为什么社会上会产生"端起碗来吃肉，放下筷子骂娘"的现象：

在"端起碗吃肉"的温饱问题解决以后，"放下筷子骂娘"凸显了。"骂"什么呢？"骂"土地被征占、旧房被拆迁，"骂"教育医疗收费太高，"骂"买不起住房、找不到工作，"骂"贪官太多、司法腐败，"骂"治安太乱、安全无保障，"骂"信息不透明不对称、

《经济观察报》
《新京报》发表对
周瑞金的专访文章

办事不民主，等等。所有这些问题，正是社会公共品供给不足的问题。公众越来越需要一个高效、廉洁、平等参与、公平透明的公共领域。

《改革不可动摇》发表后，因为当时主流媒体都没有对这场争论表态过，所以这篇文章非常引人瞩目，一下子网络上传遍了。"有人赞成，有人反对，说好话的，骂我的，揭我所谓老底的都有，"周瑞金说，"我写这篇文章和1991年写'皇甫平'文章恰恰相反：15年前的'皇甫平'系列评论，受到广大基层干部群众的欢迎，当时领导层的态度却是有较大分歧的；15年后我写这篇评论文章，领导层的态度鲜明了，倒是网民和基层群众的态度出现了较大分歧。有些网民把我骂得一塌糊涂，认为我是既得利益的辩护人。"

经归纳分析，网上发表意见的以愤青为主，年纪比较轻，没有经历过改革的全过程，没有前后对比，只看到当下的问题；还有一部分弱势群体，他们有实际的生活困难，中国社会向来有"不患寡而患不均"的传统。以上两种是民间的力量。另外还有一些"左"的力量。政府中否定改革成绩的人不多，但如果改革进一步深化到了行政管理体制层面，就可能会触动一部分人的利益机制，从而遭遇阻碍。

周瑞金这时必须为自己辩护："我作为一个为主流媒体工作了几十年的老报人，一直以党的决议、决定的精神为指导，结合实际和民众的愿望和要求，写出政论文章，这怎么是为既得利益者辩护？"

这次纷争也引起了中央的重视。

2006年春节过后一星期，中共中央政治局常委、分管思想宣传工作的李长春到上海视察，在上海市有关领导同志的陪同下特地来到东方网，调查了解周瑞金这篇文章的发表背景。周瑞金事前得到消息，应上面要求，写了一份《答东方网编辑问》的材料，详细说明撰写这篇评论文章的经过、背景、意图。东方网领导心里更有底，就以这篇答问材料中的内容，来回答中央领导的提问。经实地调研，李长春明确表示支持周瑞金这篇文章的观点，强调要以改革的思路解决改革开放中出现的新矛盾和新问题。

时隔不久，2006 年 3 月初，全国两会召开。中央领导同志在会议期间指出，要在新的历史起点上继续推进社会主义现代化建设，说到底要靠深化改革、扩大开放；要毫不动摇地坚持改革方向，进一步坚定改革的决心和信心，不断完善社会主义市场经济体制，充分发挥市场在资源配置中的基础性作用，同时努力加强和改善宏观调控，保证经济社会又快又好发展；要不失时机地推进改革，切实加大改革力度，在一些重要领域和关键环节实现改革的新突破。

这期间，周瑞金还陆续接受《南方周末》《21 世纪经济报道》《新京报》《南方人物周刊》等平面媒体记者的采访，回答讨论中的改革反思、改革阶段、国企改革、改革阻力等热点问题，拓展了文章的思想深度和价值力度。

这年 6 月 16 日，作为地方性党报，《厦门日报》特请周瑞金作《新闻评论与第三次改革争论》的专场报告，随即在第二天，罕见地用两个专版篇幅发表专访《皇甫平：咬定改革不放松》，引起广泛影响，并被海内外网络传媒广为传播。

在 2004 年至 2006 年发生的关于改革的第三场大争论中，在回答市场化的改革对不对，为什么市场化改革以后产生了问题，怎么解决，

2006年6月17日、2008年4月16日，《厦门日报》相继于头版整版篇幅发表对周瑞金的专访

是走回头路还是继续深化改革等问题时，周瑞金说自己的文章在"关键时候还起一点作用"。

他的《改革不可动摇》成为当年最具影响力的一篇新闻评论。

"皇甫欣平"披挂上阵

周瑞金这一代知识分子有个特点，因为是在党和国家直接培养下成长的，所以有很浓的感恩之心和很强的责任感。"工作可以退休，我的笔是不能退休的。我关心着国家和人民的前途和命运，我还要经常发声，这是本分"，这就注定他一如既往地敢开第一腔。而每每文章引起争论，别人替他揪心时，他却释然："这是好事，你要相信他人终有觉悟，他来反驳，也是受你引导近了觉悟一步。"

2008年4月30日，北京奥运会倒计时100天。

从3月30日在希腊雅典举行奥运火炬交接仪式以来，火炬的境外传递从伦敦、巴黎、旧金山等地，传到新德里、堪培拉、长野、首尔等地，在受到当地居民和海外华侨、留学生热烈欢迎的同时，也引起一些不满中国政府政策的人们抗议。周瑞金为此写下《不畏浮云遮望眼——奥运圣火传递带来的灼痛》，文章在《南方都市报》刊发时，署名周瑞金；而在《财经》杂志刊登时，就像刊登《改革不可动摇》一样，被署名"皇甫平"。文章分"圣火灼痛两个民族两种文化""奥运代表中国融入世界的渴望""西方文化霸权在中国民间引起反弹""我们也要警惕对外的不宽容""处理民族宗教关系需要高度人文素养""以平常心面对世界"六大部分。

2008年11月，"30位改革开放30年的风云人物"评选，历经9个月，有超过百万人投票，经南方报业集团、《南方都市报》"评审团专业、细致、苛刻的评定"，周瑞金以组织发表"皇甫平"系列文章而当选

周瑞金说："奥运会的机遇和挑战原本就是一枚硬币的正反面，没必要、更不能因为外部的打压和内部的疑虑，而改变我们前进的方向。"他在文章最后写道：

中国正在和平崛起。中国已经出口家用电器、皮鞋、纺织品，中国还要争取"出口"思想、价值观，"出口"生活方式、处事态度和从容淡定的大国风范。奥运精神是人类普世文明价值的一部分，与多元表达的人权意识本质上是一致的。北京奥运会开幕前后可能出现的某些杂音，本身也是奥运文化氛围的一部分。不宜表现出奥运在手、神圣不可侵犯的心态。

北京奥运把一颗真心放在全中国人民和全世界人民的手心，希望我们这个星球传布理解、尊重和博爱的传奇，因为北京奥运的口号是："同一个世界，同一个梦想！"

这篇文章被东方网、南方网、网易、星岛环球网、雅虎、《明报》、中评网、强国论坛、天涯社区、中华网社区等转载和报道。赞同意见有："在言论一边倒的时候，此文太好了！"（星岛环球网）"宝刀不老，佩服！狂热绝不是爱国。只有理性，才能真正加入世界。"（东方网）"评论颇有睿智宽容理性政治大家的风范，绝对顶顶顶！"（网易）"大家风范！谢谢您给我们上了精彩的一课！在关键时刻我们头脑要清醒，不要冲动，要客观公正地对待事情，要以大局为重！"（网易）"冷静，理性，客观，深入，只有这种看问题的角度，才会对国家和民族有利，少见的好文章，看了三遍啊，谢谢作者！"（财经网）"从来都认为读大师级的作品好处多多——虽不能达，但可以观、赏、思，今晨读罢皇甫先生的文章，深有感叹：家有识大体者，人之福；国有识大局者，民之幸！"（某网友的博客）……

前几年，有感于腐败的危害，周瑞金决定以"皇甫欣平"的新笔名披挂上阵，撰写一系列文章，来支持反腐斗争。姚献民这时也成了"皇甫欣平"写作团队的骨干成员："周老让我做一些查找和准备写作材料的工作，这就有了《终结腐败》等一系列文章。"

2014 年 10 月 10 日，澎湃新闻以《周瑞金发万字长文探讨如何终结腐败，起用新笔名"皇甫欣平"》为标题，刊出这篇《终结腐败》。

"皇甫欣平"这个笔名首次亮相。

周瑞金说，这个"欣"字寓意新的写作团队、新的对象；"欣"又有欣喜、欣欣向荣之意，表达了改革非要冲破阻力不可的意思。"当初的'皇甫平'，是宣传邓小平的改革开放思想；今天写文章针对的是新的领导集体，为现在的改革思想和观念鼓与呼，此'平'非彼'平'也。"

网络的大空间和强大穿透力，使万字长文《终结腐败》再一次引起巨大反响，得到社会的好评。

"文化大革命"结束 40 周年之际，周瑞金撰写《"文革"反思万言书》，署名"皇甫欣平"在凤凰网发表。文章对"文化大革命"的历史做了客观的梳理，指出阶级斗争思维和个人崇拜是这次浩劫的主要成因，同样获得如潮好评，并被评为凤凰网年度最佳评论。[1]

1　参见周瑞金：《我的报人生涯撷珍》，浙江人民出版社 2020 年版，序第 8 页。

周瑞金笑谈"动""导""控"的三字经

媒体文章称赞"皇甫平"和"皇甫欣平"背后的周瑞金身上，那种政治敏感和洞察力，对时机掌握的分寸感，都非常人所能及。周瑞金曾在演讲中传授"动""导""控"的三字经。

在周瑞金看来，改革的舆论导向，好比是一部汽车，一是有发动机和轮子，是管速度、管能量、管起动的，没有发动机，汽车的能量就无法释放，没有轮子就不能起动、前进；二是有方向盘，是管路线、管导向的，没有方向盘，汽车就会左右偏向，就达不到目标；三是有刹车，是管调控的，没有刹车，汽车缺少自制，就有可能翻入悬崖危路。他的体会是："改革的舆论导向，也必须处理好'动、导、控'的关系，加强舆论导向的先导性、战斗性和科学性。"

"动"，就是舆论宣传的先导作用。改革的舆论宣传，必须走在改革潮流的前头。先导，就是当改革的趋势正在形成，改革的客观要求已经具备，而社会上的大多数人还没有把握住这种趋势时，作为舆论先导的报纸，应当有"敢为天下先"的见识和勇气，揭示这种趋向，回答这种要求，做解放思想的先行者，引导社会舆论，推动改革前行。

"导"，就是舆论宣传的导向作用。周瑞金认为正确的舆论导向，说到底，就是全面、科学、准确地贯彻党的基本路线，坚决反对错误倾向，尤其是主要的错误倾向。

"控"，就是舆论宣传的调控作用。舆论的调控，就是要增强宣传的科学性，防止一个倾向掩盖另一个倾向。比如防"左"和反右的关系。周瑞金说，对改革开放的宣传，我们形成了"深深水、静静流"的指导思想，这是对舆论宣传本身的一种调控。"深深水"，就是指我们的宣传，分量要重，科学性要强，说服力要大；"静静流"，就是改革开放的舆论宣传要呈常态，注意连续性，防止大起大落。

念好了"动、导、控"的三字经，一旦"文动天下"依然会引来飞短流长。周瑞金对此早已习以为常。他说，当年"皇甫平"和如今的"皇甫欣平"，都需要勇气，需要良心和识见，也需要平常心。

第四章

访谈实录显真情

1998 年初春的一天，范敬宜走进隔壁周瑞金的办公室，将刚完成的一幅山水画赠送给周瑞金。笔墨淋漓的画面上远山如黛，宽阔的水面上一叶扁舟翩然而来，落款用杜甫《南邻》诗句"秋水才深四五尺，野航恰受两三人"点题。

　　秋天锦江里的水深不过四五尺，野渡的船只能容下两三个人——这样的涉水而渡，这样的同舟共济，范敬宜画得韵味十足，周瑞金则在凝视画作默默回味着，感悟人生的奇遇与奇缘。

总编函牍引出的故事

秋天的人民日报社大院，银杏换上金黄的色彩，桂花树飘着清雅的香甜。在5号楼3楼，周瑞金像往常一样，来到隔壁总编辑办公室与范敬宜商议工作。刚落座，他一眼看到书桌上那幅秀美粲然的墨迹——范敬宜写给中央文史研究馆副馆长（1999年任馆长）启功的函牍。周瑞金后来在文章中说："我喜爱书法，然而不擅书法。只是那天在老范办公室，一见他的札笺，不禁眼睛为之一亮。一纸书卷气，满页雅逸风。那种流美飞动、逸气纵横、气韵灵秀之墨迹，立即深深打动我的心，真有'清风出袖、明月入怀之惬意、之静淡、之平雅、之柔情'。"

范敬宜见周瑞金如此兴味盎然，当即放下手头工作，也兴致勃勃地与他摆起"龙门阵"。

五十年前这张名片

范敬宜15岁那年考入无锡国学专修学校沪校。这所由国学大师唐文治创办的学校里，不但集中了周谷城、周予同、钱穆等一批文史哲方面的杰出人才，还汇聚了精于书画的朱大可、顾伟影、陈小翠等名家；教务长王蘧常本人就是一位当代大书法家。范敬宜导师王佩诤不仅是我国近代目录学家，也是独步章草艺苑的一代宗师。王教授执教多年，桃李满天下，费孝通、冯其庸等都是他的高足。当他得知范敬宜是宋朝范仲淹第28世孙后，更是关爱有加，对范敬宜的诗书画造诣给予很高评价。范敬宜这时对版本目录学产生了浓厚兴趣，王教授有意引荐他去见当时任合众图书馆总干事的年轻学者顾廷龙，还特意在自己的名片背后写上"兹介绍范君敬宜趋前乞赐教为祷　合众图书馆　顾起潜先生"。顾廷龙字"起潜"，源自《易经》中的"潜龙勿用"。

顾廷龙1958年出任上海图书馆馆长时，将合众图书馆一批珍本古籍一并移交，作为上海图书馆建馆首批国宝级藏书。他不仅是我国现代图书馆事业的开创者、著名的版本目录学家，也是屈指可数的擅长小篆的书法大家。

"由于种种原因，我拿此名片去拜见廷龙先生，已是1996年的夏天，事情已整整过去了50年，"范敬宜笑着说，"见面时，当年的年轻学者已是年序九秩的耄耋老人，我这个莘莘学子也年过花甲了。"

看到故友王佩诤50年前已泛黄的名片及留下的手迹，顾廷龙一时嗟叹不已。

"佩诤先生以后曾任华东师范大学教授、上海文物保管委员会编纂。在'文化大革命'中，我与他一起蹲牛棚，造反派逼他写检查，他很硬气，决不写违心话，最后备受折磨含冤而死。"顾廷龙的一席话让范敬宜为之扼腕。正巧《新民晚报》副刊《夜光杯》约他开设《敬

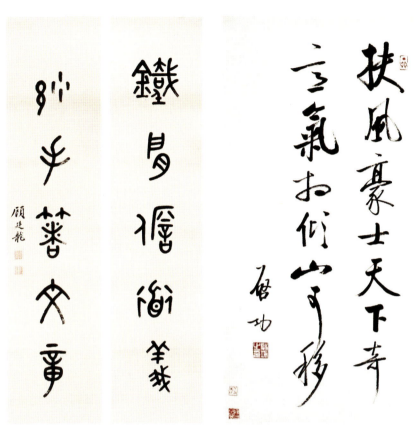

顾廷龙书法作品："铁肩担道义，妙手著文章"（左图）

启功书法：扶风豪士天下奇，意气相倾山可移（右图）

宜笔记》专栏，他以《一张名片五十年》为题，记叙这段难忘之事。文章在 1996 年 10 月 31 日刊出后，又引出一段"党报总编辑为两位书法宗师书法相会牵线搭桥"的佳话。

两位大师重叙情谊

当年 12 月，跻身世界十大图书馆之列的上海图书馆新馆开馆时，将举办"顾廷龙书法展"并出版书法选集，以表彰老馆长的杰出贡献。各项筹备工作进行顺利，唯独书法展和选集的题额、题签之事一筹莫展。顾廷龙的几位学生一致认定请启功先生题写最为理想，却根本无从联系。正巧这时在晚报上读到范敬宜的文章，他们立即恳请党报总编辑代求墨宝。

范敬宜多才多艺，诗书画皆精通，乐与书画家交往，也乐于助人。于是，他办公桌上就出现了周瑞金看到的那幅拜谒启功的函牍。

启功对范敬宜的书画十分赞赏，多年前曾为范敬宜画册题签并题词："无声之画，有形之诗，如鱼饮水，观者得之。"说起来，两人都有着部级的头衔，但他们的交往，与地位之类毫不相干，更重要的是靠真诚与艺术沟通。范敬宜这封函札更以其典雅词句和气韵生动的书法折服了启功，他在回函中有这样一段精彩评价：

尊札长笺今日下午来访宾友拜读叹服，为恐有所损污，已托友代交装工饰背。寒斋只有前贤尺牍影印本，敬附册中与古墨不时拜读，如闻雅教也。敝箧曾集师友手教，在劫中已成灰烬。自今重集之念复萌，乃自尊札为始矣。

启功这样的书法宗师竟表示要将范敬宜手札与古墨一并欣赏，并因此萌生重集师友书信之念，浓烈的珍爱赞赏之情跃然纸上。

12月20日，上海市淮海西路僻静一隅的知识广场倏然热闹非凡，93岁的顾廷龙精神矍铄地与上海市领导一起为上海图书馆新馆庆典剪彩；由启功题额的"顾廷龙书法展"同时举行，随即出版的《顾廷龙书法选集》也由启功题签。

观众惊叹两位书法宗师的书法，竟如此巧合地相会于上海图书馆新馆。周瑞金当然最清楚这背后故事，他写下的《总编辑与书法大师——一张50年前名片引出的雅事》，还透露雅事中的故事："后来知道，启老与顾老原来早在1932年就结识交往，数十年来在上海鉴定书画，两老经常晤面。只是近年顾老退休索居京郊，才疏于音问。因此，启老获悉范总书信，立即欣然命笔，为顾老题写书法榜额。"

范敬宜的一纸札笺，让两位书法大师重叙情谊。顾廷龙获悉启功为他书写题签时，在给范敬宜的信笺中说："启先生书法，一代正宗，承赐题字，无任感幸。"可见两老之相知相敬非同一般。

"野航恰受两三人"

当周瑞金提起启功多年前为范敬宜画册题签、题词时，范敬宜神情有些得意："其实我的画也没有像启老评价的那么好，但出画册对我很实用。我的孙女在作文里说，她心目中的爷爷就是个挺善良、挺

范敬宜现场挥写书法

慈爱的老头儿，经常骑个破自行车，拿着个买菜包上街买菜，有时就在路边小摊上吃馄饨。她看了我的书画、散文集，说怎么也没办法把这些作品和身边的这个爷爷联系起来。"说到这里，范敬宜和周瑞金都开怀大笑。

这时，范敬宜兴致所至，又饶有兴致地对周瑞金说起习艺往事：

他自幼多病，13岁还不能正常上学。母亲就延请吴门画派传人、著名画家樊伯炎教他习画。他在山水画方面长进很快，画家王个簃曾对他17岁时的习作评价说："此生将来必夺我画人一席之地。"但青壮年以后因生活多舛，范敬宜不得已而远离砚墨；后来又因编务繁忙，无暇练笔。他谦然说"自己很少练字，只是信手写来谈不上什么书法"。周瑞金却感受到：正是他基础扎实，天资颖异，顺其天成，所以读他的书法，明显感觉不是"练"出来的，而是"随意落笔，皆得自然"，有如春风细雨，行云流水，字体流畅，形质多姿，备极温雅，恰如李白诗云"古来万事贵天生"。

有意思的是，周瑞金曾拿范敬宜墨迹请教沪上书法家。有位书法家观赏后对他说，书法是人的个性表露，书如其人。古人说"书，心画也"，还说"经生之书古而雅，词章家之书淳而化，金石家之书古而朴，画家之书如所画，贤哲之书温而醇，俊雄之书沉毅，奇士之书历落，才子之书秀颖"。清人还有"北书以骨胜，南书以韵胜"和"南书温雅，北书雄健"之说。

在周瑞金看来，范敬宜的书法与文章相通，"南"与"北"兼容："韵胜"中有"骨胜"，"温雅"中显"雄健"。这位江南才子在"反右""文化大革命"中均遭厄运，蹉跎到年近半百才重新拿起记者之笔。1979年春，他采写的《分清主流与支流 莫把"开头"当"过头"》，勇于为农村改革鼓与呼，一举成名而改变人生轨迹。同样，周瑞金在《解放日报》组织系列评论，勇为改革鼓与呼，"皇甫平"成为中国改革进程中独具影响力的标识性符号。1993年，63岁的范敬宜与55岁的周瑞金一同"入主"人民日报社；同为改革鼓与呼，更使"第一大报"的总编辑和副总编辑之间惺惺相惜、心心相印，成就了一番令人瞩目的事业。

1998年初春的一天，范敬宜走进隔壁周瑞金的办公室，将刚完成的一幅山水画赠送给周瑞金。笔墨淋漓的画面上远山如黛，宽阔的水面上一叶扁舟翩然而来，落款用杜甫《南邻》诗句"秋水才深四五尺，

1998年春，范敬宜赠画给周瑞金，落款为"秋水才深四五尺，野航恰受两三人。戊寅正月写奉瑞金兄　敬宜"

野航恰受两三人"点题。

　　秋天锦江里的水深不过四五尺，野渡的船只能容下两三个人——这样的涉水而渡，这样的同舟共济，范敬宜画得韵味十足，周瑞金则在凝视画作默默回味着，感悟人生的奇遇与奇缘。

因书和新闻的结缘

  1981年，66岁的汪道涵当选为上海市市长。汪道涵是出了名的"书痴"，无论是在职期间还是离职后，他都喜欢逛书店，买书。他的办公室和家里，都堆满了书籍，每次工作至深夜，回家后他还要从床头的"书山"中取一本看看，有时到凌晨仍手不释卷。

  在解放日报社任记者和评论员的周瑞金，与汪道涵因书结缘，还因新闻报道和采访，别有一段"新闻缘"。

  1982年春节，汪道涵在锦江小礼堂举办京剧招待会，《解放日报》总编辑王维派周瑞金前去采访。当时在场采访的有上海多家报纸、电台、电视台的记者。

  晚会结束后，记者们纷纷将刚写好的新闻稿请汪道涵审阅。他当时只拿了周瑞金写的稿件，坐在演出舞台旁的台阶上，认真推敲修改起来。改完后特地要周瑞金念一遍给他听，然后对围在周围的记者说："你们都听到周瑞金写的稿子了，主要事实、提法、口径就以他的稿件为标准，各家单位可保留你们自己的特色，我就不一一审看了。"

1986 年，周瑞金（右）陪同汪道涵考察齐齐哈尔、佳木斯、牡丹江

市长的领导风格和特色，就通过这次采访活动的细节生动体现出来了，周瑞金和在场的其他媒体记者对此都留下了深刻印象。

1999 年 8 月下旬，人民日报社旗下的《国际金融报》在上海召开更名座谈会。《国际金融报》原名《国际金融信息报》，创刊于 1994 年 1 月 1 日，是中国银行安徽分行旗下的一份报纸。1999 年 5 月 26 日，人民日报社华东分社接手该报，将其社址从安徽省迁至上海市，以综合类金融报道为定位，为分社打造一个新的经济宣传平台。

兼任华东分社社长的周瑞金在座谈会上指出：《国际金融报》更名后，正式成为《人民日报》报系中一份重要的子报，填补了《人民日报》报系国际金融类报纸的空白。《国际金融报》不是机关报，但要办成一份有权威、有见地、有可信度的报纸，要充分利用人民日报社遍布全球主要国家的 33 个驻外记者站的优势，拓展国际金融的报道面，增强报道的时效性和生动性，为我国的金融改革和国企改革提供舆论服务。

第二天刊发的新闻稿中，报道了周瑞金的讲话精神，在报道汪道涵对该报的重视和指导时，出现了"在病中的"几个字。

当晚 11 点多，汪道涵从医院给周瑞金打来电话指出："我没有参加会议就不必报道，更不必报道'在病中'。"周瑞金明白了汪道涵这番话的用意。

汪道涵转任上海市政府顾问、国务院上海经济区规划办公室主任后，1986 年，周瑞金跟随他访问了东北的齐齐哈尔、佳木斯、牡丹江等地。他一路上对周瑞金和文汇报社评论员吴振标说，你们作为媒体记者编辑，一定要看到上海必须加强开放意识，主要是扩大市场开放。上海要走向繁荣，必须通过联合开展竞争。他鼓励《解放日报》《文汇报》多宣传这些观点。

周瑞金说："他时常引经据典，引人入胜，耐人寻味，其言谈举止之儒雅风度和学者风范，留给我极深印象。"

1991 年，周瑞金因在《解放日报》上发表"皇甫平"文章遭一些媒体"围剿批判"。"当时，汪老在市委常委学习会上见到我，特意前来与我热情握手，温言抚慰，我深为感动。"周瑞金说。

周瑞金与家人到太湖大学堂拜望南怀瑾老师。小外孙要玩太老师的拐杖，南师特地抬高让他小手握上

　　1989年，周瑞金上任解放日报社党委书记兼副总编辑不久，因党务、社务和编务工作的繁重压力，常殚精竭虑而彻夜难眠，开始出现偏头痛症状，连服西药无济于事，就试着问诊中医。当时上海中医学院（今上海中医药大学）教授王若水诊断后告诉他，此非生理病痛，全因思虑过度、精神紧张所致，建议他"向内求清宁，以打坐和修禅去浮躁，防失据，提得起，放得下"。

　　在这期间，周瑞金读到南怀瑾养生修炼功力的书，就比照书中一招一式有板有眼地练习，竟渐入佳境。南怀瑾《论语别裁》拈提古今的生动论述，更让周瑞金深为吸引："这是我读过的众多《论语》章疏中最别具一格的一本书，书中每一节都像一篇蕴意深邃而又妙趣横生的小品，引人入胜。"

1993年春，应上海《康复》杂志社约请，周瑞金撰写《奇书·奇人·奇功——记国学大师南怀瑾》——这是大陆第一篇详细介绍南怀瑾的文章，在社会上产生热烈反响。

南怀瑾在香港读到这篇文章后，特地派弟子专程来上海看望周瑞金，同时送来他在台湾出版的多部著作。南怀瑾决定设立助教助学基金会，资助复旦大学新闻学院培养新闻人才，点名周瑞金作为基金会发起人之一。

周瑞金的自选集《宁做痛苦的清醒者》出版后，好评如潮。南怀瑾批阅后，用清人龚自珍诗句"功高拜将成仙外，才尽回肠荡气中"相勉，并引荐此书在老古文化事业公司出版，在港澳台发行。周瑞金就以《回肠荡气集》作书名，南怀瑾题写书名时，又特意写成《周瑞金的回肠荡气集》。

当年周瑞金撰文介绍南怀瑾，如今南怀瑾推荐出版周瑞金著作海外版，如此投桃报李、惺惺相惜，也算文坛的一段佳话。

饱蘸乡情写"二苏"

　　苏步青与苏渊雷为同乡宗亲挚友，同为"平阳三苏"（苏步青、苏渊雷、苏昧朔），也同为"沪上三苏"（苏步青、苏渊雷、苏局仙）。

　　苏步青好作诗文，他在 1987 年 5 月 20 日给苏渊雷的信中写道："大作中提到'三人成世足襟期'，使我想起那天展览会上袁校长讲'苏家父子不仅古时有过，现在也有'这一段话。我当场曾拟了七绝，今天只记得第一句'昔有三苏今二苏'。据此我仍坚持沪上二苏而不是三苏之议，未悉能得到你的同意否？"

　　周瑞金说从小读书时就知"平阳三苏"，并因同乡而引以为豪。因更熟悉苏步青和苏渊雷，他的文章也只写了"二苏"。

　　1994 年 3 月 10 日下午，周瑞金约腾蛟老乡黄勇、苏尚尧夫妇一起到五洲大酒店，拜访来京参加全国两会的全国政协副主席苏步青。黄勇时任北京广播学院党委书记，苏尚尧夫妇是苏老的亲戚。

　　看到周瑞金，苏步青笑着说："我们老乡又见面了。"半个月前

周瑞金（右二）与黄勇（右一）、苏尚尧夫妇（左一、左二）在五洲大酒店拜访苏步青（中）

的2月24日，正是元宵节，平阳县几位在上海工作的老乡，在淮海西路一家宾馆举办庆元宵晚会，邀请苏步青同欢。那夜，苏老像孩子般喜悦，回忆了童年在故乡的桩桩往事，还特地把周瑞金拉到他身旁坐下。苏老谈兴越来越浓，还回忆起1948年手头的金圆券大贬值，使他在杭州建别墅的计划竹篮打水一场空。"不然可以请大家到我杭州家里坐坐喽。"苏老话音未落，周边响起一片欢笑。

说起当天《人民日报》刚发表的《上下一心打好今年改革攻坚战》文章，苏步青深有感触地对周瑞金说："你当年在解放日报社就能通天；如今在人民日报社可以更好地发挥作用。"

苏老说的"通天"，是指周瑞金当年在解放日报社所写内参，得到毛主席批示的往事。那是 1968 年夏，周瑞金作为《解放日报》记者随工宣队进驻复旦大学。为落实毛主席关于"全国各行各业都要办成一个大学校"的"五七指示"，周瑞金首先采访苏步青，他侃侃而谈学习"五七指示"的体会。后来连同采访周谷城、谈家桢、刘大杰一起，周瑞金整理了一份"复旦四教授学毛主席指示体会"的内参上报中央。不久，在 1968 年 10 月召开的党的八届十二中全会上，毛主席讲到为复旦大学四教授落实政策问题，周谷城、苏步青、谈家桢、刘大杰四位教授由此获得人身"解放"，避免了被进一步摧残、批斗，这在当时大学中产生了很大影响。

周瑞金表示："这是历史机遇，责无旁贷。"他说起 1978 年主持《解放日报》的《解放论坛》评论专栏，曾开展关于学历问题的讨论，最后请苏老发表总结性文章。苏老提出"要讲学历，不唯学历，重在能力"的观点，深得广大读者赞赏。

苏步青笑着说："那次讨论很有必要。"交谈中，苏步青不时流露出浓浓的桑梓情结。老人以孩子般的喜悦心情，回忆了很多故乡童年往事，逗得大家哈哈大笑。他还用闽南话念了一首家乡民谣：正月灯，二月鹞，三月麦秆当鬼叫，四月田螺密密旋，五月龙船两头翘……这是腾蛟的家乡民谣，说的都是孩子玩的事：正月灯就是春节观灯；二月鹞说的纸鹞，就是风筝；三月麦秆当鬼叫，是说农历三月，麦子灌浆，有黑锈病的麦秆被孩子摘下来，放嘴唇一吹，发出"疸疸"的怪声音，像鬼叫，只有腾蛟老家的孩子才懂这种玩法；四月下田拾田螺；五月端午就玩赛龙舟了。这首民谣一直要说到十二月。苏步青当时已 90 多岁，竟能将家乡民谣流利地一口说出来，周瑞金再次惊叹眼前这位鲐背老人的超强记忆力。

面对乡亲，苏老越谈越高兴。当话题转到当时的教育现状时，老人家不禁忧心忡忡，露出焦虑神情。

"我们当天还一起合影留念。这是我与苏老生前最后一次见面留影，"周瑞金在《苏步青精神的赞歌》文章中说，"9年后，苏先生以101岁高龄逝世，当时因出访在外，未能参加他的遗体告别仪式，我一直引为憾事。"

周瑞金在为《小溪——苏步青故事》作序时写道："苏先生一生的经历奉献，苏先生待人处事的品格魅力，处处闪烁着崇高的可贵的令人感佩的精神。"他从五个方面概括出苏步青精神：

——志存高远、踏实苦斗的精神；

——热爱祖国、追求真理的精神；

——教书育人、励志创新的精神；

——全面发展、强身健魄的精神；

——淡泊名利、安贫乐道的精神。

2020年12月10日，《文汇报》副刊《笔会》刊出周瑞金的《"生命的意义在于创造"》，讲述苏渊雷、傅韵碧伉俪的传奇人生，他为苏渊雷的题词是："学者革命者兼为翘楚，佛学文史学皆登高峰。"

苏渊雷年轻时就投身革命，曾代表浙江省学联参加广州全国学生总会第八届代表大会，结识了张太雷、周恩来、邓颖超，并加入了中国共产党。1927年四一二反革命政变后，19岁的他被国民党逮捕关进杭州陆军监狱。直面战友被杀害，苏渊雷写下遗嘱："生命的意义在于创造，而奋斗是它的手段，牺牲是不可避免的。"他在狱中写成《易学会通》，由此奠定了国学研究的学术地位。

1933年被保释出狱后，苏渊雷积极参加党领导的进步书刊的编辑出版工作；他任哲学教授，在课堂上公开传播马克思主义思想。

全民族抗战期间，苏渊雷夫妇创办"钵水斋"，与一批文化界进步人士沈钧儒、马一浮、章士钊、郭沫若、黄炎培、田汉等从事抗战进步文化事业，出版书籍，交流文物，研讨学术，举办专题讲座、书画展览、文化教育等。新中国成立以后，苏渊雷先是在上海市军管会教育处和文管会任秘书，随后调入华东师范大学历史系任教。1957年，他被错划为右派，调职降薪。1962年，在周恩来总理关怀下，他被摘去右派帽子，生活待遇提高。在随即到来的"文化大革命"中，他再一次被卷入灾难的深渊，在63岁时被下放黑龙江农村插队落户。直到党的十一届三中全会以后，苏渊雷才沉冤昭雪，在72岁高龄重返华东师范大学历史系任教。他不仅教授知识，还教会学生如何感受生命，如何理解人性。

苏渊雷的人生跌宕起伏，无论顺境逆境，他始终坚持创造精神，独立思考，独立见解，在文史哲、儒释道以及诗词、书法、绘画上全面发挥潜质，展现才能，取得了令人瞩目的成就。周瑞金对此大为感慨和赞叹：

这些呕心沥血的创造，是他一生人品格调、才趣情怀的天然表露，也是他一生追求真理、追求学问、追求事业的艺术倾吐，所以特别珍贵，

2020年11月15日，周瑞金（右二）与时任上海市委宣传部常务副部长胡劲军（右三）等为"钵水斋山水画研究院"揭牌

具有特殊意义。他一生具有名士风度、哲人风采、史家通达、诗翁风骨，是我国难得的一代文史大家。他的一生进击、一生勤勉、一生创造、一生淡泊，任何艰难困苦不能挫其志，任何枯荣沉浮不能摇其神。这种可贵的品格精神正应当重放光彩，激励着广大知识分子。

苏渊雷的儿子苏春生是周瑞金的好友。他曾对周瑞金说起，学生时期有一次给家里的信件中，因写错一个字而被父亲"小题大做"："忙中竟误一字，足见平时淡定功夫尚不足也。文章艺事，重在安雅从容，忙中检点，处处用心，斯有可成。儿初毕业，万里长途，仅为发轫，坚持努力，自有水到渠成、俯仰自得之乐。"周瑞金听了为之动容。

苏渊雷还对苏春生的工作、学习、处世提出三方面要求：

其一，"士先器识而后文艺"，即政治标准第一，艺术标准第二之义，然二者相须相即，不可偏废。

其二，"助人为快乐之本"，在可能范围内尽量帮助应当受到帮助的人。

其三，不说不能见效的废话；不举不必要的债务；凡事留一余地；得意时特别提高警惕。

周瑞金说，苏渊雷对儿子的这番叮嘱不仅流露出舐犊之情，还凝聚着人生哲学的智慧。

为真情"站台"

　　"根据对老同学陆云帆的了解，我有意识想借这次首发式，为他站台捧场。"周瑞金在《为云帆出版文集站台赞赏》文章中这样说。

　　2014 年 2 月 14 日，在文新报业大厦 2 楼新闻发布厅，复旦大学新闻学院和今日出版社联手举办三卷本《陆云帆新闻学文集》出版首发式。周瑞金和杨忠华、玛世明、傅书涛、王文黎、韩其忠、杨冬青等一众复旦老同学与会祝贺。周瑞金在发言中称赞陆云帆是"四有求索者"：有才气的求索者，有强烈事业心的求索者，有创造精神的求索者，有成就有建树的求索者。

　　周瑞金欣然上台为老同学新著出版捧场；且在所著文章和许多序言中，他同样一次次地为友情和真情"站台"。

难以忘怀的纪念

　　《"宁做痛苦的清醒者　不做无忧的梦中人"》，这是周瑞金出版第一部著作中的第一篇，追思的是《人民日报》原副总编辑王若水。

周瑞金为《陆云帆新闻学文集》首发"站台"。
前排左起：周瑞金、沈飞德、陆云帆、丁法章

在复旦新闻系求学时，周瑞金读到一篇论述毛泽东文风的精彩文章，作者就是王若水。1963年，在解放日报社工作时，当读到王若水受到毛泽东表扬的文章《桌子的哲学》时，周瑞金由衷钦佩："王若水便成为我心仪的老师。"

30年后的1993年，周瑞金从解放日报社调到人民日报社，接任的正是10年前王若水被免去的分管理论、评论的副总编辑职务。他有了面见王若水的机缘。

"那是1994年春节前夕，报社编委分头慰问离休老干部，离退休干部局将慰问王若水的任务交给了我，"周瑞金说，"这是我们第一次见面。清癯、斯文、谦和、坦诚，这是这次见面他留给我的印象。

他热情地询问我，来人民日报社工作适应不适应，理论宣传有什么新要求，等等。他也坦诚地向我交谈了离休后自己学习、写作和生活的情况。此后，逢春节或到协和医院体检时，我又见了他几次。"

与心仪的王若水直面相见，周瑞金的感受是：他身上并没有常人遇到痛苦时的悲愤、牢骚、失望、颓唐情绪，只觉得他更平静、更理性、更豁达、更深邃。"我从他身上领悟到，一个'痛苦的清醒者'，尽管处境艰难，不被更多的人理解，甚至又身罹绝症，但他永远拒绝失望、拒绝无奈，对生活依然充满热望和期待。"尽管周瑞金并不赞同王若水晚年部分著作中的一些思想、观点和论断，但却"敬重他作为学者独立思考、自由思想的权利"。

王若水逝世后，《财经》杂志主编胡舒立来找周瑞金，约他写一篇纪念王若水的文章。当时《财经》每期都设有《逝者》这个栏目，悼念过世的名人。写王若水当时还比较敏感，胡舒立想来想去，认为周瑞金是合适人选。周瑞金根据胡舒立提供的材料，自己也搜集了相关资料，在这篇纪念文章中，对王若水作出比较客观公正的评价，肯定他当年提出防止异化的警示，是难能可贵的理论创见。周瑞金还突出王若水的两句话："宁做痛苦的清醒者，不做快乐的梦中人。"他认为这两句话，体现了知识分子肩负的社会责任，也体现了知识分子独立思考、忧患意识的品格，有一种忧国忧民的孤寂情怀。周瑞金因此将这篇纪念文章放在自己文集的开篇，书名也选定《宁做痛苦的清醒者》。

在周瑞金出版的著作中，收入"人物思忆"的文章还有"堂堂溪水如斯人"的胡耀邦、"对政治改革思考不息"的任仲夷、"两岸关系的卓越开拓者"汪道涵、"国共合作的信使"南怀瑾、"敢说逆耳真话、一副诤友热肠"的千家驹、"有为人民立言勇气"的赵超构、"文采夺目、师泽铭心"的郑拾风、"呕心沥血的新闻改革探索者"陈念云等。

从 1962 年踏入解放日报社开始，周瑞金就经常受到陈念云的指点，"受到他办报思想、优良作风、报人品格的熏陶和感染，心中一直以恩师敬之爱之"。在《呕心沥血的新闻改革探索者》一文中，周瑞金记叙陈念云的退休生活："作为一个报人，他把在家读报看成是他办报生命的延续。每天起床后，除了吃饭，就固定地坐在客厅一角家人特意为他另加了垫子的小沙发上，戴着老花镜，一份不少、一版不漏地翻阅大大小小十来份报纸，以此了解外面千变万化的世界。""在病中，有人出书了，出画册了，还会找他写个文章，作个点评什么的，对此，他没有拒绝，因为他是个只要能办到就有求必应的厚道人。"

在这方面，周瑞金也像陈念云，是那个"只要能办到就有求必应的厚道人"；有人出书，找他写个序言；有企业办报刊，请他作个点评什么的，他总是一次次允诺，"有意识地站台捧场"。

点评作序满是挚情

尽管积累了大量办报经验的"老本"，但在为社会上一些刊物点评当"评委"时，周瑞金更喜欢谈新的观念、新的视角。

改革开放后，大陆第一家民营企业上海爱建股份公司办起内刊《爱建视界》。在杂志学术联络员座谈会上，周瑞金首先肯定"你们现在

2014年2月18日，周瑞金（前排左五）为《爱建视界》学术联络员讲课后合影。
前排左四为爱建集团党委书记、董事长范永进，前排左六为本书作者沈惠民

有《爱建报》，有爱建的书，现在又有爱建的刊，形成了爱建文化一系列的文化产品，像这样齐全的企业应该说是很少的。企业办杂志要对内推动发展，对外提升形象"，随即提出刊物四个定位：第一是企业，第二是金融，第三是上海，第四是全面开放和深化改革大形势。要跳出企业看上海，跳出企业看中国，跳出企业看世界；杂志的"视界"不仅是看爱建，而是爱建看上海、爱建看中国、爱建看世界。

在场的爱建集团党委书记范永进听得连声称赞：这才叫"四两拨千斤"。

《世纪》杂志创刊30周年纪念，组稿编辑杨之立来请周瑞金写篇文章"站台"。周瑞金从"聚焦改革风云""关注社会热点""还原历史真相"三个方面，细细点评《世纪》杂志的"特稿"特色和办刊新路。

收到周瑞金的稿件，杨之立欣喜地立即回复："我看了一遍，觉得特别好，我本来以为您会写您在《世纪》刊登了什么文章，但其实您站在了更好的角度上，就是《世纪特稿》里面一些很重要的稿子，您都做了分析，超出我的预期。文章本身非常好，不需要您修改任何地方了。再次感谢，对我们杂志来说，您的文章非常重要。感谢您在这个特殊的时刻，给予我们的支持！"

在为朋友或朋友所托的一些新书作序时，周瑞金更是直抒胸臆，既为作者站台，也与读者交心。

2015年夏，老报人姚振发出版《晚茶三杯》，来请老同学周瑞金写序言。周瑞金当然允诺并动情地写道：

"我与振发是20世纪50年代就读于复旦大学新闻系的老同学。

周瑞金（中）与姚振发（左）、陈冠柏一起喝茶叙谈

5 年同窗同室，朝夕相处，共忧乐同，亲如兄弟；走上工作岗位后，京沪杭一线牵，心有灵犀，不管时代如何变化，彼此总是想到一起，没有任何芥蒂。在共同历经半个多世纪的'文革'风雨和改革风雷的砥砺和磨炼后，能始终保持联系，交流思想，坚定信念，笔墨生涯，从而成为至交、挚友，在老同学中这是最难能可贵的。正因为我深知振发的为人，所以每每读到他那舒卷自如、切中时弊的杂文、随笔、散文，我都情不自禁地为之击节赞赏：真性情人之真性情文也！"

周瑞金借书名《晚茶三杯》，巧妙点出这是正直新闻人为民立言的"醒脑茶"；是有担当的共产党人为人民利益谠言谠论的"功夫茶"；是有良心的知识分子坚守心灵自由的"养心茶"。序文结尾以龚自珍诗聊表同窗之情："不是逢人苦誉君，亦狂亦侠亦温文。照人胆似秦时月，送我情如岭上云。"序文中洋溢的这份情感，不禁让人想起"一片冰心在玉壶""桃花潭水深千尺，不及汪伦送我情"这样的诗句。

1966 年夏，有一批来自工厂和郊区农村的青年被选调进解放日报社，其中有 20 岁的农民之子李文祺，他与周瑞金成了"一条战壕里的战友"，两人的情谊保持了几十年。李文祺后来成为中国唯一参加过首次南极考察和首次北极考察的新闻记者，他在出版《脚踏地球南北两极》新书前，请老同事、老朋友、老领导周瑞金作序。周瑞金在序言中写道："正是波澜壮阔的改革开放时代，催生了我国南北两极的科学考察，推动着航天事业的飞速发展，激励了千千万万有志奉献者的聪明才智。李文祺这才有了施展自己才干的大动力、大机遇、大舞台。离开了传奇式的高歌行进的改革开放时代，显然也就没有了李文祺的新闻传奇。"

与李文祺经历相似，乐缨也是 24 岁那年，从上海工农第一线选拔充实进解放日报社记者队伍。周瑞金为她新书作序时赞叹：

"乐缨从事 36 年的报社记者工作，并没有获得太多新闻界名牌光鲜的这奖那奖，但她获得了读者赞誉、活出了优秀记者的本色。在平凡的采写'本报讯'背后，有着一份不平凡的统计：36 年的采访保存有采访本 174 本，记事本 28 本，采访对象通讯录 46 本，采访过的对象超过千人，联系的通讯员有 200 多人，目前仍保持微信联系的有 145 人。先后调换了 6 台电脑。这一组数字，告诉人们乐缨的优秀记者本色是什么。"

《解放日报》《文汇报》等报刊上，不时刊出周瑞金所作的新书序言：新四军的后代、曾任中央党校宣传部长黄晓河出版《总能成功——人到五十也能创业》，周瑞金在序中就"成功"说成功——

"周甫旭平"温故说新

在办了一辈子报纸的周瑞金看来，较之纸媒，网络和公众号有着独特的"五性"：

一是传播即时性。文章发表之快速，不但报纸杂志难以比肩，连广播、电视媒体也自叹不如。

二是时空穿透性。报纸发行受地域限制，广播播发受频率影响，电视传送受频道制约，而公众号文章独具时空穿透力。他的一篇《知识发展战略至上》刚在"东方网"刊发，远在美国的一批华人工程技术专家随即致函我国中央政府回应，并转达对周瑞金的谢忱。周瑞金说"这是我从事报纸新闻几十年来所未曾有过"。

三是议论交互性。网络和公众号不断为平等切磋和探索搭建交流平台。文章在刊登同时就引来网民的评头论足，有人喝彩，有人骂街，有人唱反调，各抒己见，畅所欲言，社会反应一目了然。

四是价值多元性。公众号和网络媒体张扬个性，因此常常呈现多元的价值观念。内容可以形式多样，议论风生。

五是创新包容性。公众号有些文章内容，难以在主流媒体发表，而公众号上相对宽容、宽厚、宽松。

在"周甫旭平"上，周瑞金负责"原创"，家人负责编辑发布。

显然，"周甫旭平"与"皇甫平"的名称有着高度重叠和类似神韵，那是一种情结和情怀。在刊出一些旧闻旧作时，周瑞金常会做些巧妙修改而让人感觉新意扑面，由此形成"温故说新"的特色。

十四届全国人大一次会议闭幕后，新任国务院总理李强在回答中外记者提问时，谈到他早年在当温州市委书记时，江浙等地发展个体私营经济和乡镇企业，创造了"走遍千山万水，想尽千方百计，说遍千言万语，吃尽千辛万苦"的"四千"精神。李强总理一上任，就重唤江浙民营企业家创业初期的"四千"精神，迅即引起广泛的关注和热议。

对于"四千"精神，习近平总书记在《之江新语》的一篇《不畏艰难向前走》（2005年6月20日）中写道："浙江之所以能够由一个陆域资源小省发展成为经济大省，正是由于以浙商为代表的浙江人民走遍千山万水、说尽千言万语、想尽千方百计、吃尽千辛万苦。"[1]

2023年3月24日，周瑞金在"周甫旭平"刊出《今天重唤"四千"精神》，以自己的亲身经历对"四千"精神做历史溯源。周瑞金认为，今天也不是40年前的那种情况，"四千"精神也在发展变化当中。今天国家领导人重唤"四千"精神，我们应该站在更高的历史区位，用更深刻的眼光来看。这篇"周甫旭平"文章被多家媒体转载。

2023年8月22日，周瑞金在"周甫旭平"刊文认为，改革开放要不断坚持、不断深化，改革中出现的问题，也要通过不断地深化改革来解决，而不是走回头路，更不是停滞下来，这是邓小平最大的改革遗产。今天需要当初邓小平那样改革的胆略和勇气，处理好各种矛盾问题的改革智慧，进一步形成改革的共识。今天纪念邓小平，最重要的还是结合当前全面深化改革的形势，重温当年小平的改革胆略、改革决心和改革智慧，来实现社会发展的理想、目标和步骤。这篇《什

1　习近平：《之江新语》，浙江人民出版社2007年版，第144页。

么是对邓小平最好的纪念？》文章引来上万的阅读量。

2024 年 3 月 13 日上午，河北省廊坊三河市燕郊镇发生一起爆燃事故。多家媒体记者迅即赶赴现场采访，第一时间发布现场救援信息。央视记者在采访时却遭到不明身份人员的野蛮阻挠，此事迅速引发社会舆论的广泛关注和热议。中国记协严正发声：正当采访是记者的权利。

周瑞金也在"周甫旭平"当即发声——《不能对"突发性事故报道"进行阻挠和隐瞒》。文章明确指出："不能把突发性事故、灾难、灾害，把现实生活中存在的严重危害人民利益的事情当作'非正面'报道而加以隐瞒和排斥。否则'正面宣传为主'岂不成为剥夺公众知情权、封杀舆论监督权的挡箭牌了吗？"文章同时配发"河北三河燕郊发生爆燃事故"和"记者采访遇阻"的照片。

乍一看，还以为这是篇新鲜出炉的评论，看到文末括号注释才知：作者原文发表于 2003 年 6 月《财经》杂志，2024 年 3 月 14 日修改。

都过去了 20 年，老话题还具有如此鲜明的针对性。周瑞金始终记得大学时学到的那条新闻要义——"要击中社会绷紧的那根弦"；"周甫旭平"及时、敏感，又巧妙地让旧文焕发出新意。

诗的情结从未走远

1956 年，34 岁的闻捷因出版第一部诗集《天山牧歌》一鸣惊人，从此享誉诗坛。

在温州中学高中部，17 岁的高二学生周瑞金一遍遍地诵读着闻捷的诗歌，那柔和、轻快、明媚的诗句一次次拨动着青春少年的心弦。在一次命题作文时，他写下《致诗人闻捷的一封信》，表达对诗人的敬慕之情，崭露的文采打动了语文老师林书立，他欣喜地发现了学生身上的诗人潜质。

周瑞金考上复旦大学新闻系，毕业后走上新闻道路。就像歌曲《传奇》所唱："我一直在你身旁从未走远，宁愿相信我们前世有约。"这么多年来，诗的情结和情怀就像"前世有约"，在周瑞金身旁从未走远。当读到缪克构《盐的家族》一书时，就像中学时代读到闻捷的诗歌，他再次听到缪斯的召唤。

周瑞金说："我与克构都是浙江温州平阳县人，我住北港腾蛟，他住南港龙港。"《盐的家族》开宗明义第一首诗《名字》，就使周瑞金感同身受、倍感亲切——

报人本色——周瑞金传

祖父是一个在海边晒盐的盐民

每年夏天

都会拦截一段大海

在太阳底下蒸发

凝结成称为盐的晶体

父亲则是一个渔民

他在茫茫大海上

一次次撒下渔网

有时空无所获

有时候

捞上来满载的鱼虾和蟹

而我

既不会晒盐

也不会捉海

只会写一些无用之诗

　　缪克构在《大海与盐》中写道："盐，曾是一代又一代故乡人的
生计、烟火和生死。""盐总在召唤盐，所以泪水会召集泪水，汗水
会召集汗水，血性会召集血性，仿佛已被腌制成一块晶石，一个靠海
的村庄，拒绝任何的救赎。"在缪克构这里，盐，总在召唤诗；盐，
是游子思念故乡的深深情结。

周瑞金（前排左三）、缪克构（前排右三）在新书研讨会上与嘉宾合影

　　一家三代人从盐民到渔民，到能写诗、会编报的诗人和报人，这其实正是时代变迁的缩影。周瑞金说："这个盐的家族的特点与温州平阳的地方色彩，一起鲜明地蹦跳出来。"

　　周瑞金还推崇诗集中的那首《秘密》：

　　　　风暴的前身是闪电

　　　　它被祖父藏进了大海

　　　　我吃到的盐里有光

　　　　作为盐民和渔民的后代

　　　　我的胸中藏着一个大海

这样的诗句让周瑞金感到富有诗意又深涵哲理。

《世界温州人云社区》曾刊出《骄傲了！新闻界的这9位大咖是咱们温州人》，周瑞金自然名列其中，其实缪克构也应列入的——他不到40岁就被提拔为《文汇报》副总编辑，2023年5月又被任命为《新民晚报》总编辑，现任文汇报社党委书记、社长，是上海新闻界有影响的报人。周瑞金评价他"一身兼诗人和报人二任，而且是出彩的诗人和出色的报人的融合，殊不容易"。

《盐的家族》以盐为主题融进家族史，使诗歌饱含海洋的新鲜气息，充满别致的意向和想象，让诗集独具人类学与风俗史的价值，作者缪克构拓宽了诗歌题材的疆域，诗中充满着个人生命的真实体验，洋溢着唯美主义的哲理思考，这引发周瑞金对这种诗学观的思考。2019年10月，他在研讨会上发言，对这种诗学观作进一步的概括：

——诗是生命的艺术。生命之美在于开放，艺术之美在于独自。新诗追求的目标是独自开放的至纯至上境界，读诗人们的诗歌，就能进入他们的生命通道。

——诗是对记忆的表达，记忆直通内心。诗歌必然回到抒发内心情感的本质，叙事诗看似叙事，其实抒情隐含在事件与细节之中。诗人表达个性的世界，是个性的记忆、个性的抒情。它与大众的世界有共通之处，但又是相异的。

——诗歌有独特的美学价值和美学自律。诗不是风花雪月，不是华辞丽藻，不是自我宣泄，不是意识乱流。如果丧失了审美标准，必然导致平庸诗歌的泛滥与诗歌精神、诗人责任的缺失。

——诗人要把时代的精神与责任注入写作立场中。只有对生命意义的当代性进行追问，留下对一个时代的价值、尊严、情感以及美丑、善恶、幻变的揭示和体认，才能向读者奉献出优秀的诗篇。

——诗歌应该传达出意志、力量和美。隐形的名利在诗歌中随处可见：附庸风雅或哗众取宠，为丑陋的灵魂编织光彩的花环，从而使诗歌有太多的夸夸其谈，吹捧和棒喝，误导和扰乱。不平愤懑、怨天尤人、博取同情的情绪随意发泄，恰恰掩盖了诗歌重要的品质：意志、力量与美。

在缪克构看来，周瑞金其实也是报人中的诗人，他对诗歌有独特感受，在观察和理解的基础上提出这些深刻见解和观点，值得当今诗坛思考。

《致诗人闻捷的一封信》，表达一位文学青年对诗人的敬慕之情，和对进入缪斯殿堂的向往；《盐的家族》新书研讨会上，周瑞金提炼概括的"诗论"，以一种更为广阔深沉的情感照见诗歌本性，是对诗歌意志、力量与美的鼓与呼。

在庞贝古城的"挖掘"

2022 年 1 月 15 日，在南太平洋岛国汤加王国境内，洪阿哈阿帕伊岛的海底火山猛烈喷发，威力约千颗原子弹！汤加媒体报道，火山灰柱直径 5000 米、高 20000 米，笼罩在火山上空。截至 15 日夜间，火山灰还在不停地落下，通信网络受到严重干扰。火山爆发后引发海啸，汤加全境发布警报。

有媒体文章写道：汤加火山爆发的消息传来后，让人想起周瑞金笔下的《庞贝梦魇》，想起 1816 年那个"无夏之年"， 想起那座因火山喷发而消亡的城市—— 庞贝。当年维苏威火山喷发，其释放能量是长崎广岛两次原子弹爆炸总和的 10 万倍，给庞贝和赫库兰尼姆两座人口总和超过两万的城市，带来了灭顶之灾——这里的人类群体在毫无预告的情况下集体死亡、霎时毁灭。

周瑞金去意大利考察庞贝古城，并不是正式安排的公务活动，而是"额外自选"。他去的时候也没想到要写游记之类，参观后实在太震撼，这才一口气写下这次难忘的古城之行：

"到达庞贝城，正是中午时分，火辣辣的阳光，从清冽、蔚蓝的天宇倾洒而下，烤得遍地滋溜着一蓬又一蓬的青烟，仿佛一擦火柴就能够燃烧起来。""我在靠近海门的街道上站定，从左侧一所荒废的庭园，传来低沉而嘶哑的鸟鸣，像是在咏叹庞贝的兴亡，而面前那一堵堵、一排排的断垣残壁，在阳光下无言地矗立，宛然是永不谢幕的悲剧英雄。"

周瑞金中学时曾迷恋诗歌，成为评论方家后依然不时娴熟施展文学笔法。置身庞贝古城的废墟上，他更展开了想象的翅膀：

"我闭目遐思：话说一千九百一十八年前的那一天——那也是个闷热异常的中午——城市在按照固有的轨道运行，一切和平常毫无两样——丰足大街、斯塔比亚大街黄尘滚滚、热浪袭人。"

文章闪现出酒店里的觥筹交错，公共浴室里的蒸气弥漫，洗衣房里人进人出，铁匠铺炉火正红，面包店老远就飘出新出炉食品的芳香……

文章传递出羊毛商犹在热烈地讨论生意，优哉游哉的阔佬躺在树荫下享受清风，妓院门口的姑娘正眄了眼与路人调笑，竞技场台阶上游手好闲的家伙在打赌晚间的决斗……

生动轻快的笔触复活了当时的古城风情，一切都有声有色、呼之欲出。眼前的场景越欢快，接下来发生的惨剧就越悲壮。

"突然之间——那是真正的突然——往日屏风一般、风景线一般的维苏威火山，发出了震天撼地的怒吼，"文章逼真地描写着，"疯狂的火焰，夹着烟云、岩浆和灰烬，从火山口冲天而上，转瞬就吞噬了蓝天和白昼，吓蒙了庞贝城居民，还没来得及弄清究竟是怎么一回事，便被漫天降落的灰烬，以及从火山口喷出的毒气无情包裹。可怜的人们，除急中生智从海上夺路出逃，余下的包括所有其他的生命，都让那毁灭的喷发在二三十英尺深的灰烬下定格为焦炭。"

直到 18 世纪，深埋地底的遗迹才被人发现。经过 100 多年持续不断的挖掘，当初的繁华和噩梦又历历裸呈于世人的眼前。当地居民的直接死因是火山释放的硫化气体，他们死后，火山灰又将这些形体包裹起来，后世学者用石膏浆灌注，这才有了庞贝城遗址那么多栩栩如生的场景雕像。这些雕像显现出当年的一个个活生生的人，连最细微的皮肤皱纹、血管脉络都清清楚楚。这些旋即被火山灰包裹的人和动物，一息尚存仍在做最后的挣扎——

庞贝古城遗址

大操场附近，绝望的赶骡人蜷缩着身子，捂着脸，竭力避拒着四周呛人的硫黄气味；颓圮的宅院里，被铁链拴牢了的狗，三肢奋力向上抓挠，一肢拼命朝外抵抗；一位壮年汉子，为了保护他的母亲和女儿而最终扑倒在一起；一个奔跑中的商人，在倒毙的刹那，还紧紧抓着装满硬币的钱袋……

废墟掩埋了文明，却又保存了文明；周瑞金用文笔复活废墟，又逼视眼前残存的遗址，想象她昔日的欣欣向荣：

庞贝无疑是地中海沿岸的商业重镇，城墙长4.8公里，建有7座城门和14座城塔，4条用巨石铺成的大街交叉而过，将全城分为井井有条的9个社区，其间小巷纵横，密如蛛网。最先拨动我心灵罗盘针的，是宏阔壮丽的阿波罗神殿，虽然顶塌壁毁，残破不全，但从那直耸虚空的48根立柱，和栩栩如生的阿波罗与狄阿娜的铜雕，便尽可在脑海中复原它曾经的辉煌。尤其是立柱，挺拔的姿态延伸如一列幻象，勾画出"此恨绵绵无绝期"的苍凉与悲壮，它还让我充分领略了什么叫"阳刚"，什么叫"不屈不挠"。在古城漫游，各种巍峨、阔大的建筑残迹，扑面而来，目不暇接，比如中心广场、大会堂、公共浴室、私人豪宅，等等。中心广场长416米，宽96米，一望而使人心胸开阔。导游说，这里实际是庞贝的闹市。随着导游的指点，当年的教堂、酒吧、粮市、妓院，恍兮惚兮，惚兮恍兮，一一重新浮现，眼前是宝马香车，熙来攘往，耳边是市声十丈，甚嚣尘上。

庞贝的遗存，让周瑞金想起了埃及的金字塔、狮身人面像，想起

周瑞金在旅途中写作

了希腊的雅典娜神庙、巴比伦的空中花园，还有我们中国的长城、兵马俑，以及"水底的庞贝"——泗州。泗州城的发掘至今仍只是一个计划，一纸设想，庞贝奉献给人们的却是一座硕大无朋的天然博物馆。

庞贝是大自然的梦魇，是对人类进步与繁荣的嘲弄。

周瑞金继续展开想象："假如维苏威火山不曾爆发，假如庞贝城能生生不息地持续发展到今天，那么，她无疑将是地中海区域的纽约、东京或上海。然而，这座诞生于公元前 8 世纪的名城，古希腊、古罗马文化的骄傲，终于就在前边提到的那一场浩劫中化为了哀歌。今天，我从遥远的东方飞来欧洲，从数百公里外的罗马赶来那不勒斯海湾，从光天化日下的废墟遁入往古，看到的，只不过是庞贝文明的碎片，听到的，仅仅是历史断续的回声。"

观察凝思着经不断挖掘而再现的地底遗迹，周瑞金在文章中继续挖掘和揭示庞贝文明丰富而深刻的内蕴："废墟是警告，提醒人们要时刻注意与大自然和谐共处；废墟又是台阶，社会总是从旧的废墟出发，走向新的辉煌。但愿人类能更多地保存这一类废墟，以确保我们在前进中能保有更多的清醒，更强的力度。"

　　周瑞金说，这篇文章将庞贝古城的悲剧喻为"梦魇"，主旨是要反思人与自然的关系。文章从开头写鸟鸣、写断垣残壁，到游览庞贝，遐思古城被掩埋的情景，感慨庞贝文明，字里行间一路引出震惊、陶醉、惋惜、慨叹、假设、祝愿等种种强烈感情色彩，可以感觉到作者构思的匠心。

　　《庞贝梦魇》让人们警醒——本来明媚的阳光也可以黯然失色，本来蔚蓝的天空也可以骤然凝重，本来微笑的草地也可以戴上狰狞的面罩。从庞贝古城传出的历史回声，就像高更那幅油画在严厉提问："我们从哪里来？我们是谁？我们到哪里去？"

　　周瑞金写的游记并不多，他说"《庞贝梦魇》写人类文明被大自然毁坏，又被大自然复活，最让我震撼"。这篇文章在《文汇报》刊出后，被他收入《宁做痛苦的清醒者》一书；同时被收入书中的游记，还有《弗农凝思》。

思绪飘拂弗农庄园

    弗农山庄是美国独立之父乔治·华盛顿的故居，位于美国弗吉尼亚州，每年慕名前来参观的游客已逾百万。周瑞金在这里游览访问后写出《弗农凝思》，对华盛顿以及他在弗农山庄的生活和历史贡献加以回忆和思考。

    文章在《解放日报》刊出后，先是入选《散文选刊》2000年"中国散文年度排行榜"。这是在全国报刊当年发表的散文作品中推选，入选标准是：显示人格力量、生命价值、思想光辉；真诚、生动、哲理、幽默地体现人文精神；细腻描摹生活场景、感应心理历程；充满清新、纯洁、雅致；在表达方式和语言运用方面有创造性、开拓性。"门槛"不可谓不高，仅20位作者的散文作品登堂入室，周瑞金这篇《弗农凝思》榜上有名。上榜者多是文坛名家大腕，仅周瑞金是评论家。

    《弗农凝思》也成为"高三阅读资料"，用作"专项训练"。被摘录的文章内容是——

    历史将永远记住那一天，1797年3月4日，65岁的华盛顿圆满

弗农山庄是美国首任总统乔治·华盛顿的故居

完成了权力移交，一身轻松地返回弗农山庄。他的孙女记录道："祖父……为再次成为农民华盛顿而无比高兴。"

然而，这种无比高兴的日子还没能过上多久，华盛顿就又被召唤上前线。这一次，是法国和美国起了严重冲突，法国扬言要攻打美国，战争一触即发。亚当斯总统为此致函华盛顿，恳请他再度出山，担任美军统帅。亚当斯说："您的威名胜过千军万马，只有您才能把大家团结起来，同心同德，共同对敌。""捐躯赴国难，视死忽如归"，这种丹心报国的情感，各民族都是一样的。于是世人看到，1798年11月5日，华盛顿老爷子束装启程，前往费城接受军务。"一个饱经风霜和满载荣誉的66岁老人，一个一心渴求在弗农山庄宁静的树荫下终其一生的谦谦长者，为了国家大局，竟然不顾年老体衰，毅然披挂上阵。"

同时列出这样的模拟考题："华盛顿突然卸任，是意料之外的事，但想想又在情理之中。"

选编者自有其用意，但这只是文章很小部分的内容，周瑞金在弗农山庄一路寻访，正是在一个个这样的故事和细节中，感受着华盛顿崇高的神韵和伟大的人格力量。

作者将厅堂显眼处挂着的两幅风景画，看作是华盛顿特立独行的勇气。因为在当时新古典主义时期，风景画被视为轻薄陋俗之作，只有人物题材的油画才堪登大雅之堂。作者说："直到19世纪中叶，哈德逊河画派才终于战胜偏见，在艺坛引领风骚。可见，华盛顿的艺术敏感和鉴赏趣味，足足领先了好几代人。"

大厅过道口陈列着的粗铁钉匙，正是打开法国国家监狱大门的那把钥匙。"它怎么不珍藏在巴黎博物馆，而流落在异国他乡的弗农山庄？"周瑞金为此娓娓道来。

原来，钥匙的持有者也即赠送者，是当年巴黎革命军的总指挥拉法耶特。他年轻时曾远涉重洋，以大陆军少将、华盛顿副官的身份，投身美国人民反抗英国殖民统治的斗争，在长期血与火的考验中，与华盛顿结下生死与共的情谊。1789年7月15日，他下令拆毁巴士底狱，还将象征胜利和自由的钥匙寄赠华盛顿。他在附信中说："这是儿子送给义父，参谋送给将军，自由的信徒送给他的创始者的礼物。"华盛顿欣然接受了拉氏的馈赠，并将它放置在客厅非常显眼的位置。1989年法国举行大革命200周年祭，它曾被短期借回巴黎展览。

与这把钥匙一样，主楼底层办公桌上主人翻阅过的卷帙和账本、张开双臂也难以抱拢的巨型地球仪等，也都各有故事。出自大科学家

上图：这把法国大革命时打开巴黎巴士底狱大门的黑色大钥匙，由拉法耶特将军赠送给华盛顿

右图：华盛顿书房里的这把椅子带有木制脚踏风扇

富兰克林之手的那个木制脚踏风扇，更令作者遐想当初："在电能尚未发掘、电扇、空调尚属梦想的时期，富氏的这宗厚礼，不知为他的老朋友消解过多少难耐的暑热，以至我辈在百载之后，犹感到满室的清凉。"而作者笔端，又分明饱蘸着友情的暖流。

当美国开始打响独立战争第一枪时，华盛顿告别山庄，在费城当选为大陆军总司令，写出反抗英国殖民压迫的英雄史诗，实现了人生旅途的重大转折。1781年4月，溯河而上的英舰炮轰弗农山庄时，为保全庄园，管家竟然以向英军提供粮食为代价，换取敌人的"城下之盟"。华盛顿闻讯大为震怒，他宁愿庄园被夷为平地，也不愿家人向英军妥协。愤怒之余的华盛顿积极谋求军事进攻，与法国远征军联手，一举取得约克敦大战的胜利，迫使英军缴械投降，奠定了美国独立的基础。

临危受命需要勇气，功成身退需要远见。华盛顿奉还总司令职权，返回老家弗农山庄。他在日记中写下："我体会到了一个肩挑重担、精疲力竭的行人，在经过千里迢迢步履艰难的旅行后终于到达终点时的轻松。"他向外界表示："在一切行当中，我最感到快乐的，就是务农。"他是热爱土地的农场主，给自己的人生定位第一是农夫，第二才是总统。

然而历史为他选择的第一，只有总统。1789 年 4 月，华盛顿以无可争议的全票，当选为首任总统。

作者开始夹叙夹议——这是民族的意志，这是历史的选择。面临荣耀的冠冕，华盛顿丝毫也没有表现出兴高采烈、踌躇满志。相反，当他离开庄园去纽约赴任，竟然发出"犹如罪犯走向刑场"的感喟。华盛顿深知："民众的热情是如此空前高涨，合众国的前途又是如此变幻莫测，假使自己尝试失败，势将成为历史的罪人。"用华盛顿当年的言语，来展示和凸显他的筚路蓝缕、创业维艰，每迈一步都如临深渊，如履薄冰。

华盛顿日不遑食、夜不遑息，领导他的新政府内筹建设、外御列强，驾驶合众国的航船渡过了最初的一段险滩。眼看 4 年任期将尽，华盛顿谋算急流勇退，选民们却不答应，他又以全票当选为第 2 任总统。

新的历史故事又开始了。终究是评论家，周瑞金写着写着，一种"义正词严"不禁在行文中跃然而出：

这时，恰逢英法两强开战，美洲大陆上空也因之而阴云密布。华盛顿严守中立，发表了著名的《中立宣言》。宣言强调美国的外交政策是"同地球上一切国家保持友好关系，不受任何国家支配而保持独立；不参与任何国家间争端，除非为了自我尊严和国格所不可或缺的正义，我们决不卷入战争"。这是多么严正而又磊落的立场！对照当今美国政府在世界各地推行的霸权主义和强权政治，则不难看出，白宫的某些决策者，在背离他们老祖宗的道路上已经走得有多远！

当然，作者还是心心念念地在写散文游记，除了精心谋篇，文章中不时呼应、映照着标题中的"凝思"。比如"远远地，一声清脆的汽笛划破波托马克河上空的宁静，把我从沉思中唤醒"；又比如"沉思遐想中，突然被同伴拉了一把，这才发觉我在华盛顿夫妇的卧室前已耽搁太久，影响了后来者的参观，于是赶忙离开。出得主楼，走马观花地看了看若干独立的小屋，如厨房、马厩、木工屋、鞋匠屋、暖房、冰室、储藏室、等等，最后来到华盛顿夫妇的墓室"。

作者应该还看到了主建筑两侧奴隶的简陋房舍。作为大奴隶主，华盛顿在弗农山庄拥有 317 个奴隶，一半属于他，一半属于他夫人，他最终在遗嘱中解放了所拥有的奴隶。1835 年，一把大火烧毁了暖房和奴隶住房，现在的两幢房子是根据史料复原的。作为评论方家，作者如能对华盛顿的另一面略加点评，读者是期待的。

庄园中这块素朴的墓室，是华盛顿生前亲自挑选的，建筑式样也是他自己设计的。堂堂美国首任总统、开国元勋，身后只要弗农山庄的一抓黄土，这引发了作者深深的思考："历史上无数伟大的统治者，都希望身后被供奉在高堂大殿，享受芸芸众生的歌功颂德，享受子孙万代的顶礼膜拜。他们几乎毫无例外地预见到谢世之际的哀荣，包括葬礼之盛、陵墓之华。华盛顿恰恰相反，他说'我的遗体将以普通人的方式埋葬，无须什么隆重仪式，也不要什么墓前演说'。山川无言，嘉木无言，最经久的绿荫、最不朽的意志以及最辉煌的荣耀，往往就含蕴于无言。这位为美国人民的独立、自由、民主奉献了毕生心血的伟人，就是这样长眠在山庄的一侧，长眠在亲人和民众的心坎。"

周瑞金默默地站在华盛顿夫妇的墓室外，此时的"凝思"和遐想，是诗一般的——

曾经推动波托马克河白帆的，曾经吹扬少年、中年、老年华盛顿额发的，曾经拂拭过无数瞻仰者、朝圣者以及普通游客胸襟的，那清风，也在轻轻摇曳我的心旌。俄顷，伟人逝世的一幕又自然浮现眼前。

既写得纵横捭阖又立意高远；那清风，不仅摇曳着作者的心旌，也在轻轻摇曳着读者的心旌。

周瑞金在40多年新闻生涯中，走访了40多个国家与地区，除了公开发表的言论文章，也写下了一些别具风味的游记式散文，他说"《弗农凝思》一文从发表时间和效果上说，是我比较满意的一篇"。

寻访冲绳，祈愿从此不战

周瑞金四访日本，1997 年 10 月的这次访问，才有机会来到冲绳。

在入住的宾馆，开窗就是碧湛湛的大海，"那样的坦坦荡荡，那样的宏博辽远，无端使我想到烟波尽头的中国，想到我的故乡温州，身心立刻就像被海水滤过一般"。在海滨公园，周瑞金更是实地领略着海韵："最引人入胜的，是我们乘坐的金龙一号游艇的正中部分凿成鱼缸型，透过淡蓝的玻璃舱底，海底世界的奇观一览无遗。"

当然，周瑞金一直想着要来冲绳，不仅是为了观光游览，还为了寻访。

冲绳二战后为美军占领。根据《日美安保条约》及有关协议，冲绳本岛 20% 多的土地成为美军基地。1972 年，美国虽然私下把冲绳归还了日本，但大量的军事基地仍予以保留。"车过 104 国道一处山凹，正当我们沉浸在岚光氤氲、峰回路转的岛景，突然，似有一阵又一阵的闷雷从天外传来。是要下雨了吗？才不，那是美军的恩纳岳射击场。每年炮兵要在此作实弹演习，几乎把一座山头轰平了。据说有时炮弹飞出射击区，落到了万座毛风景区附近，把游客吓得哇哇叫。"

透过淡蓝的玻璃舱底，海底世界的奇观一览无遗

　　如此大规模的军事介入，严重干扰了冲绳人民正常的生活。因此，彻底铲除美军基地、"还我冲绳"、"还我主地"的民众运动，几十年来此起彼伏，从未停息。

　　在糸满市摩文仁的和平祈祷公园"和平之础"现场，周瑞金读到当地一位高中学生写的祈愿诗：

　　别再重演了／过去别再重演了／不管发生何事／不论何时／永远的……／这是愿望／这是约定／这是誓言／这是契约／和平／追求那仅有的两个文字／期待着这两个文字／请赐给和平／永远的和平

　　如果说，周瑞金在这位高中生的诗歌中读到冲绳年轻一代的心声，在接下来的采访中，他更感受到冲绳人祈愿和平的强烈愿望。

　　司机兼导游的金城已65岁，在50多年前的那次冲绳保卫战中，

1993年6月，时任解放日报社党委书记、副总编辑周瑞金访问日本《读卖新闻》时与社长交谈

他父母双双殉难。他和姐姐虽幸存了下来，但他小小年纪却成了美军的俘虏，先是被关在集中营当苦力，后又被拉去修建军事基地。他是美军占领年代的见证，他熟悉冲绳的过去和现在，热切关注着它的将来。他对周瑞金说，自己非常向往中国。为了让周瑞金倾听更多民间呼声，又安排他们采访冲绳知名的反战地主知花昌一。

战后，美军占领冲绳，国土被大块大块的海陆空基地瓜分，广大农民在一夜间失去了土地，也失去了赖以生存的根本，这就产生了无数反战地主。知花昌一生于1948年，他的多位亲人都在冲绳之战中死去，家里的土地也被美军通讯基地强占。长大后，他因为奋勇参加反对美军占领、反对复活日本军国主义的斗争而坐过大牢。他充满激

从1995年起，周瑞金作为中方主持人，连续3次主持中日经济讨论会

情地对周瑞金说："我对奋起抗争至今不悔，依然要站在反战运动的前列。"

周瑞金一行在一座菠萝园做客时，女主人端出刚收割下来的新鲜菠萝和美味可口的甜点来热情招待。说起来，女主人与中国也有一段曲折故事。她六七岁时跟随做农垦的父亲到过我国东北黑龙江，并在那儿上学。二战后，她父亲被苏联红军俘虏，去了西伯利亚。幼小的弟弟留在当地，只有她一人回日本。弟弟在好心的中国养父母照顾下，结婚成家有了5个子女，生活得很幸福。

这样的采访让周瑞金感受很深。他说"两天的冲绳之行，尽管行色匆匆，所见所闻却是极其丰富、生动"。他感到冲绳人民就像他们的新县歌宣誓的那样："超越历史的考验，伫立于荣光的早晨，我们发誓，将保持冲绳永远的和平。"

"保持冲绳永远的和平"，就像高亢的旋律，在周瑞金耳边久久震荡着。回北京后，他从"海天涛韵""绿土之声"到"百世情缘"，写下《冲绳三札》。

不久，生活·读书·新知三联书店也出版了大江健三郎《冲绳札记》的中译本。这本书论述了琉球被纳入日本的过程，指出冲绳战的悲剧和冲绳人的命运是日本近代化以来皇民化教育的结果；同时论述了作为美军基地的冲绳以及由美国返还施政权的冲绳县民在战后的存续状态，揭示了在核时代的东亚体制中冲绳的棋子角色和弃子命运。

《冲绳三札》与《冲绳札记》标题相近，前者出自中国著名报人之手，后者是获得诺贝尔文学奖的日本作家，他俩异曲同工，都是通过见闻、偶感和随想，对冲绳的历史和现实问题，提供多角度的观察和思考。

第五章

感悟人生意纵横

"我的新闻生涯中，历经了新闻战线电闪雷鸣般的折腾与磨炼。真可谓饱经沧桑，几度浮沉，切实体验了世事之艰辛繁复，人生之甘苦冷暖。在我的人生道路上，不同阶段有不同格言在激励着我。"周瑞金说到这里，特别提到了其中的四句格言。

绝知此事要躬行

　　"您退休后还担任了两家企业的顾问,这个主要是做什么?"2012年7月,腾讯网《大师》在采访周瑞金时提问。

　　周瑞金说:"我担任了一家大型国有企业的独立董事,并任董事会的薪酬委员会主席,一当就当了10年。还有是到一家民营企业当顾问。我原来就对经济比较感兴趣,在任《解放日报》副总编辑时,我管过经济报道;到人民日报社以后也非常关注我国经济的发展;在1995年、1997年、1999年,还接连主持过3次'中日经济讨论会'。但这都是了解宏观层面的一些东西。所以我退下来以后,进入了微观经济领域,到了一家国有企业和一家民营企业,两相对比,让我深切地感受到国有企业的弊端所在,民营企业的艰难所在。"

再问"路在何方"

　　周瑞金说的"一家大型国有企业",是东方航空股份有限公司。东方航空于1997年2月在美国和香港两地发行并上市H股;同年11

周瑞金的独立董事培训结业证书
和资格证书

周瑞金（右三）与中国人民银行上海分行行长龚浩成（左四）等出任中国东方
航空股份有限公司独立董事

月 5 日，在上海证券交易所上市交易。周瑞金在参加上市公司独立董事培训，先后取得中国证监会和清华大学经济管理学院、国家会计学院颁发的结业证书后，受上海市政府委派去东航，作为代表上海一方的独立董事，并任薪酬与考核委员会主席。

"一家民营企业"是指海南一家民营饮料生产企业。他想检验一下自己的经济理论是否合乎实践发展，希望能为中国的民企改革发展提出建设性的意见。这就是他与商人不同的地方。

在工作实践中，周瑞金切身体会到民营企业的艰难和最终出路。他为企业办一件小事，都要到政府有关部门跑很多趟，一次次遭受白眼和冷落。他觉得政府应迫切地解决民营企业的生存环境，给他们良好的发展空间，帮助他们走出困境，而不是让民营企业过得更艰难、更无助。周瑞金为此一次次写文章，接受权威媒体采访；一次次给政府提议，不怕引来争议。他这样倾诉肺腑之言："我决不是那种依靠腐败、损人利己、以非法手段获取利益的得益者，更不是什么利益集团的代言人。"

《南岛晚报》、凤凰网、新浪微博等媒体和网络，纷纷报道："周瑞金曾梦想做一名'为天地立心，为生民请命'的人，通过自己前半生的努力，已经做到了；而退休后的人生选择，似乎应了高人所说，他可以成为一位成功的商人。只是他的'在商言商'，是在为民营企业的发展建言献策。"

2018 年 11 月，针对社会上一些否定、怀疑民营经济的言论，中央召开民营企业座谈会，强调"民营经济是我国经济制度的内在要素，民营企业和民营企业家是我们自己人"。周瑞金认为这非常正确，他的深切感受是：改革开放初期，"白领""民营企业家""中介组织""自

周瑞金在海南参加文娱活动为龙"点睛"

由职业者"这些称呼还会引来非议；但今天，他们活跃于中国的每一个角落，不但成为中国经济运行和发展的润滑剂，而且成为有强烈深化改革冲动的阶层。没有改革发展，就没有他们。只有继续改革发展，他们才能拥有更大的生存和发展空间，才能获得人生价值和成就感。因此，他们是改革发展坚定不移的支持者和依靠力量。

心系黎民百姓

深居海南后，周瑞金有一次来到琼中黎族苗族自治县吊罗山乡的大丛旧村。这里的村庄沿河而建，村舍多是竹木结构的棚屋，几乎没有"不透风的墙"。村民告诉他，每逢雨季来临，泛滥的河水就会将村庄淹没。住了三代人的老房子，历经百年风雨，早已破败不堪。这

周瑞金（左二）走过小木桥，前往察看琼中当时最穷困的黎族大丛村

里山多田地少，交通不便，村民收入很低。2012 年，大丛村年人均纯收入只有 950 元。周瑞金为眼前这一幕所震撼。经过多次考察，他发起大丛新村建设，并建议企业把他的薪酬用来帮助村民改善生活环境、脱贫致富。在他直接"督导"下，经过 2 年多的施工建设，大丛新村农民别墅落成。

《南岛晚报》2014 年元旦报道：

2013 年 12 月 28 日，琼中最落后、最贫困的偏远山村——大丛村实现整体搬迁，全村 30 户村民集体告别棚屋，住进崭新的现代化别墅。同时，关乎大丛村未来发展的三个重要项目——文明生态村、琼中吊罗山瑞金种养专业合作社、大丛村客栈正式在大丛新村挂牌。这标志着这个原始黎村终于告别一穷二白的历史，正式踏上一条充满希望的致富新路。

青山脚下，绿水之上，15栋精装别墅栉比鳞次，30户黎族村民喜笑颜开。屋顶上甘工鸟振翅欲飞，房檐下大力神栩栩如生，新居内现代化家电一应俱全。在喜庆的鞭炮声中，附近十里八村的黎族、苗族同胞身着节日的盛装欢聚在一起，专程赶来见证、庆贺大丛村喜迁新居这一盛事。

授人以鱼，不如授人以渔。周瑞金认为，援建大丛村，仅改变村民们的居住环境还远远不够。通过研究分析，他提出大丛村发展"三步走"计划：第一步，以最快的速度改善村民的生活环境，大力发展经济，造就一个新农村；第二步，通过走新的合作经营道路，到2015年使村民的经济收入大幅翻番；第三步，通过一段时间的培育，待村民的接待能力、服务能力等整体提高后，在大丛村发展旅游业。

他提出的具体实施方案：一是组建团队，成立"物业管理组"和"经营管理组"，把大丛村建设成富美乡村，成为新型3A级旅游景区；二是通过与村民签订房屋"租赠协议"，约束村民行为，有效引导村民转变思想观念和生产生活方式；三是通过"政府＋企业＋农村＋农户"的发展模式，引入第三产业，带动第一产业发展；四是以家庭承包为基础，以合作经济为载体，将农民重新组织起来谋发展。

周瑞金说，通过以上几方面举措，尽快提高村民的经济收入，同时逐步改变村民的思想观念，使之成为具备新观念、掌握新技能的新型农民。让村民站在自强自立的新起点上，这比让他们住上新房子的意义更大。

周瑞金（左）和村民一起打开新居房门

2013年12月28日，周瑞金在黎族村与村民亲切交流

"大丛精舍"有因缘

2012 年 6 月，就在周瑞金赴海南前夕，95 岁的南怀瑾不顾年迈体衰，兴致勃勃地题写"大丛精舍"四个大字，还童心未泯地写下"九五顽童南怀瑾"的落款。这距离南师辞世仅有 3 个月，这墨宝弥足珍贵，受赠人就是周瑞金，并通过他进而赠送给海南的一方百姓。

一年前，周瑞金来太湖大学堂拜会南怀瑾时，谈起他在海南的新农村建设计划。南怀瑾对此非常关心，大力支持周瑞金的宏愿，认为海南是块宝地，在那里开始这个行动计划大有可为。周瑞金在交谈时表示，乡村建设绝不仅仅是房屋、道路、桥梁的建设，还应是文化的重建和心灵的关爱；近年来乡土文化的加速失落已经让农家人失去了精神家园。

南怀瑾对此十分认同，他说自己也一直努力躬身力行于农村文化建设。他从出生到 17 岁，一直居住在温州乐清，当时的故居没能保存下来。1992 年，南怀瑾出资 500 多万元，将故居旧址扩建后，捐赠给乐清地方政府，取名"乐清老幼文康活动中心"，向周边居民免费开放。他为此还题写匾名和《乐清老幼文康活动中心赠言》：

我生于此地长于此地而十七年后，即离乡别土，情如昔贤所云：身无半亩，心忧天下；读书万卷，神交古人。旋经代嬗变五六十年后，父罹世变，未得藻雪；老母百龄，无疾辞世，虽欲归养而不可得，故有此筑即以仰事父母之心转而以养世间父母，且兼以蓄后代子孙。等

周瑞金（右三）参加"大丛精舍"奠基仪式，纪念碑上"大丛精舍"四字为南怀瑾题写

身著作还天地，拱手园林让后贤，以此而报生于此土长于此土之德，而无余无负，从今以后，成败兴废，皆非所计，或嘱有言，则日：人如无贪，天下太平，人如无嗔，天下安宁！愿天常生好人，愿人常做好事。

"以仰事父母之心转而以养世间父母""等身著作还天地，拱手园林让后贤""愿天常生好人，愿人常做好事"，这样的人生境界和格局时时激励着周瑞金。利用海南天然美好的自然环境配套建造"大丛精舍"，打造弘扬中华传统文化的一个平台，给新农村建设注入新的文化内涵，正是"善待自己、善待别人"的一种践行和修炼，这也是南怀瑾书写"大丛精舍"墨宝的缘由，成为周瑞金海南梦想的点睛之笔。南怀瑾秘书室对此还特别向周瑞金说明："南师年迈眼花，各方求字者，一概婉拒，故此次题字诚为异数。请根据需要放大或缩小每字，按法度排列，以不辜负老人家辛苦……"

周瑞金参加"大丛精舍"奠基仪式那天，《南岛晚报》的报道这样描述：此刻，站在南国温暖的阳光下，依然精力充沛的周瑞金保持着一分博爱与洒脱。虚怀若谷，静能生慧——对他和同道而言，乡村建设梦落海南似乎是前世已定。

周瑞金在一次公开演讲时说："人，作为一个生命，赤条条来到世间，只有几十年，至多一百多年时间，所以人生是短暂的。生命的结果是死亡，生命的过程就是生、老、病、死。人来到世间当然不是为了死亡而活着的，而是为了享受生命的美好过程。让生命过得充实、愉悦、有意义，这才是我们应该追求的。我们应当如何善待人生？我认为可以把人生价值的真谛，概括成一句话，'爱自己，爱他人'，让自己过得愉快，也让别人过得愉快，就是善待自己、善待别人。"

阅评博士论文说"不"

2003 年 6 月 18 日上午，周瑞金上海寓所的电话铃声急促响起，是老朋友张西明从北京打来的电话，说有篇博士学位论文要提交新闻系答辩，务请时任社科院研究生院新闻系博导的周瑞金担任论文评阅人；而且时间急迫：阅评意见必须在 24 日前送交答辩委员会成员审读，因为论文答辩定在 6 月 25 日。

张西明时任中国社科院新闻与传播研究所副所长，主持研究生院新闻系工作。他的一番诚恳言辞，让周瑞金当即在电话里表示："时间虽紧了些，我尽力而为吧。"

你中有我的关系

中国社科院研究生院新闻系创建于 1978 年 6 月。开始由社科院研究生院、新华社和人民日报社三家共同筹建和管理。1988 年，新华社退出对新闻系的管理，独自创办中国新闻学院。当时社科院研究生院新闻系就在人民日报社的 9 号楼办公，周瑞金常被邀请去新闻系给

是非审之于己

毁誉听之于人

得失安之于数

周瑞金

二〇二一年夏月有三日

平周院

研究生讲课，随即担任硕士研究生和博士研究生导师。因为编务和社务工作比较忙，他只带了三届硕士生和两届博士生。

2000年，国家整顿办学秩序，要求部、委、办都要与原所属大学或学院脱钩。2001年，人民日报社决定退出对研究生院新闻系的管理，新华社也在2002年停办中国新闻学院。这样，中国社科院研究生院新闻系就完全归社科院新闻与传播研究所管理，新闻系也更名为新闻学与传播学系。自1978年以来，中国社科院研究生院新闻系共培养了上千名硕士、博士研究生，绝大多数成为中央和地方主流媒体、新媒体及各条战线的骨干，还有些人成为高级领导干部和学术研究的带头人。

说起来，由周瑞金评阅博士论文的这位作者，是他复旦大学新闻系的校友，又是在人民日报社时的同事，还担任过人民日报社夜班编辑部副主任，之后调任中国社科院研究生院新闻系主任，直到人民日报社退出研究生院新闻系时才离开。这次又来新闻系攻读博士学位。

周瑞金说："我原以为，博士论文的评阅一般总是与学生为善，以成人之美。何况这次论文作者是我的校友、同事，他的导师又是我敬重的老领导，理所当然要高抬贵手，保其过关。"

但事情并不是想象的那样简单。

直陈七条阅评意见

周瑞金很快就收到新闻系办公室秘书电传来的那篇博士学位论文。那几天他恰好应邀接受上海与香港两家媒体的访谈，还要赶写两篇应急稿件，所以一直拖到 21 日才着手阅读博士论文。

这篇题为《党报要闻版编辑与读者的两种需要》的博士论文，有十几万字。周瑞金读完全文，感觉材料是收集了不少，有些分析也颇有见地，但总的读来创新不多。如果用于给新闻专业的大学生或报社的夜班编辑讲课，或用于参加媒体新闻业务交流，这无疑是一篇内容充实、富有启迪意义的好材料、好总结。但作为一篇博士学位论文，在学术水平上确实有较大的欠缺。

"我实在没料想到的是，他论文的学术水平竟与博士论文的要求差距这么大。我从事党报工作 40 余年，又身为中国社科院研究生院的博士生导师，实在不忍心作出顺水推舟的违心评阅，有损学术良心。

这一来，我就陷入了一种两难的境地，"周瑞金说，"我这时才感觉到，接受这篇博士论文的评阅，显然是一个错误，简直是把自己放在火炉上烤了。"

经过一番思考，周瑞金还是从顾虑人情关系的狭隘思维中跳出来，以尊重学术的正直之心，直陈七个方面的评阅意见：

第一，整篇论文的论证属于削足适履，犯了前后自相矛盾的逻辑错误。

第二，论文选题存在问题。论文选题不加分析地把"读者的两种需要"这种表面现象，升华成解决问题的关键和论文的核心论点，明显不妥。

第三，论文的文献综述存在偏颇。论文缺少独具创新价值的文献和给人印象深刻、富有说服力的材料。

第四，关于作者的科研能力和外语能力问题。作者是新闻业务和新闻教育的实务者，并非学术研究者，因此不能脱离实际提过高要求。但论文的英文摘要中，把"假头条"翻译成"顶级的假新闻"等，毕竟令人尴尬。

第五，论文研究方法上，既缺少定量分析，定性分析也过于单一空泛。作者自己承认，定量分析少，且全是引证他人的统计数字。通篇平铺直叙、泛泛而论，只能说是科研能力尚未达到博士的水准。

第六，论文的学术原创性欠缺。博士论文的质量，很重要的是其是否具有学术理论的创新性。这篇论文虽然有一定的新观点、新提法和新材料，但以博士论文的创新要求来看，还是达不到标准。

第七，论文在写作规范方面存在不足。逻辑不严谨，存在多处

"硬伤"。

　　周瑞金了解到，这篇博士学位论文在前一年没有通过答辩，答辩委员会建议限期修改后答辩。而修改后的这篇论文，除了选题上加了一个副题，篇幅进行了适当压缩之外，论文的框架、论点、论据、论证方法，都没有作大的修改。他因此郑重向中国社科院研究生院新闻系论文答辩委员会建议："鉴于这篇博士学位论文尚未达到合格水平，应当由答辩委员会主席找论文作者谈话，提出论文不合适之处，劝说作者在导师指导下，限期进行认真修改后答辩。我殷切期望作者再花一番苦功夫，提高论文学术质量，下次能顺利地通过博士学位论文答辩。"

答辩委员会的全票否决

　　赶在 6 月 23 日，周瑞金把论文评阅意见传真给张西明。

　　一个小时后，张西明给周瑞金来电话："您的评阅意见写得非常好，摆事实说道理，逻辑性强，客观公正，以理服人，堪称博士论文评阅意见的典范。"

　　周瑞金笑答："谬奖了！由于时间匆促，来不及推敲修改，可能有主观武断的地方，仅供答辩委员会参考。"

　　6 月 25 日上午，博士论文答辩会由答辩委员会主席、中国人民大学新闻学院博导成美教授主持，在中国社科院研究生院新闻系举行。5 名答辩委员与会并参加投票表决。博士论文答辩一般的程序是：由答辩人简述论文内容、主要观点及创新之处；接着，5 位答辩委员分别向答辩人提问或质疑；然后给一定时间让答辩人进行准备并回答问题；随后，答辩委员会对论文展开讨论并投票，当面向答辩者宣布是否通过论文答辩。

为加强监督，更充分地表达对答辩者论文的学术水平看法，在博士论文答辩之前，通常会请3位教授对论文进行评阅。论文评阅人没有投票权，但可以提出任何反对意见，供论文答辩委员会参考。阅评意见一般是在论文答辩第四个程序中出台亮相。就在答辩委员会讨论论文并投票的阶段，成美教授向答辩委员宣读了周瑞金的评阅意见。周瑞金说："我与5位答辩委员都不太熟悉，事先也不能相互沟通，所以答辩委员会成员与几位评阅人都是背对背的看法，想不到最后大家的看法高度一致。"

成美教授对这篇论文的评价是，论文漫想式的随意论述太多，论述的严谨性不够，作为一篇工作总结是好文章，但作为一篇博士论文尚不合格。当时在场的论文答辩委员会成员、中国社科院研究生院新闻系卜卫教授也认同周瑞金的评阅意见。

成美主席最后向答辩人宣读结果：不同意授予博士学位，5票。没有争议的一边倒结论。

对着失望的、还想再争取机会的论文作者，成美主席有些于心不忍，补充了一句："我们非常遗憾。"答辩委员会的全体票数不谋而合。中国社科院研究生院新闻系的一篇博士学位论文，遭到5位答辩委员全票否决，这成为近年来新闻教育领域的一件大新闻，迅速在首都媒体界传开。先是《南方周末》驻京记者，接着是《中国青年报》记者，他们带着特有的新闻敏感接踵而来采访周瑞金。

对记者袒露心声

记者：作为博士论文的评议专家，您为什么说这次是"把自己放在火炉上烤了"？

周瑞金：我原本想评阅总要帮同行一把。论文作者是我的朋友、同事。因此，当社科院研究生院新闻系要我当论文的评阅人时，我没有迟疑，欣然接受了下来。但一读论文，发觉不对了。论文的选题、文献的引用，以及在科研能力、写作规范上，都存在不少问题。后来我还了解到，这篇论文在前一年就曾申请参加答辩，但被专家小组要求修改后再答辩。这时，我才感到自己处于被动尴尬的境地。若按原先的想法，帮一帮同行吧，觉得学术良心过不去，也不想写违心的评阅意见。但是，如果说真话，严格要求，估计这篇论文通不过。本来这是正常的学术评价，但在目前的社会风气下，这样做对我的朋友是有压力的，三年苦读不容易，如果论文答辩通不过，他的伤心可想而知。这一想，我感到左右为难，自己是被放在火炉上烤了。

记者：您最后还是选择了讲真话，行使了"否决权"，您又是怎样下这个决心的呢？

周瑞金：很巧，那个时候我正在读诺贝尔奖的材料。诺贝尔奖100年的历史，是年轻科学家的创业史。让我感到震撼的是，欧美一些国家有不少年轻人在做博士论文时，就有了重大的学科创见，博士论文便获得了诺贝尔奖。其中一个典型是约翰·罗伯特·施里弗，他选约翰·巴丁为导师，巴丁从抽屉里拿出一张单子，共10个题目，

2008年4月，周瑞金在杭州钱塘江畔接受浙江电视台记者采访

报人本色——周瑞金传

要他自己选择研究方向。施里弗经过琢磨选择了超导这个课题。在读博士期间，施里弗在超导领域取得了重大突破，后又经过巴丁和库珀的帮助，通过计算彻底解决了超导理论问题。1972 年，施里弗便与巴丁和库珀因超导理论一起获得了诺贝尔奖。又比如，1915 年，布拉格父子用 X 射线研究晶体结构，小布拉格因纠正了父亲的错误而作出重大贡献，创造了父子同获诺贝尔奖的佳话。小布拉格获奖时年仅 25 岁，至今保持诺贝尔奖最年轻得主的纪录。此外，1961 年，德国的鲁道夫·穆斯堡尔获诺贝尔奖，他在读博士期间发现了后来以他名字命名的"穆斯堡尔效应"，其博士论文正是获奖的依据。1973 年诺贝尔奖得主之一的布赖恩·戴维·约瑟夫森，1975 年诺贝尔奖得主奥格·玻尔，获奖依据也是他们的博士论文。

说真的，读了这些材料，对照一下我们今天一些博士生的论文水平，我实在汗颜。要培养一流的博士生，首先要有一流的博士生导师，那些凭博士论文获诺贝尔奖的，背后都有很优秀的导师在指导。再回到博士论文评阅上，今天如果连对论文的严格把关都做不到，那还对得起国家、对得起社会吗？我还有什么脸面当博导？

恰在这时，北京大学以创建世界一流大学为目标，在酝酿教师聘任和职务晋升制度改革，试图通过竞争和淘汰机制，选拔优秀人才，筛除平庸之辈。这个被称为"癸未变法"的改革，对我触动也很大。在这种形势下，我实实在在地感到，是到了对博士论文严格要求的时候了，是到了清除学术领域庸俗之风、腐败之风的时候了！否则，何时能够真正实现理论创新、体制创新、科技创新、学术创新？

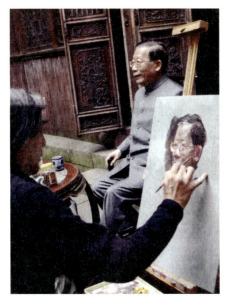

2011年11月12日，在苏州师俭堂，知名油画家夏葆元为周瑞金画肖像（上图），
《解放日报》美术编辑张安朴在现场速写（下图）

报人本色——周瑞金传

正是基于以上这些原因，我下定决心：坚持学术标准，对博士学位论文作出实事求是的阅评。这样做，也许会得罪一些人，但有益于我们的国家和人民，我感到心安。

对周瑞金的这次访谈，《中国青年报》以《我为什么行使"否决权"》为题，在 8 月 12 日教育科技专版头条位置刊出，由此引起众多媒体和广大读者对博士论文被否决事件的关注和议论。

《社会科学报》《大众日报》《检察日报》等相继发表文章，强调严格学术要求、提高博士论文质量，是事关科技创新、理论创新和增强综合国力的大事，教育界、学术界的知识分子一定要坚守学术良心，抵制庸俗风气。

几天后，《中国青年报》还刊出《要制度不要周瑞金》的文章。

要制度还是要周瑞金？

《中国青年报》这篇《要制度不要周瑞金》的文章说，周瑞金教授坚守良知的选择，得到媒体和时评家的高度评价，认为他是在向学术领域内泛滥的庸俗之风和腐败之风挑战，向学术评议中的顺水推舟、成人之美、虚饰、拔高、面子、感情等说"不"。作者却认为：对于根除学术领域内的庸俗风气，周瑞金可敬而不可取，可遇而不可求。理性的社会中，一切问题的解决思路都应该从制度中去寻找。

文章说，既然论文评阅涉及作者的切身利益（能不能拿到学位），周瑞金作为论文作者的同事和朋友，理应回避，或者他被邀参与评阅应该得到评阅制度的禁止。可现实呢，这么一个既是同事又是朋友的熟人，竟能参与论文评阅，这是什么样的制度？连最基本的熟人回避都不讲了！不错，周瑞金没有把自己当成熟人，铁面无私地行使了否决权，这种精神很值得赞美，但是有一点可以肯定的是，他彻底把这位同事兼朋友得罪了。他得到了公众的掌声，但将背上"对不起朋友"的心理包袱，这就是他为什么觉得是"把自己放在火炉上烤了"。如果他与论文作者素昧平生，根本没有必要权衡什么。

文章进一步分析说，回避制度的缺位，导致了学位评审和学术评议中的制度性腐败；论文答辩的普遍做法是由导师决定、约请评阅和论文答辩专家，一些导师为了让学生顺利过关，就约请与自己的学术观点接近和好说话的专家来参加评审；有些评审专家受人之托也往往将答辩变为友情出演，答辩走过场，不合格的论文也给通过。试想，一个制度让人产生"对不起朋友"的心理负担，承受"把自己放在火炉上烤"的心理煎熬，它是好制度吗？

文章最后的结论说：周瑞金固然好，却可遇不可求，只有制度才能让公正的结果得到保障。

这篇文章的观点引发热烈议论。《中国青年报》接着发表"既要制度，也要周瑞金"的讨论文章说，如今的学界是有制度问题，却又不仅仅是制度问题。制度真正成为制度可能要经过长期的努力。中国知识分子本来有忧国忧民的传统，但是这个传统在如今官本位的学府中的许多教授、博导身上看不到了。于是，出现了一个周先生，就如同出了一个久违的英雄。本来是一件正常的事情，现在好了，需要有宁愿被"放在火炉上烤"的勇气，才能不做对不起国家和人民的事情。这个问题，已经不仅仅是单纯的学术良心问题了。

文章指出，目前的学校已经不是净土，学术领域也早已不是圣殿。人们最关心的不是教授有没有学问，也不是博导到底能不能指导博士。不学无术，斯文扫地，也不是新鲜事。高校已经到了非改革不可的地步，但是不管是改革前、改革中，还是改革后，道德自律永远是需要的，因此，周先生这样的人也是永远需要的。

《中国青年报》的这番热烈讨论，引来了新华社记者的采访。

2003年9月11日，《新华视点》发表长篇通讯《说"不"的勇气——一篇博士论文未获通过的启迪》。记者详细报道了周瑞金对博士论文说"不"的心路历程；透露了论文答辩委员会主席成美教授当时的真实思想："成美老师也是看了论文后，觉得质量不高，不想成人之美，找了个理由想婉拒参加论文答辩委员会，但最终未能推辞。"

记者针对"要制度还是要周瑞金"写道：

"其实周瑞金不是不近人情的人。他本想，同行评阅总要帮熟人一把，所以，当社科院要求他出任同行阅评人时，他没有迟疑就欣然接受。但读了论文后，他发现论文的选题、文献的引用，以及在科研能力、写作规范上，都存在着不少问题。周瑞金又了解到，这篇论文去年就曾申请参加答辩，但被专家小组要求修改。"

"难道说，不能用回避制度来约束这一切，让周瑞金既保有学术廉洁也保持朋友之情？或者说，我们应依靠制度，而不能仅仅把最后的底线悬在周瑞金这些老师的学术道德上？"

记者报道说："制度需要人执行，学术良知也任凭人把握。只有制度和学术良知互动，才可以使学术道德的栖息地牢不可破。正因为人的因素不可剥离，所以身处其中的周瑞金必定苦恼，应了他自己著

2016 年11月，周瑞金在第三届大梅沙中国创新论坛演讲

作中的一句话——宁做痛苦的清醒者，不做无忧的梦中人。周瑞金气血充沛又充满善意的阅评意见在答辩现场被朗读。在场的答辩委员们事后说，真想当面对周老师表达敬意。"

全国各地的报纸纷纷转载新华社这篇通讯，这起博士论文事件由北京的报纸关注和讨论，扩散到全国媒体的关注和议论。周瑞金说："我当时就收到全国各地读者给我的短信、电话和信件。我真没有想到一篇博士论文的阅评意见，竟会引起那么大的反响，也许真的应了新闻界的一句行话——击中了社会绷紧的一根弦。"

事情到此仍未结束。

真相和盘托出

博士论文评阅事件成舆论热点后，周瑞金成了焦点人物。

2003 年 11 月 22 日，上海市记协安排他与《新民晚报》总编辑金福安，陪同来上海参加传媒业博览会论坛的香港新闻代表团参观嘉定 F1 赛车场。金总编原是周瑞金在解放日报社工作时的老同事，一见到周瑞金自然聊起博士论文评阅事件："上海新闻界有人不理解你为什么这样做，究竟是为了扬名，还是为了个人恩怨，有许多传言。"金总编说不相信知根知底的老同事会为了扬名或私人恩怨做这种事，认为这不是周瑞金的人格。但有人继续在新闻同行中散布不实之词，所以他建议周瑞金通过适当方式把具体经过说一说，澄清一下事实，免得谣言继续流传。

周瑞金其实并不想为自己辩白，退居二线后的他犹如闲云野鹤，早已看淡个人的得失荣辱。所谓"是非审之于己，毁誉听之于人"，"谁人背后无人说，哪个人前不说人"，世事从来如此，何必计较。

第二天，作为主题演讲嘉宾，周瑞金在这次传媒业博览会论坛上，遇到另外一些新闻界朋友，他们同样向他说起这件事，以致复旦大学新闻学院个别研究生也受此影响，在报上写文章提出不能让一个人否决一篇博士论文。周瑞金这才警觉起来：飞短流长可以不予计较，但事关中国社科院研究生院的声誉，不可不慎重对待。于是他提笔给金总编写了一封"不想辩白的辩白"的信，请他适当时候在《新民晚报》上刊登，以澄清不实之传言。

他在信中首先表明："我只是一个博士学位论文的评阅人，并非论文命运的决定者，这是稍稍了解研究生论文答辩程序的人都知道的常识。一篇博士学位论文要请好几位评阅人，从不同角度提出意见，供论文答辩委员会成员在答辩时参考。一般来说，它对论文通过答辩与否，并不起主要的作用，更不起决定性作用。通常一篇博士学位论文要在3—5人组成的答辩委员会中进行认真严格的答辩，然后由答辩委员会成员无记名投票来决定通过与否。即使被答辩委员会多数成员否决了，只要论文作者认为答辩委员会的决定不当不公，还可以向学术委员会申述，重新进行答辩。因此，一篇博士学位论文绝不可能由一个人否决得了的，无论这个人是答辩委员会成员，还是学术委员会成员，甚至是研究生院院长，都无权否定得了，更不用说一个评阅人了。"

周瑞金说："我不否认，我的评阅意见对论文答辩委员会成员的审核答辩起了一定作用。这并非由于我是什么'特殊人物'（我不过是一个退下领导岗位的普通博士生导师），主要在于这篇论文确实存在许多问题，很难成为一篇合格的博士论文。我只不过认真地从论文的选题到文献综述，从科研能力到论文创新，从写作规范到总体印象，写出了长达三四千字的实事求是的评阅意见。我在评阅意见中还是肯定了论文的创新之处、材料引用、作者的认真写作态度和丰富的新闻实践经验的，并不是全盘否定。在评阅意见最后‘我的建议’一节，还郑重其事地建议答辩委员会主席找论文作者谈话，指出不合格之处，劝说作者在导师指导下，限期进行认真修改后答辩，并殷切期望论文作者再花一番苦功夫，提高论文学术质量，下次能顺利通过答辩，不负三年苦读。应该说，我完全是以一个朋友、同事的态度和心情对论文进行有理有据的评阅，倾注了我作为老党报工作者的一分真情和一位博导的正直学术良心。这不是我个人的表白，而是得到全体答辩委员会成员和大多数学术委员会成员的认可和通过的。”

有人说周瑞金“如果是与人为善，那为什么不在评阅之前就向论文作者提出修改意见，帮他提高论文质量呢”？对此，他在信中实事求是地加以说明：“我不是论文的指导老师，这点很难做到。今年上半年，由于‘非典’肆虐，我大部分时间在上海。中国社科院研究生院新闻系负责人是打电话到上海，约我评阅论文的。我与论文作者多年未见，他没有告诉过我论文的选题和内容，我对此一无所知，又如何事前提意见帮助修改？而接受这篇论文评阅，开始我也是基于熟悉作者，原想帮他一把，成人之美。因为在我印象中，作者新闻科班出身，工作能力比较强，实践经验比较丰富，当过夜班老编辑，工作认真，学习努力。我完全想不到他的论文竟会出现那么多‘硬伤’，让人想帮也帮不了。所以，直到阅读了论文我才感到左右为难，实在觉得是把自己放在火炉上烤了。而此时，按规定同行评阅人是保密的，不能与作者通气联系。而给我写评阅意见的时间又十分急促，我是在答辩委员会开会前一天才把自己的评阅意见从上海传真到北京研究生院新闻系办公室的。显然，在这种情况下，我是没有可能事先帮助论文作者的。"

最后，周瑞金在信中写道："我想尊重事实的最好办法是公开。我打算在一定时候公布我的评阅意见，相信到时候自有公论。论文作者有不同意见也可以提出反批评，我相信他读了我的评阅意见也不会得出我是故意与他为难的结论，只要他不抱成见，这点我可以肯定。"

金福安读到这封信，感到周瑞金把论文评阅经过说得很清楚，很有说服力，随即把信转给副刊编辑。2004 年 1 月 15 日，《新民晚报》在《夜光杯》上全文刊登了周瑞金的这封信。这封信发表后，不实传言也就销声匿迹。

2020 年 7 月，周瑞金新出版的《我的报人生涯撷珍》一书中，才将博士论文评阅意见这件事和盘托出。

四句格言六本书

"我的新闻生涯中，历经了新闻战线电闪雷鸣般的折腾与磨炼。真可谓饱经沧桑，几度浮沉，切实体验了世事之艰辛繁复，人生之甘苦冷暖。在我的人生道路上，不同阶段有不同格言在激励着我。"周瑞金说到这里，特别提到了其中的四句格言。

"动心忍性"的磨炼

故天将降大任于是人也，必先苦其心志，劳其筋骨，饿其体肤，空乏其身，行拂乱其所为，所以动心忍性，曾益其所不能。

周瑞金说："记得上学时，语文老师教过孟子这段话，激励了我一辈子。通过经历种种艰难困苦的磨砺，人的内心会变得更加警觉，性格会变得更加坚韧，从而增长那些原本不具备的能力。"

周瑞金出生在浙南偏远山区，家境贫寒，少年时翻山越岭百余里到温州城念中学。学校食堂当时实行挂餐牌就餐制。每到月初就餐时，如没有交足当月伙食费的，餐牌会被摘除，就没有饭吃了。他父母从平阳腾蛟山区每月托人带伙食费到温州的学校，都要耽搁几天，这样他每月至少要挨饿两三天。

上高中时，周瑞金住集体宿舍。当时全国实行粮食统购统销制，学校食堂粮食供应不足。周瑞金每天吃不饱肚子，他说"那种饥饿感，真叫人难以忍受"。

读大学时，正处在全国性的困难时期，学生食堂口粮和食油供应紧缺，学生们只能吃又薄又稀的稀饭，再喝几碗没有油水的菜皮汤，硬把肚皮撑着。临睡时又饿了，翻来覆去睡不着。

每次因挨饿而难以忍受时，周瑞金都会默念孟子这段话，将艰难困苦看作是将来要担当大任所必需的意志锻炼和心志培养，是对自己"动心忍性"修养的必不可少的增益。

"咬定青山"的坚韧

咬定青山不放松，立根原在破岩中。

千磨万击还坚劲，任尔东西南北风。

周瑞金到了解放日报社工作岗位，手书郑板桥的这首《竹石》诗，放在办公桌玻璃台板下，作为格言天天照面。

1991年，周瑞金按中共中央组织部和港澳工委的调令，已卸下解放日报社职务，交代好工作，开过欢送会，打算赴香港大公报社履新时，北京一个电话突然阻止了他南下的步履。两周后，报社为庆祝

2008年，周瑞金（右二）在广州论坛作改革开放演讲，与听讲者热烈交谈。《中国妇女报》原总编辑卢小飞说，在周瑞金讲话中永远都听不到那些套话，他的演讲总能因真实亲切而"吸粉"无数

中国共产党成立70周年举办书画展活动，周瑞金书写郑板桥这首诗的大字条幅，挂在书画展醒目之处。同事们看了心领神会，也明白了周瑞金的意涵和心迹。周瑞金说："每当在人生旅途遭遇艰难曲折时，都是'咬定青山不放松，任尔东西南北风'给了我莫大的激励和鞭策。"

"无为""有情"的警醒

无为不入世，有情始做人。

在周瑞金看来，这句格言强调的"无为"不是消极避世，而是顺应自然之道的智慧，如溪水绕石而行，"入世"才能让"无为"的智慧在现实中生根。生命的温度在于"有情"，正如哲学家马丁·布伯所言："一切真实的生活都是相遇。"因为"有情"，我们才得以与他人、与世界建立真实的相遇；真正的"为人"之道，或许正始于我们对世间万物的真诚共情，知世事无常而从容。

在那个特殊年代，他因为不忍心写大字报批判关爱他的老领导、老师，招致解放日报社大楼一夜间贴满批他是"修正主义苗子""个人主义野心家"的大字报。批判火力之猛，捏造事实之烈，诽谤伤害人格之深，使得他近一个月不敢去报社食堂吃饭。"这种惶恐、羞辱与对自尊心的摧残，至今历历在目、刻骨铭心。"周瑞金说，在那个特殊年代，是"无为不入世，有情始做人"这句格言陪伴他度过的。"在那种日子里，我虽然也曾义愤填膺地批判过'叛徒''反革命''走资派'，慷慨激昂地控诉过'反动权威'的毒害。然而，我始终守住了不诬陷人、不打击人的底线。"

毁誉得失的感悟

是非审之于己，毁誉听之于人，得失安之于数。

有一次，周瑞金游览长沙岳麓书院时，看到乾隆时书院山长旷敏本写的一副楹联："是非审之于己，毁誉听之于人，得失安之于数，陟岳麓峰头，朗月清风，太极悠然可会；君亲恩何以酬，民物命何以立，圣贤道何以传，登赫曦台上，衡云湘水，斯文定有攸归。"他忽有感悟，

1994年，周瑞金参观岳麓书院

因此将此联头三句"是非审之于己，毁誉听之于人，得失安之于数"作为格言，砥砺自己，并随时做好准备，勇于面对各种意料之外的状况。

进入改革开放历史新时期，周瑞金先后走上解放日报社和人民日报社的领导岗位。生活中永远存在矛盾，为了推动改革开放，为了坚持独立思考和自由见解，他不时遇到一些曲折和委屈。每每这时，"是非审之于己，毁誉听之于人，得失安之于数"就成为他最大的精神支柱和慰藉。周瑞金深情地说：是党和人民培养了我的这支笔。作为老报人，当然也是个有副部级身份的老报人，我就要努力把人民给我的回馈给人民。我的人生价值不在"副部级"，而在"老报人"；工作可以退休，但我的笔是不能退休的。我关心着国家和人民的前途命运，还经常要为全面深化改革发声。这是本分，就算是损害到副部级身份，我也在所不惜。

六本书影响一生

周瑞金说，这辈子我的确读了许多书，回想起来，对我一生有过重大影响的，可以说有这么6本书：《西游记》《莎士比亚戏剧集》《第三帝国的兴亡》《论语别裁》《数字化生存》《金刚经》。

问：您博览群书，为什么只是这六本书对您人生发生了重大影响？

周瑞金：因为我性格和价值观的形成，更多受到了这6本书的影响，或者说，在这些书里，多少也能看出我为人做事的一些影子。比如吴承恩的《西游记》，这是我上小学时读的第一本书，其中超凡的想象力，不受条条框框拘束的思维，敢为天下先的闯荡创新，在我幼

走进周瑞金家，走道旁的一排低柜被他戏称是"书报摊"，上面放着各种报刊，散发出淡淡的油墨清香（摄于2024年9月）

小的心灵就播下了种子。

问：《西游记》里随处可以看到道教、儒教、佛教的影子，比如其中最经典的菩提祖师，这对您也有影响吗？

周瑞金：菩提祖师又名须菩提祖师，须菩提是佛教的名号，菩提两个字，是佛教用语中大智慧的意思，菩提祖师意为开启大智慧的人。《西游记》描写菩提祖师身穿道袍、手持拂尘，完全是一副道家打扮，祖师传授孙悟空的仙家法术也与道家有关。菩提祖师虽然本领高强，却能偏居一隅，这很好地诠释了达则兼济天下、穷则独善其身的儒家思想。这也是中国知识分子的追求。其实儒释道三家都强调个人的心性，《大学》说，"知止而后有定，定而后能静，静而后能安，安而后能虑，虑而后能得"，得到的就是人格、道心、佛性。所以，人的自我价值，不在于赚多少钱，做多大官，住多好的楼房，开多好的轿车，吃多好的美味，有多少文物收藏，而主要在于你是不是具有追求真理的高尚品格，是不是具有关心他人、关心社会、关心国家的道德情操，是不是有坚定的独立意志去行道、传道、布道。

问：《西游记》如今被衍生演绎出不少有趣段子，有人以《西游记》为喻，描述打工者与创业者的区别，您怎么看？

周瑞金：我也听到过这类比喻。比如问为什么孙悟空能大闹天宫，却打不过西天取经路上的小妖怪？回答是：大闹天宫碰到的天兵天将都是给玉皇大帝打工的，所以大家都是意思意思不是真的卖命；在西天路上碰到的妖怪都是自己出来创业的，所以会拼命。这种诙谐的段子有助于我们认识今天改革的困境。一些领导干部不同程度上缺少创业者的担当，用打工者的心态，维持现状，不求有功但求无过。现在，在一些党员、干部中，不愿担当、不敢担当、不会担当的问题不同程度存在。习近平总书记在"不忘初心、牢记使命"主题教育总结大会上的讲话中指出："不担当不作为，不仅成不了事，而且注定坏事、贻误大事。"

问：多年前，您在朋友圈转发过一个记者采访唐僧的段子，是要批评无良记者的捕风捉影和无事生非吗？

周瑞金：对，我记得这个段子，编得有点意思。1. 唐僧取经回北京才下飞机，记者问："你对三陪小姐有何看法？"唐僧很吃惊："北京也有三陪小姐？"记者第二天登报《唐僧飞抵北京，开口便问有无三陪》。2.记者问唐僧："你对三陪问题有何看法？"唐僧："不感兴趣！"记者第二天登报《唐僧夜间娱乐要求高，本地三陪小姐遭冷遇》。3.记者问唐僧："你对三陪小姐有没有看法？"唐僧很生气："什么三陪四陪五陪的？不知道！"记者第二天登报《三陪已难满足唐僧，四陪五陪方能过瘾》。4.记者后来再问唐僧，唐僧不发言。记者第二天登报《面对三陪问题，唐僧无言以对》。5.唐僧大怒，对记者说，这么乱写，我去法院告你！记者第二天登报《唐僧一怒为三陪》。6.唐僧气急之下，将记者告到法庭。媒体争相报道《法庭将审理唐僧三陪小姐案》，唐僧看后撞墙而死。7.唐僧撞墙而死后，媒体补充报道《为了三陪而殉情：唐僧的这一生》。有人说这个段子显示了媒体的力量。如果媒体发挥的是这样的力量，那就是这个社会的悲哀。

问：您的有关文章刊出后，是否也有段子中唐僧那样的遭遇？

周瑞金：近年来，类似段子中"唐僧"这样被网络暴力、戾气所害的，在现实生活中并不少见；网上泛娱乐化倾向、低俗炒作现象屡禁不止；流量至上、畸形审美、"饭圈"乱象等不良文化冲击主流价值观。自媒体需要"玉宇澄清万里埃"。

问：屈原和莎士比亚的经典作品吸引您的，除了那种人格魅力，是否还有作品中那种独特的灵性力量？

周瑞金：我高中时期读到朱生豪翻译的《莎士比亚戏剧集》，留下非常深刻的印象。此书展示了强烈的人本主义，让人看到或丑或美，或善或恶，却都是大写的"人"。怎样做人，要树什么样的人格，在我世界观形成时期就树起了鲜明的标尺。我在温州中学求学时，从

我青少年时代的两个偶像屈原和莎士比亚的名字中各取一字组成笔名
"莎原"。我读了《莎士比亚戏剧集》中大部分喜剧、悲剧、历史剧；
还诵读屈原的《离骚》《天问》《九章》等诗作。我太喜欢他们的作品，
太佩服他们的人格了！他们一直是我做人做事写文章的榜样。

人的理性和灵性相生相成。科学是人理性的创造发明，而艺术是
人灵性的创造结晶。没有牛顿，会有马顿、羊顿取而代之，因为苹果
总要从树上掉下来，万有引力总要被发现。人的理性是可以取代和不
断深化的。但是，没有达·芬奇、莎士比亚、屈原和曹雪芹，也许我
们永远不会知道人类还能创作《蒙娜丽莎》《哈姆雷特》和《离骚》《红
楼梦》这样的不朽作品。人类文化史就是由不可替代的个人灵性构成
的。新的天才出现不会使过去的大师黯然失色，曹雪芹的光辉不会掩
盖屈原的不朽，莎士比亚的出现也不会让达·芬奇失去价值。

问：号称"千秋帝国"的第三帝国，实际只存在了十二年零四个
月，您在《第三帝国的兴亡》中读到了什么？

周瑞金：作者威廉·夏伊勒是美国驻外特派记者、新闻分析员与
世界现代史学家，他在担任战地记者期间，报道了许多有关纳粹德国
从柏林兴起到灭亡的经过。此书 1960 年出版后，立即轰动了整个世界。
书中细致描写了纳粹德国崛起、崩溃的历史背景、条件、根源，以及
对各种极端思潮的深恶痛绝。日后，结合学习马克思主义著作，就形
成了我的基本政治理论观念，用来观察问题、分析问题，对我的政论
时评写作产生过深远影响。

问：您与南怀瑾先生的缘分是从读《论语别裁》开始的吗？

周瑞金：可以这样说。在 20 世纪 80 年代末 90 年代初，国内已

1988年，周瑞金（右）与进报社时的业务指导老师储大宏在新闻界一次活动上亲切交谈

出版一系列南怀瑾先生的作品。1991年初我读到这本《论语别裁》时，深为作者拈提古今的生动论述所吸引。这是我读过的众多《论语》章疏中最别具一格的一本书，书中每一节都像一篇蕴意深邃而又妙趣横生的小品，引人入胜，让我重新认识了中国儒释道文化。"日当三省其身"，启迪修身养性，以格物、致知、诚意、正心、修身，达到"齐家、治国、平天下"。增强历史责任感，又反求诸己，让人头脑清醒，内心宁静，意志坚定。

问：当数字化生存成为社会生存状态时，您是想在《数字化生存》中寻找新的生活方式吗？

周瑞金：的确，信息技术的革命将把受制于键盘和显示器的计算机解放出来，使之成为我们能够与之交谈，与之一道旅行，能够抚摸甚至能够穿戴的对象。这些发展将变革我们的学习方式、工作方式、娱乐方式，一句话就是我们的生活方式。我正是读了《数字化生存》，认识到进入信息时代，数字化技术将转变生活方式，开启人类文明新篇章。为避免落后于时代潮流，我鼓起勇气，老夫聊发少年狂，到电脑上植字，到网络上冲浪，到手机上感受多媒体的魅力。虚拟世界，别有洞天，为退休后的我展现了一片无比鲜美的精神新天地。

问：有人说，当科学家历尽艰辛攀上科学顶峰时，却发现佛祖早已在那里等待了几千年。这是您喜欢《金刚经》的原因吗？

周瑞金：宇宙万有是从哪里来的？现在科学家发现"有"是从"无"中来的。在一定的条件下，能量可以从一无所有的真空中变现出物质，物质的质量也可以分解为无形的能量。换句话说，可以"无"中生"有"，"有"又还归于"无"。我在读南怀瑾的《论语别裁》时，还读到根据他讲课整理的《金刚经说什么》。《金刚经》具有超越哲学及宗教的特性，退休以后，心旷神怡，闲云野鹤，读《金刚经》既可以深入观察客观世界，又能潜心主观精神世界，修炼心灵，体验生命的真谛，追求"无所住而生其心"，修悟"无我相、无人相、无众生相、无寿者相"的本体，愿以出世之心，为入世之事。我希望能成为有佛心、道骨、儒表的人。对国事、社会事、天下事，我宁做痛苦的清醒者；对家事、子女事、个人事，我愿做无忧的清静者。[1]

问：您在另一篇书评中，提出越是面临巨大挑战，越要提倡科学精神。

周瑞金：那是我读了一本《大历史：从宇宙起源到人类文明》的新书，倒是可与《数字化生存》比照着读。

1　参见周瑞金：《皇甫平改革诤言录》，人民出版社2015年版，第215页。

人工智能前沿领域进入了新一轮技术变革期，其技术运用的领域越来越广泛。美国未来学家雷·库兹韦尔大胆预言：到 2045 年，人工智能完全超越人类智能，人类历史将彻底改变。真到了这一天，人类社会将进入智能文明的时代。宇宙、生命和人工智能，也将成为新文明时代的三大科学命题。

我们在短暂的人生中，面临着如何更好地理解这个世界，如何更好地掌控生活，如何疗愈自我，如何帮助他人，如何获得幸福快乐，我们最终将去哪里等问题的拷问。只有科学能正确回答我们这些"人类之问"。我们需要做热爱科学的现代人，拥抱科学，拥抱科学精神。

人类的科学创新历史昭示了一个最基本的规律——划时代的科技和产业创新必定源自划时代的思想创新。唯有创新的思想才能激发创新的技术、产品和服务。思想创新的重要性高于一切。正如伟大的法国科幻作家儒勒·凡尔纳所说：凡是人能想到者，必有人能实现之。

善待人生五个"最"

2011 年 9 月 20 日下午，在华闻大厦 21 层会议室，正举行中央党校宣传部原部长黄晓河的新书发布会。周瑞金作压轴发言时，意味深长地讲起"善待人生五个'最'"："人生最大的追求是事业，人生最大的智慧是舍得，人生最大的财富是朋友，人生最大的幸福是健康，人生最大的安慰是亲情……"

当时天色渐暗，但与会者全神贯注，顾不上晚餐，听得津津有味。在以后的讲课中，周瑞金多次循循善诱地讲起"善待人生五个'最'"。

这辈子恰做"立言"之事

问：20 世纪 50 年代那批大学生是否事业心特别强？

周瑞金：我们同学在 20 世纪 50 年代进入大学，确实都很有志向干一番事业，但不断遭到政治运动的折腾，一直到"文化大革命"，看到政治运动中经常有人从朋友的身上爬上去，整人，暗算人，打小报告，无中生有揭发人。这是违背做人道德和情义的。今天，不

2007年，周瑞金在昆明兴云讲坛作"中国改革三十年"主题演讲

搞政治运动，整人的事少了，就应当在事业追求上下更大功夫，花更大力气。

问：职业与事业是否有某种关联？

周瑞金：《周易》说"举而措之天下之民谓之事业"，你做的事是为天下老百姓谋利益的才叫作事业。为谋生需要，那只是找一份职业，称不上事业。

现在很多人将教育、科技、工商业做好，发了大财，或者官做得很大，那都不是事业，只是职业。只有对社会大众、国家民族作了贡献，才是事业的精神所在。南怀瑾老师的一生从不为钱财与权势所捆绑，每当需要投资实业谋福利于大众时，他振臂一呼，就有众多响应者参与并提供资金，这就是"身无分文，富可敌国"。

还有比尔·盖茨，他最初成立微软公司，搞计算机软件研究和生产，是作为职业的追求。后来，他不断创造、创新，成为软件大家，推动全球信息产业，开创了一个互联网的新时代。这个时候他对天下苍生作了大贡献，干的就是事业了。成为世界首富后，他却毅然决然辞掉董事长，成立慈善基金会，在全世界开展慈善事业，这是从谋生的职业到追求事业的一个典范。

问：您一再提到"为天地立心，为生民立命"，您的文章尤其是时评政论，就是一种践行吧？

周瑞金：宋儒张载倡言的"为天地立心，为生民立命，为往圣继绝学，为万世开太平"，历来就激励着有抱负、负责任的知识分子，去顺应时代潮流，为民众利益自觉去推动社会历史向前发展。能为天地立心者，也必能为民众立言。所以，中国历史上为民请命的志士仁人不绝如缕，被鲁迅誉为"民族脊梁"。一个知识分子要坚持真正的人文精神，绝不能以个人功利为上，依傍世俗标准，人云亦云。我喜欢文字写作，这辈子做的又恰是"立言"之事。

我记得20世纪60年代初，解放日报社的3楼会议室赫然挂着我国共产主义先驱李大钊的一副墨迹："铁肩担道义，妙手著文章。"这生动而深刻地描绘了新闻记者的形象。记者，是时代（也即历史）的真实"立言"者，是社会正义的英勇卫士。前有榜样，我当奋力为之。作为一位在党的新闻传媒业工作了一辈子的老兵，我愿意与新闻传媒业的同仁们一起大其心究天下之物，虚其心纳天下之善，静其心观天下之势，平其心论天下之事，定其心应天下之变，雄其心创天下之业。

问："立言"需要上下求索，甚至遭遇困难压力。

周瑞金：其实，压力和困境是一个人成长的必经过程。能勇于接受巨大压力甚至"围剿"，从那种超规模的人生负荷下走过来，生命才会逐渐茁壮。真正的强者不是没有眼泪，而是含着眼泪奔跑。

"胆略"从哪里来？

问："为天地立心，为生民立命"，需要不一般的胆识。

周瑞金：其实，既要有胆识，还要有略。

所谓"胆"，就是要"敢为天下先""敢开第一腔"，也就是要在审时度势的基础上，敢于提出新问题、分析新问题，敢于写出新观点，尤其是写出有特色、有影响的评论。如姓"社"姓"资"这个问题，在实践中大家普遍感觉到这是一个束缚人们的思想和手脚、严重阻碍改革开放的要害问题，但往往又出于各种考虑而三缄其口、沉默不语。敢不敢尖锐地提出这个"人人心中所有、个个笔下所无"的问题呢？要在复杂的形势下"敢开第一腔"，必须有大无畏的彻底的唯物主义精神，必须不计较个人荣辱得失的高度使命感。"心底无私天地宽，无私无畏即自由"，真正做到了"无所求也就能无所惧"，就敢于旗帜鲜明地为改革开放"鼓与呼"了。

所谓"识"，就是对错综复杂的形势的一种高屋建瓴的观察把握和深刻认识。没有这种敏锐的"识见"，就不可能把握全局、抓住要害，也不可能见微知著、运筹机先。比如我们撰写"皇甫平"文章前夕，就清醒地认识到，当时一方面治理整顿取得了明显成效，另一方

2007 年，周瑞金应湖南省委邀请作"新一轮思想解放的特点"演讲，并接受长沙媒体访谈

面许多深层次的问题还没有解决，这些深层次问题的解决从根本上说离不开改革开放的进一步深化，这就叫作"何以解忧，唯有改革"。正是这种"识见"，赋予"皇甫平"系列评论以极大的思想内涵和思想深度。如果说，"皇甫平"系列评论以思想认识"领先一步"取胜，那么第二年署名"古方文"的系列评论则是在阐述小平同志南方谈话的深刻性上体现出这种"识见"。我们阐发小平同志南方谈话紧紧抓住一个"放"字，着力做好六篇"放"的文章，就是放心搞引进、放胆向市场、放权促发展、放手用能人、放眼学外地、放步上台阶。这样，就使评论论出了新意。

所谓"略"，就是策略、方略。政策和策略是党的生命，也是报纸评论工作的生命。有胆无略，会变成鲁莽的革命家，评论工作者必须力戒这种鲁莽症。当年"皇甫平"文章横遭批判和围攻时，我们认为这些"大批判文章"武器十分陈旧，根本不值一驳，于是就采取"高挂免战牌"的策略，保持沉默不正面论战，不公开争论，但又不是消极退缩。我们先后发表了《论科学技术是第一生产力的理论和实践意义》《论干部的精神状态》《论改革的胆略》等文章，继续正面阐述"皇甫平"系列评论中的若干重要观点，做到了"原则坚持，方法灵活"。小平同志南方谈话发表后，我们率先发表了《十一届三中全会路线要讲一百年》的呼应文章，其后形成了"深深水、静静流"的宣传方略。实践证明，这样的宣传方略效果较好、影响也较大。

评论工作要有胆识，这对于广大评论工作者来说是个常新的课题。既不能一蹴而就，也不会一劳永逸。

取是本事，舍是智慧

问："舍"是另一种"得"，如果是舍而不得呢？

周瑞金：取是本事，舍是智慧。人生最大的智慧，还是舍得，少年时舍其不能有，壮年时舍其不当有，老年时舍其不必有。就是要提得起放得下，舍掉一些东西。舍得这个词很妙，有舍才有得。人的本性弱点中就有一个贪得无厌，总是想占有得越多越好，不懂得放弃、施舍。有智慧的人懂得舍掉是另一种得到，有时甚至是更大的得。比如，一个人占有5个苹果，你都吃掉的话，最多是尝一种苹果的味道。如果你只吃一个苹果，把其余的4个苹果施舍给别人，人家也可能送给你香蕉、送给你橘子，你尝到了更多的水果味道，更重要的是你得到了比苹果更好的珍贵的友情。有了这种友情，今后你在困难的时候也许会得到更多的帮助。这就是舍即是得的含义。

修禅即是追寻人文精神

问：都说人生下半场拼的是健康，其实健康才是打拼的资本。

周瑞金：有人问上帝，人们有什么让你惊讶的东西？上帝回答说，他们为了赚钱失去了健康，又要花钱找回健康，所以不是他们赚了钱，而是钱赚了他们的青春、健康和幸福。上帝这个回答很深刻。人人需要健康，我们无论追求什么，都要从不失去健康的前提下来考虑，这才是善待生命、善待人生的重要课题。

我在 10 多年前，看到日本一位医学家，他 8 岁开始跟祖父学汉医（即中医），读大学时又专攻西医，所以他对汉医和西医都很有修养，写了一本书叫《脑内革命》。他提出，最高明的医生是治未病之病，就是病还没有发出来就发现他的疾病，并把他治好。他通过对人脑的研究，发现一个人处于良好精神状态的时候，分泌出的一种分泌液是有利于健康的；而一个人处于惊恐、郁闷或者生气的时候，脑里面分泌出的一种内分泌液是会损害内脏健康的。所以，他说健康的关键，在于让人脑天天处在愉快的状态，这样就会化解很多疾病。

最近我看到有位 92 岁的老人，讲到他信奉的幸福五原则："心中无恨，脑中无忧，生活简单，多些付出，少些期望。"现在还有种说法，说老年人好比是银行的账户，下半辈子提领出来的快乐，都是上半辈子存进去的。所以，每个人上半辈子都要为下半辈子存储健康。

问：《新民晚报》等媒体刊出的《评论家周瑞金谈养生》等文章

2008年8月30日，周瑞金在广东省委宣传部、广东省社联主办的"岭南大讲坛"上发表主题演讲

中，都提到禅修是您主要的养身方法。

周瑞金：我与禅学的结缘，始于在解放日报社工作时的身体微恙。当时中医教授诊断后认为，我的症状是工作紧张、思虑过度所致，建议我向内求清宁，以打坐和修禅去浮躁，防失据，提得起，放得下。从此，只要条件许可，我一坐定，便盘腿入座，状若莲花。参禅使得我在大事小事面前有了静气。我退休后住在西区的寻常寓所里，少了案牍之扰，犹如闲云野鹤。南怀瑾老师恰好此时也由香港移居上海。我从此始得全心修禅，每天读经念咒打坐，才有茅塞顿开之感，参悟出"修禅即是追寻人文精神和生命价值"的意涵。

问：有人说笔底惊雷的"皇甫平"与修禅打坐有点对不上号，整个横眉怒目，哪有安定若闲？

周瑞金（笑）：矛盾吗？一点都不矛盾。以笔为器可以金刚怒目，静坐冥想需要安定若闲。其实，修禅即是追寻人文精神，佛家讲普度众生，不是专求小我的安宁平静和健康，"以出世之心，为入世之事"，这才是真正的个人修为。

人世间只有两种人

问：如何做好自己的人生定位，卫星都帮不了，还得靠自己。

周瑞金：这就需要明白"我是谁"，找到"我在哪里"。人世间只有两种人，一个是自己，一个是别人。人生价值的真谛，在于让自己过得愉快，也让别人过得愉快，善待自己也善待别人。

要把自己当成别人。当自己遇到痛苦、忧伤的时候，把自己当成别人，让痛苦和忧伤减轻一点。而当自己欣喜若狂的时候，把自己当作别人，这种狂喜的心情会变得平和、中正一些。这就叫"以平常心看悲喜"。

要把别人当作自己。真正同情别人的不幸，把别人的不幸看作是自己的不幸，理解别人的需求，当别人需要帮助的时候，能够伸手给予恰当的帮助。同时把别人的幸福当作自己的幸福，不眼红，不嫉妒，把别人取得的成就看作自己的一样。这叫"善解人意，成人之美"。

要把别人当作别人。要充分尊重每一个人的独立性和个性，千万不要把自己的想法、意见强加给人，不要伤害别人的自尊心。这叫"尊重人、宽容人"。

要把自己当作自己。一个人征服世界不算伟大，能够征服自己、超越自己才是世界上最伟大的人。把自己当作自己，就是要勇于改错，勇于忍辱，勇于担当，勇于超越，不断克服自己身上的缺点、弱点，不断使自己的人格得到升华。

好学力行，还要加"知耻"

问：在与复旦新闻学院老师交流时，您多次提出要培育好学、力行、知耻的新闻人。

周瑞金：1945 年 4 月，复旦大学新闻馆落成时，馆内挂的系训是"好学力行"，门口对联是"复旦新闻馆，天下记者家"。"行"代表着实践，"天下"包含着对时代、国家与人民的关切。"好学力行"这四个字以后又成为复旦新闻系系铭，以勖勉学生，可惜，只提"好学力行"，却舍弃了"知耻"二字，有些遗憾。

"好学力行"的出典是《中庸》，原句是"好学近乎知，力行近乎仁，知耻近乎勇"。知耻，就是要反省自己，知非即改，勇于认错改过。总结我国 70 多年新闻工作的经验，新闻人的知耻勇气实在太重要了！这不是好学、力行所能弥补的。只有加上"知耻"二字，才是新闻人必备之素养和完整的人格要求。新闻人只有时时反思自己的不足和失误之处，才能更好地为广大读者服务。在过去的年代中，有多少"克里空"的新闻出自我们记者之手，非常值得反思，记取教训。

在复旦新闻学院建院 100 周年时，我真想提交一篇建议，说一说培育好学、力行、知耻的新闻人的重要性。

"我的学习方法不独特"

问：经常有人向您请教有何独特的学习方式方法。

周端金：是的，但我回答不上来，因为我的学习方式方法并不独特。我效"笨鸟先飞"，比别人花更多时间和精力学会上网、学会使用电脑、学会手机信息交流。把别人用在唱歌、跳舞、打牌上的时间，都用来看书、读报、上网，坚持多读、多思、多写。我退休后，比在工作岗位上有更多时间看书、读报、上网，有更多机会作文、著书、演讲，感到生活十分充实。有对联云"闲居足以养老，至乐无如读书"，我将此改成"读书足以养老，至乐莫如静观"。这里说的"静观"，是指静坐内观，是一种传统的修身养性文化。

生命与事业的结合

问：生命是个过程，事业是一种结果。您的事业不是一次性结果，而是一次次结果。

周瑞金：因为事业是一辈子的事。2000 年 4 月，当我退下人民日报社领导岗位时，脑海中突然闪现出一个令人激动而难忘的镜头：有位神交多年的华裔老报人朋友，已 88 岁高龄仍身体健硕、精神矍铄，坚持每晚 9 点到报社值夜班，看当天要闻和审改社论。他主办的报纸在纽约和洛杉矶等地发行，深受北美的华侨华人欢迎。

我由此明白：所谓敬业，就要像这位老报人那样，把生命与事业紧密结合在一起。职务可以到龄，责任没有年龄限制；人可以退休，事业不会退休；官可以不当，文章不可不写。这位老报人耄耋之年继续挥笔谠论时事，激励我退休以后笔耕不辍，不断为改革开放呐喊和鼓呼。

问：您写的"呕心沥血的新闻改革探索者"陈念云，也正是这样的老报人。

周瑞金：说得好。念云老因年龄关系于 1989 年 1 月退出领导岗位后，仍担任报社党委和编委会顾问。在我担任报社党委书记兼副总编辑期间，他"身在二线，心在一线"，以饱满的热情、深邃的思考，从报纸宣传、新闻报道、评论理论，到印刷革新、广告发行、经营管理，再到组织机构、运行机制和队伍建设，都积极提建议、出主意，给了我很大指导、启发和帮助。正是在他的关心支持下，我在 1991 年初敢为天下先，与施芝鸿、凌河一起，在解放日报社组织撰写发表4篇推动改革开放的"皇甫平"评论文章，在全国产生重大影响。当"皇甫平"文章遭到一些人连篇累牍地批判攻击时，又是他不断给我以支持和鼓励，帮我出主意如何正确从容地应对，展开针锋相对的斗争，顶住那股"左"的思潮。他这种"冥冥之志，悟悟之事""事业无穷年"的精神十分可贵，非常令人敬佩，一直激励着我奋勇向前，不敢懈怠。

"小玛哥"的老茅台

问：在最近一次"1957级学子"聚会时，"小玛哥"玛世明的遗孀崔秀芳，把丈夫珍藏的老茅台带到会上，请您共同开瓶，以完成小玛哥的遗愿，这场景很感人。

周瑞金：我与玛世明、陆云帆、杨忠华、傅书涛一起编辑1957级同学3部报告文集的情景历历在目。60年前我们一起跨进复旦大学新闻系，一甲子后我们又以文交流，欢聚校园，畅叙情谊，共同关怀、共同牵挂、共同扶持，把我们的心紧紧相连在一起。如今，陆云帆、玛世明两位已先后离去。天下没有不散的宴席，人间却有永续不断的同学情、母子（母校与学子）情、师生情、同窗情，这些都是一生一世的不了深情，就像小玛哥珍藏的这瓶老茅台，历久依然醇香。复旦校园5年同学习、同劳动、同生活凝聚的师生、同窗情谊，一直萦绕在我心头；一甲子交往的美好记忆，永远温润着我的心田。思念同学是一种温馨，被同学思念是一种幸福。

周瑞金与玛世明（左）在出版社商讨1957级同学报告文集书稿。这是玛世明生前最喜欢的照片之一，他还为此照题诗

玛世明夫人崔秀芳把丈夫珍藏的茅台带到1957级学子聚会上，与周瑞金（左）共同开瓶，完成丈夫遗愿

永远不散的聚会平台

问：您与玛世明等一起主编的 1957 级同学 3 部报告文集，被誉为"1957 级同学永远不散的聚会平台""献给社会的一份宝贵历史纪录"。

周瑞金：我们年级的同学和老师来自天南地北，在退休之后，进入古稀之年，生活依然多姿多彩，新闻人特有的文思泉涌、笔趣盎然。于是，2010 年和 2012 年分别出版了《半个世纪的跋涉》和《五十年后的感悟》两本文集，2017 年又出版了《一个甲子的情谊》，7 年之内连续出版 3 本文集，显示出 1957 级新闻人的才华和情怀。

第一本文集《半个世纪的跋涉》，着重叙述我们年级同学的经历、遭遇和奋起，58 位作者撰文 63 篇。第二本文集《五十年后的感悟》，着重抒发我们年级同学的人生体验、感悟和启迪，43 位作者撰文 44 篇。第三本文集《一个甲子的情谊》，着重追忆我们年级同学 60 年来的交往、欢聚和情谊，53 位作者撰文 88 篇。雪泥鸿爪、感悟心得、同窗深情，一百几十万字的记录，内容丰富多彩、思想深邃敏锐、文字生动流畅。

问：作为《一个甲子的情谊》书稿的主编，您需要逐篇审读所有来稿，工作量之大、任务之艰巨，可想而知。

周瑞金：我被征稿中出现的种种感人事例，被浓浓的同窗情所深深感动和激励着。

这次文集征稿，我们的老师和同学大都已进入耄耋之年，有的身

周瑞金（中）为出版复旦新闻系1957级同学三卷报告文集的今日出
版社题词，左一为本书作者

体欠佳，还卧病在床。但大家撰稿热情高涨，克服困难坚持笔耕的精神感人至深。第一个发来长篇文稿的侯高寅，患有严重眼疾，只能勉强看清蚕豆大的字，一张 A4 纸顶多写上五六十个字，而他竟然半个月写成 5000 字的文稿。练性乾同学的文题叫作《还是平淡似水》，可他动笔之前久久不能平静，寝食难安搜回忆，翻箱倒柜找资料。刘本娴同学不顾体弱劳累，在自己完稿后，多次跨洋联系远在美国洛杉矶的另一位同学胡珂，终于促使胡珂发来一组照片，以图代文表情义。杨均照同学缠绵病榻，行动艰难，为了不让他在我们最后一本文集中缺席，祁子青同学多次催促激励，杨均照在每天只能坚持 1 小时写作的情况下，历 8 个月的累积，终于凝结成 3 万多字的文稿。在一个骄阳似火的大热天，难得出门的杨均照和挂着拐杖的祁子青，相约在一个公交站台上交接手稿……同学情如此浓烈，我每次编读后，都会陷入久久思念。

问： 据说您在同学聚会上朗读的一篇文章，引起了大家的呼应？

周瑞金（微笑）：是的，那篇文章叫《人到老年方才明白》。

人到老年方才明白

2007 年金秋，周瑞金这届复旦新闻系 1957 级的 40 多位老同学，从祖国四面八方汇集北京，欢庆入学 50 周年、毕业 45 周年。

参加聚会的有《人民日报》原副总编辑周瑞金、国家人事部原副部长徐颂陶、解放军南京政治学院原政委吴永川少将、安徽电视台原台长吴钟谟、《新华日报》原副总编辑李贵梁、《人民日报》记者部原副主任王学孝，《康复》杂志原总编辑杨忠华等。一个班能有这许多同学相继走上不同的领导岗位，真是人才济济。但此时大家都只有一个身份：复旦新闻系 1957 级老同学。耄耋之年喜相逢，大家心情都很激动。

"我们都飞过了"

10 月 27 日上午，由老班长张定椿主持，举行欢庆入学 50 周年座谈会。当这次聚会组织者徐颂陶在致辞时报告，年级中已有 16 位同学去世时，大家心情顿时沉重起来，一齐起立默哀。

自由发言时，气氛重又活跃起来。被同学们称作"七哥"的祁子青激动得诗兴大发，在会上献诗一首："复旦五年短，黄粱一梦长。相逢浑不识，鬓发各苍苍。苍天悬画饼，井底困蛙凉。彩虹绚丽日，云外鹤翱翔。穷达原有命，富贵定于天。扪心无疚愧，含笑化青烟。同学情谊重，京华景象新。重唱阳关叠，悠悠万古心。"

他意犹未尽，又谈起当年同学大辩论"吃红烧肉有没有阶级性"的情形，顿时引起大家哄堂大笑。"红烧大块肉"是当时学生食堂的一道名菜。一方寸大小的红烧五花肉，味美解馋，特受欢迎。这竟然引出"吃红烧肉有没有阶级性"的大辩论辩题。一方说无：谁都爱吃。另一方说有：贫下中农吃了红烧肉，干劲倍增闹革命，战天斗地多打粮；地主分子吃了红烧肉，只能对贫下中农增仇恨、更反动……

校园多少事，都付笑谈中。同窗五载余，相别数十春，每个同学都是故事一箩筐，三天三夜说不完。共同的话题自然是同窗时期的往事，别后征途上的坎坷与奋斗。

曾任安徽电视台台长的吴钟谟，在同学中年龄最小，也已两鬓染霜。他笑向学长学姐们深鞠一躬说："我们像一只只鸟儿从窝里飞出，飞向祖国广阔天地，有的飞得高些，有的飞得低些，有的飞得远些，有的飞得近些，虽有不同，但我们都飞过了，都尽了自己最大努力，而且绝大部分都安全着陆。因此，能有今日相聚，是多么值得庆幸的事！"

吴永川的发言虽短短几句，却幽默潇洒、轻松自如，引起同学们喝彩。这时，大家都催促曾任《人民日报》副总编辑的周瑞金也要"讲一讲"。

"讲一讲"引起呼应

周瑞金并没有提起自己事业昔日的辉煌，只谈了同学平安相聚就是福的感想：入学50年，我们年级80多位同学没有出什么高官和富商，但也没有出贪官和奸商。大家都在不同岗位上为国家为人民作了自己的贡献，所以今天欢聚我们都很高兴，也都很坦然。他随即朗读了头天晚上赶写的《人到老年方才明白》短文：

"人到老年，不再有少年的狂妄、青春的浪漫，更多的则是对生活的感悟和理解。"

"人到老年，不再拥有童年的笑脸和青春的美丽，但胸怀开始变得像大海一样，装得下四海风云，容得下千古恩怨。"

"人到老年方才明白：人生一世，无论成功与失败、欢乐与痛苦、盛衰与荣辱，都如自然流水，从哪里来还将到哪里去。真正领悟到，什么叫百川归海，什么叫万物归一。"

"人到老年方才明白：世事并非黑白分明，在黑白之间往往有一系列的中间色。所以，孤独、寂寞、痛苦、失败，是人生不可缺少的调味品。善待它们，就是善待人生、善待生命。"

"人到老年方才明白：并非人人都能成功，并非人人都大有作为。但做人是一生的事业，每个人都有自己的人生足迹，只要自己奋斗过、追求过，得失成败又有何妨？"

"人到老年方才明白：老年自有老年的风景，青春虽然美丽，但它会随时间的流逝而褪色。只有青春的心境，才是生命中一道不变的

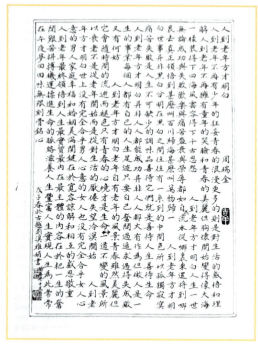

周雅娟书写的《人到老年方才明白》

风景。所以，衰老不是从老年开始，而是从对生活的厌倦、失望、冷漠开始。"

"人到老年方才明白：世上没有完全合乎男人心意的女人，也没有完全合乎女人心意的男人。家庭幸福和婚姻美满，关键在于宽容、谅解和相互的感恩、敬重。"

"人到老年最终领悟到：人生最实质、最内在、最主体的内容，在于把一生的奋斗、艰苦、拼搏、机运揉进生命的脉络，滋养人生，丰富人生，实现人生。为此，常常在午夜梦回，回味无限，刻骨铭心。"

这篇随感式的散文，深深打动了全体老同学，引起了大家的强烈呼应。王学孝同学最早将此文推荐给天津一家老年报发表；姚振发同学又将此文推荐给《浙江老年报》在头版刊出；《上海老年报》也跟着发表。

出乎周瑞金意料的是，不久，他收到寄自浙江绍兴地区的一份特殊礼品。

在"古越剡溪"嵊州，77岁的女书法家周雅娟用精妙飘逸的楷书，书写了这篇《人到老年方才明白》，并用镜框装裱好、寄赠给周瑞金作纪念。"我与周雅娟先生素昧平生，难得她读了我的一文，竟如此热情以艺术品形式相赠，10多年来我一直面对这幅书法作品怀念她、感激她！"周瑞金说。

在他书房里，这份珍贵的礼物摆放在显目位置，旁边是一张宽大的中式实木禅意太师椅，周瑞金每天坐在上面修炼静坐内观。

在长期的静坐中，周瑞金感悟到养生的"八字真言"——心静，神宁，正念，正行。他说，心静则气足血畅，神宁则机灵通达，正念则乐观无忧，正行则利己利人。八字真言可收祛病延年、福寿双绵之效。

周瑞金说："人到老年方才明白，最后明白的其实就是养生之道，这也是滋养人生、丰富人生、实现人生的根本。人人需要健康，我们无论追求什么，都要从不失去健康的前提下来考虑，这才是善待生命、善待人生的重要课题。"

亲情是最大安慰

2003年6月，周瑞金的第一本书《宁做痛苦的清醒者》出版，他在"后记"结尾特别写道："我真诚地将本书献给我最亲爱的父母

小外孙跟着外公学打坐　　　　　　　周瑞金教导孙子打坐

亲和贤妻王雪琴，没有他们的生养、教育、挚爱、帮助，我将一事无成。"

2004 年 8 月，周瑞金出版《新闻改革新论》，同样在"后记"结尾写道：

"最后，我真诚地将本书献给我最亲爱的父亲周开号、生母毛桂香、继母郑爱华和贤妻王雪琴，我将永远铭记他们的生养哺育之恩、挚爱扶助之情！"

2004 年 10 月，周瑞金的《做清醒的新闻工作者：周瑞金新闻作品选》出版，他还是在"后记"结尾写道："我真诚地将本书献给我最亲爱的父母亲及妻子儿女们……"

看似一而再的重复，实在是"报得三春晖"那诉不尽的感恩之情。

当年与在老家的妻子成家后，好多年里，他都为探亲而两地奔波；一家子终于在上海团聚，几年后，他又调任《人民日报》副总编辑，"驻扎"北京整 10 年；退休后，为"喝自己烧的'热茶'"，他深耕海

"伉俪恩深 如兰斯馨" ——周瑞金夫妇金婚纪念（1966年至2016年）

南民企，一去又是 13 年。

他在给朋友的信中，称自己"不是安度晚年的性格"。看似闲云野鹤，谢绝公共应酬，却也不时奔赴于各种能敞开谈话的"神仙"会，遇及老朋友的"站台"约请，只要能安排，他都慨然应允。有段时间参加活动一到下午 3 时，他就会抱歉地打招呼"先走一步"，去接小学放学的外孙；有一次儿子住院手术，他不由分说，坚持要去陪夜；老伴身体不佳，他开始分担更多家务……亲情给了他人生最大的安慰，他为能参与营造亲情感到莫大幸福。

他在文章中直抒胸臆：耄耋之年多感慨。一切痛苦、委屈、懊恼、悔恨、失落、悲哀，都会过去。一切欢乐、得意、成就、名利、享受、钱财，也都会过去。唯一深深留在心底、至死还刻骨铭心的是——真情、爱情、友情和亲情，这才是永远不会随风飘去的人生之宝。

"特殊贡献奖"

2009 年 10 月，步入古稀的周瑞金写下《我的七十感怀》：

（一）

磨墨生涯数十春，始知更是墨磨人。

连年苦忆罗织祸，只为苍生论与争。

（二）

了了渐生不了情，暮年顿失壮年心。

生生犹逐无生境，钟磬鸣时发省深。

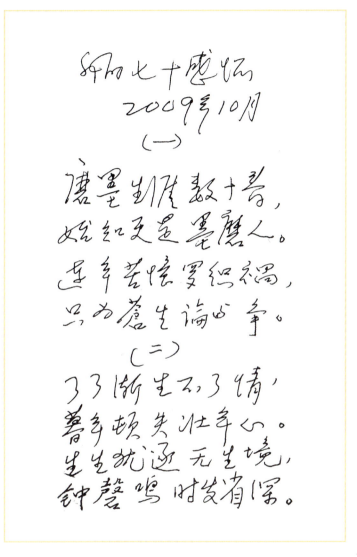

周瑞金手书《我的七十感怀》

诗中"始知更是墨磨人"，出典苏东坡"非人磨墨墨磨人，瓶应未罄罍先耻"的诗句。长年累月磨墨为文，夜以继日绞熬脑汁，表面看是人在磨墨，骨子里却是墨在磨人——周瑞金与古代大诗人对此"情发一心"。

不仅与古代文人"情发一心"，周瑞金与新闻界的老师、前辈和老领导，也有了越来越多的"同频共振"。

2014年8月13日，在参加王维95岁寿诞祝寿活动时，周瑞金与这位办了一辈子报纸的老领导再次畅叙。鲐背有五的王维情牵党报，再次强调党报一定要有新闻。周瑞金清楚地记得，早在20世纪70年代，王维根据几十年新闻宣传工作的体会和思考，就提出党报的三个为主原则：报纸应该以发表新闻为主，共性是党性，个性是新闻；新闻应该以提供新的信息为主，5个W俱全，但内容陈旧，就不是新闻；办报应该以满足广大读者的正当需要为主，以为读者服务为主，通过服务来达到引导的目的，报纸提供材料、观点，读者自己选择判断。这三个原则仍是当今党报改革应切实遵循的。周瑞金为此赠送老领导一副条幅："上海报界一泰斗，新闻改革之前驱。"

2017年9月，为了复旦新闻系1957级学子入学60周年的纪念聚会，78岁的周瑞金事必躬亲地联系落实具体活动。姚振发同学在《解放日报》副刊《朝花》刊出的《甲子同窗母校情》中写道：

"复旦新闻系的不少系友常常羡慕我们的每次聚会，说他们总不大办得起来。是的，没有一批深有同窗情谊的热心人，一帮退休老头老太的能耐确实难以成事。上海同学在一年多的准备过程中，落实宾馆车辆，联系各活动点，邀约领导参加，组织学弟学妹助兴，甚至还

2014年8月13日，解放日报社老同事庆贺王维95岁华诞

前排左起：宋超、龚心瀚、周瑞金、王维、居欣如、赵凯、张止静

后排左起：马晓青、裘新、缪国琴、陈颂清、屠海鸣

与两家医院沟通，备车待命，为我们这帮老朽突发不适应急……如此细致周到、殚精竭虑的筹划，夜以继日的操劳，真得有超负荷的精力对待。虽说，对担任过解放日报社党委书记和《人民日报》副总编辑的周瑞金来说，操办这样的聚会应该不成问题，但毕竟事事必须躬亲，没有办事机构，加上年龄又不饶人，在聚会结束送走同学后，周瑞金一下就发烧病倒了。一句话，没有对同学深厚的感情，对待工作一丝不苟的作风，都是不可想象的。"

1957级同学从1992年纪念毕业30年先后在杭州、上海聚会开始，2005年庆祝复旦百年校庆在上海聚会，2007年纪念入学50年在北京聚会，2009年、2010年先后在上海聚会庆祝新闻系成立80周年和参观世博会；此后，崇明岛、哈尔滨、黄山、武汉、杭州、南京，几乎

2017年10月10日，复旦新闻系1957级学生聚会合影，前排右四为周瑞金

年年聚会。这次上海的甲子聚会，已是第12次。耄耋之年的班主任和党支部书记张黎洲老师在《情难忘　情难舍》一文中深深感慨："像1957级同学毕业后这么多年，同学间情感如此亲密，聚会如此之多，太少见，简直可称'复旦之最'。"

同学情谊像一根永远维系着彼此的红线。10月9日聚会报到那天，已是老翁老妪的1957级同学，或拄着拐杖，或由儿女搀扶，或由老伴陪伴，从北京、杭州、哈尔滨、黄山、武汉、南京等地纷纷赶来。重逢是一首首欢歌，相聚是一串串笑语。

入学60周年畅谈会上，同学们盛赞周瑞金等上海同学为举办这次盛会操心尽力、立下的汗马功劳，主持会议的同学还特地策划了一

周瑞金说，他获得"海外（上海以外同学）集团"颁发的"特殊贡献奖"最特殊、最有趣、最好笑，也最温馨

个幽默风趣的授奖项目。

正在大家畅谈感想的间隙，只见曾任驻外记者、采访过美国里根总统的练性乾同学，突然站起来说要宣布"重大消息"，弄得大家信以为真、翘首以待。向以擅长冷笑话著称的练性乾不慌不忙地说："海外集团（意指上海以外的同学和家属）经讨论决定，授予周瑞金特殊贡献奖、玛世明劳苦功高奖、杨冬青老当益壮奖、杨忠华终身成就奖。"说着像变戏法一样，一本正经地拿出4张奖状——·颁发，引得全场哄堂大笑、一片掌声。

在报人生涯中，周瑞金得到无数大大小小的奖项，他说这次"海外集团"颁发的"特殊贡献奖"最特殊、最有趣、最好笑，也最温馨。

2020年11月，《我的八十感怀》在上海老年记协摄影书画展展出，周瑞金在展厅作品前留影

人生恰似万花筒

2019年10月，迎来八秩寿诞跨进耄耋之年的周瑞金欣然作诗《我的八十感怀》：

少小倾心笔墨缘，浮沉报海梦已圆。

斗争惊浪常寒胆，改革春风始展颜。

皇甫微言申大义，邓公宏论卷巨澜。

蜉蝣天地沧桑叹，感世忧时耄耋年。

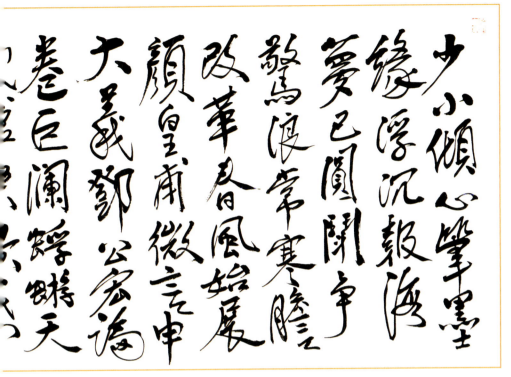

周瑞金手书《我的八十感怀》

　　"人生恰似万花筒，每个人都有自己的红蓝黄白紫、酸甜苦辣涩。有期盼，有失望；有得意，有委屈；有欣喜，有伤悲；有顺畅，有横逆；有感戴，有愤怒……这就是人生，多姿多彩的人生，"周瑞金说，"人到老年，以往再苦再难再揪心再懊恼的经历，在记忆屏幕上，也都演化成斑驳绚烂、回味无穷的画面，由此体味着新奇、宽容、理解和恬静，真像儿时看万花筒那样一种心情。"

　　周瑞金说自己的人生很平淡，只是在不平淡的时代之光折射下，才显示出一点色彩。回首人生旅程，他深切感悟到：个人命运总与国家命运紧密相连，人生道路总与时势风云难分难舍。人生价值确实不必全以功利衡量，因为人生有太多的机缘和作为，又有太多的苦厄和偶然，也有太多的诱惑和陷阱。所以，只要善待人生、善待生命，诸恶莫做、众善奉行，又何必计较于名位、利禄、年寿、荣乐、子女、家庭？

"无为不入世，有情始做人，"周瑞金说，"人要有抱负，要对社会历史有奉献，还要讲人性讲真情讲关爱。唯有抛却世俗的认可、赞同和称颂，才能张扬个性，发挥潜质，敢想敢说敢作敢为，充分施展自己的才干，利乐众生，感受到生命存在的自由与轻松，也才能体验到生存的真实意义。"

2020 年 7 月，周瑞金《我的报人生涯撷珍》一书出版。他在"前言"中写道："我的报人生涯，说简单很简单。在上海市委机关报解放日报社工作 31 年，从记者、编辑、评论员，到编委、总编助理、副总编辑，再到主持报社工作的党委书记兼副总编辑；1993 年春调入人民日报社工作，担任副总编辑兼华东分社社长，直至 2004 年秋（届 65 岁）办理退休手续。我的报人生涯，从党的地方机关报到中央机关报，两个单位，干一辈子，就这么简单。"

周瑞金说，作为历经半个多世纪新闻工作的老报人，自己见证了共和国历史风云中的大事件、大场面、大斗争、大转折，他要把报人生涯中有意义的经历和故事写出来，但他表示不想按年序写成完整的回忆录或"全集"，而只是"撷取其中一个个有启迪的片断，宛如在报海畔拾取粒粒珍珠，再现当年的真实历史，也展现自己的人生轨迹和心路历程"，所以书名中用"报人生涯撷珍"。

过往当下，皆成序章

2024 年 5 月 28 日，周瑞金工作了 31 年的《解放日报》迎来了在上海创刊 75 周年。

75 年间，媒介的形式千变万化，这份报纸依然坚守着经过岁月洗礼沉淀下来的独特气质，依然坚守党报的站位和初心，坚信那种由担当和作为来守望和传递的价值。这里的媒体人站在时代潮头观大势、察全局，站在思想解放前沿发新声、作先导，始终正派办报、敬业务实。回首来时路，砥砺奋进心。报社领导决定在报庆之际出版《"夜猫子"纪事》和《灯下随笔》两本书，特请老领导周瑞金作序。

近年来，周瑞金被戏称为"写序专业户"。本来就是约稿连连，还时不时地被约请作序，他案头的"文债"自然还清又来。就像为乐缨《我的记者梦》作序，"想不到的是，这次她把书稿送到了我的案头，嘱我撰序。乐缨说，您是看着我进报社的老领导，这本书该请您作序。这话让我没有推辞的余地了"。

《"夜猫子"纪事》和《灯下随笔》两本书，"是解放日报社历史中的珍贵一页，也是上海乃至中国新闻史中的珍贵一页"，周瑞金更没有推辞的余地了，"我在解放日报社和人民日报社任职期间，值夜班也是家常便饭，和夜班编辑部的同仁们一起研判把关，一起字斟句酌，一起体验甘苦，一起分享快乐。我深知这个岗位对于大报、党报的重要性，套用一句时下流行的话——没有做过夜班编辑的新闻生涯，是不完整的"。

"君自故乡来，应知故乡事。" 周瑞金调人民日报社工作后，依然情牵解放日报社的"故乡事"，尤其是夜班编辑部的故事。他的老同事们把数十年的职业生涯全部投入夜班编辑工作中，"为他人作嫁衣裳"；报社记者的每篇稿件、每张图片都凝结着"夜猫子"的心血，却没有留下他们的痕迹；"夜猫子"的功夫、功力、功勋鲜为人知——这就是报社的无名英雄。如今新一代无名英雄依然每晚披星戴月来到编辑部，黎明时分把编辑完成的报纸送上印刷机，他为此深感欣慰。

　　解放日报社夜班编辑部是个荣誉群体，周瑞金对此如数家珍：

　　金福安荣膺首届中国韬奋新闻奖，陈忠标被评为全国劳模，张天胜被评为全国先进新闻工作者；编辑部多次荣膺上海市劳模集体称号，多次荣膺中国新闻奖一、二、三等奖，多人荣膺上海市韬奋新闻奖……

　　解放日报社的"夜猫子"，走出了丁锡满、金福安、贾安坤、陈振平、吴谷平、陈大维、俞远明、李尚智、徐蓓蓓、朱爱军、陶峰、杨健等一大批上海新闻界的领军人才。

　　周瑞金留恋夜班编辑部这个亲密群体："大家都把夜班编辑部当作精神家园，工作中精诚合作，同事间如兄弟父子。铁打的营盘，一部分是铁打的兵，心无旁骛长年坚守；一部分虽是流水的兵，但流走之后仍然念兹在兹。"

　　周瑞金尤其认为，透过"夜猫子"们的幕后故事，足以显现《解放日报》新闻人的"三个结合"——把新闻理想主义与专业主义相结合，把宣传党的大政方针与反映民众的利益呼声相结合，把正面报道激励士气与正确发挥舆论监督作用相结合。这恰恰是《解放日报》留下的一笔宝贵财富。这样的"过往"，凝聚着周瑞金办党报、大报的理念和切实经验。

周瑞金之前就读到过《解放日报》原副总编辑陆炳麟生前写下的许多"灯下随笔"，他在序文中写道：这些青灯黄卷下的急就章，大多是对当天新闻报道的有感而发，评点阳光下发生的真人真事，其中不少篇章能见人之所未见，发人之所未发，字里行间随处可见深刻的思想张力和情感张力，在荡胸豪气和笔底微澜中，彰显出眼界、智慧、胆识相融的报人本色。

在这里，报人本色不是静态的教条，而是动态的实践；不是孤立的个体叙事，而是一种代际传承的精神共同体。周瑞金本身，更是用这辈子的办报经历，生动展示诠释着自己报人本色的特质——政治敏锐不圆滑，眼界开阔见识宽，好学深思有见解，审时度势切时弊，为人正直不媚上，待人谦和无芥蒂，办报敢创新，做事勇担当。

从党的地方机关报到中央机关报，周瑞金的个人命运始终与国家命运休戚相关，人生道路与时势风云紧密相连。在媒介转型融合、"平台矩阵"拓展的今天，他依然认定：报人可以不再需要油墨稿纸，可以不再需要执笔于"青灯黄卷"下，却依然需要有铁肩道义之心，需要有对社会现实的深切观照。从铅字时代的振臂高呼到算法时代的冷静思辨，变的是载体与语态，不变的是对真实的敬畏、对责任的担当、对传承的执着。报人要在碎片化信息中锚定深度，在穿透喧嚣中增强定力，在 10W+ 和热搜流量的诱惑前守护公信、责任和使命。在为乐缨作序《我的记者梦》中，周瑞金直抒他的"新闻观"——

新闻要与人站在一起，而不是与流量站在一起。不管会有什么变化，无论技术如何改变表达方式、传播渠道和商业模式，关键时刻"我"在现场，探究真相，破除茧房，内容为王，向读者提供真实的有价值的信息，这才是新闻人永恒的追求，也才是新闻强大生命力之所在，也是记者的党性自觉、职业精神、自律意识、专业水准和公信力的重要表现。

这段回肠荡气的文字，其实也是周瑞金报人本色的肺腑之言，完全可以为他的报人生涯"配音"。

当"上观新闻"以《周瑞金：新闻要与人站在一起，而不是与流量站在一起》为题，刊出他这篇序言时，媒体朋友随即给他发来微信称"标题大赞，致敬"，还称"记者，可以是幸福的职业。有您作序，更其幸福"。

满篇都是真性情，作序也是序中人。

附　录

周瑞金出版第一本书《宁做痛苦的清醒者》时写道："我真诚地将本书献给我最亲爱的父母亲和贤妻王雪琴，没有他们的生养、教育、挚爱、帮助，我将一事无成。"在出版《新闻改革新论》时，他同样写道："我真诚地将本书献给我最亲爱的父亲周开号、生母毛桂香、继母郑爱华和贤妻王雪琴，我将永远铭记他们的生养哺育之恩、挚爱扶助之情！"出版《做清醒的新闻工作者：周瑞金新闻作品选》时，他还是写道："我真诚地将本书献给我最亲爱的父母亲及妻子儿女们……"

　　看似一而再的重复，实在是"报得三春晖"那诉不尽的感恩之情。

周瑞金出版的主要著作

（按出版时间顺序）

《宁做痛苦的清醒者》

文汇出版社 2003 年 6 月第 1 版

本书收入周瑞金自 20 世纪 80 年代以来发表的近 63 篇文章，分"人物散记篇""时政评论篇""'皇甫平'风云篇"和"附录篇"，涉及政治、经济、文化和社会各个领域，"皇甫平文章"系列等篇章具有开创性的意义。本书初选 50 多万字，作者"坚持不取单纯意义上的文字结集，一般层面上的流水账、豆腐账"，因此在一样校审时，割舍了已收入的论述新闻改革的 10 多万字，最终精选成 39 万字。本书中的部分随笔、散文，从另一侧面反映了作者的温情一面，字里行间散发着浓浓的书卷气。

《做清醒的新闻工作者：周瑞金新闻作品选》

上海人民出版社 2004 年 10 月第 1 版

作者在书中挑选各个时期具有代表性的作品，真实反映在新闻工作道路上走过的足迹。全书分"通讯报道""政论时评""专访散文""新闻论文"4 个部分。其中"创造生气蓬勃的舆论环境"获"新闻战线"征文一等奖；散文"弗农凝思"获"2000 年中国散文排行榜"20 篇佳作之一。

《周瑞金的回肠荡气集》

老古文化事业公司 2003 年 12 月第 1 版

同为温州老乡，南怀瑾在海外已闻周瑞金其名，初次相见相谈甚欢。作者随即以《奇书·奇人·奇功》为题，撰文向大陆读者介绍南怀瑾及其著作。南怀瑾读到作者新著《宁做痛苦的清醒者》，引清人龚自珍诗句相勉："功高拜将成仙外，才尽回肠荡气中。"作者以"回肠荡气集"作为台湾版书名。本书由南怀瑾题写书名。

《新闻改革新论》

海南出版社 2004 年 8 月第 1 版

我国传媒业如何走向市场、走向法治？如何建立与社会主义市场经济体制相适应的社会主义新闻体制？如何在加入 WTO 条件下参与国际新闻传媒业的竞争？如何正确借鉴发达国家新闻传媒文明成果，更好地承载社会进步的使命和责任？如何在社会主义物质文明、政治文明、精神文明建设中发挥舆论保证作用？作者在本书中提出探索的见解、思想、观点。

《用头行走》（思想库文丛 1） 周瑞金　主编

文汇出版社 2005 年 5 月第 1 版

《大道低迴》（思想者文丛2）周瑞金　主编

文汇出版社 2006年3月第1版

　　这两本文丛汇编有新思想、新观点、新材料、新语言的文章，"奇文共欣赏"、以期对人们有启迪，引起人们共同欣赏、共同品评、共同探讨；同时"疑义相与析"，提倡独立思考，自由思想、百家争鸣，相互切磋。追求真理，必须用头行走，砥砺思想、言所欲言，大胆创新。

《中国改革不可动摇——皇甫平醒世微言》

广东人民出版社 2009年6月第1版

　　作者自从事新闻工作开始，就进入新闻评论领域。从地方党报《解放日报》到中央党报《人民日报》，一直撰写评论、组织评论、审改评论。从2003年开始，作者进入了网络媒体和都市媒体的新闻评论领域，交替给网络媒体和都市媒体撰写了一批涉及政治、经济、文化、社会等各个领域的新闻评论，本书重点选取其中有关改革方面的内容结集出版。

《皇甫平改革诤言录》

人民出版社 2015 年 1 月第 1 版

作者收入本书的评论、政论文章，在审时度势基础上，敢于写出新观点，敢开第一腔，发挥舆论在社会历史紧要关头的先导作用，为中国的全面改革攻坚、实现民族振兴而不懈努力、谠论诤言。本书分"皇甫平风云录""改革不可动摇""改革攻坚克难""改革人物思忆" 4 个部分。

《皇甫平：中国改革何处去》

浙江人民出版社 2016 年 1 月第 1 版

本书从政治、经济、社会和意识形态各个方面，全面解读中国改革的前途，分上篇"不全面深化改革，就是在犯历史性的错误"、下篇"面对改革，我从不悲观"。

全书将个人命运与国家命运、人生道路与时事风云紧密相连，可看出作者的眼光、见解和思考，表明作者对中国改革事业一以贯之的关注和满腔热忱。

周瑞金主编献给母校母院三部报告文集

2009 年 10 月，复旦大学新闻学院成立 80 周年，1957 级同学在院庆"班会"上，倡议各地的年级学友拿起笔来，写下走出校门半个世纪以来的人生足迹和心路历程，作为同窗之间笔会式交流，同时献给母校母院一份书面汇报。2010 年 9 月，由 57 位同学和一位老师撰文 63 篇共 76 万字的结集——《半个世纪的跋涉——来自复旦大学新闻系一九五七级同学的报告》出版。这本报告文集着重记述同学们 1962 年毕业离开复旦后，艰难而有成就的跋涉。周瑞金以《我与皇甫平》为题，把 1991 年初组织撰写"皇甫平"系列评论的背景材料和盘托出。许多同学也满怀真情实感披露了自己的"风雪人生、苦乐年华"。2012 年，作为《半个世纪的跋涉》的姐妹篇，由 43 位作者（包括一位老师）撰文 44 篇，共 47 万字的《五十年后的感悟——来自复旦大学新闻系一九五七级同学的报告之二》结集出版，着重抒发同学们的人生体

验、感悟和启迪。2017年是1957级同学跨进复旦校园的60周年，"六十年前初逢桃李艳，一甲子后重聚夕阳红"，由53位作者（包括4位老师）撰文88篇共69万字的第三部报告文集《一个甲子的情谊——来自复旦大学新闻系一九五七级同学的报告之三》出版，着重追忆年级同学60年来的交往、欢聚和情谊。1957级同学出版的这三部报告文集，被誉为"五七级同学永远不散的聚会平台"和"献给社会的一份宝贵历史纪录"。

《我的报人生涯撷珍》

浙江人民出版社 2020 年 7 月第 1 版

本书可看作是一位资深报人的口述历史实录。作者通过对几十年来新闻事业的回顾，结合从地方党报到中央党报的工作经历，解读了中国改革开放的来龙与去脉，让读者更深刻地认识了邓小平、更深刻地认识了上海、更深刻地认识了党报《人民日报》《解放日报》、更深刻地认识了党报报人，为共和国改革开放和社会主义现代化建设事业鼓与呼留下珍贵史料。

后　记

机会往往留给有准备的人。我这次虽没准备，大任仍因机缘而降。

2024 年 2 月 19 日，龙年正月初十，在"申光计划"丛书第二辑项目启动会上，为中国改革开放风云人物周瑞金立传被列入本辑出版计划。王荣华和范永进两位理事长和周瑞金老师一致"点将"，要我来承担撰稿重任。有人说："只有沈社长在'三栖'（作家、媒体人、出版人）中游刃有余。"

话有点过奖，却也道出实情：

我曾采写长篇报道《周瑞金："鼓与呼"中显真情》，复旦大学新闻学院老教授陆云帆评论说："大作写得深透之极，细节生动真实，表达手法变化多样，读来有亲和力和感染力。同学们拜读后也无不称赞，一致认为这是在以前所有对周瑞金专访中最好的一篇。"

我在人民日报社担任编辑记者时，周老是我的大领导。他的一些讲课讲话，我都在现场聆听。随着交往的增多和投缘，我摆脱了晚辈与上下级之间的拘束，与他成了无话不谈的忘年交，他也干脆称我为"老朋友"和"兄弟"。

我出版过周老主编的复旦大学新闻系 1957 级同学的三本报告集；出版过周老主编的高中同学三年同窗纪念文集，在编辑出版过程中与周老频繁接触；耳濡目染，感悟多多；这期间还熟悉了他的一些高中和大学同学，从中积累了不少生动鲜活的"独家"资料。

所以，之前虽无准备为周老写传记，却在无意中已积累了这么多丰富独特的资源，甚至有一种随传主一路而来的感觉，我因此有了欣然接受重托的底气。

在写作中，我没有依时记事、按部就班地追溯周老的人生历程，而是通过时空转换和人物对话，力求使平面文字形成生动的立体场景感，把记叙集中在"这一个"报人的思想舞台上，以此来展示周老作为报人的职业坚守和丰厚的人生内涵；同时将读者看不到的编辑部故事和盘托出，通过还原历史节点，折射出中国改革开放进程中的思想交锋与社会转型的复杂性；通过一个个"以小见大"的具体事例，凸显这一代知识分子的精神图谱与思想深度，让读者走进周老和党报报人的内心世界。

这些年来，各种媒体报道周老的文章很多，周老自己也出版过多部著作；但作为传记，本书力求对周老整个人生做系统考察，写出那些鲜为人知的真实故事。1994 年 1 月，我的第一本传记文学《一个女医生的人生传奇》出版后，中央文史研究馆馆长萧乾撰文称赞这是"一部中国知识分子的命运交响曲"；在本书写作过程中，我有种强烈的感受：周老的报人生涯在个体命运中映射时代变迁，显现出特立独行的性格，演绎的正是一部中国报人的命运交响曲。

在采写过程中，周老深为感慨："这不是文字写作而是心的交流，不是作者与传主的关系，而是灵魂与灵魂的糅合。作者与传主如此紧密配合，是绝无仅有的。"

读了本书初稿，他进一步评价：

全书以事实记叙传主一生的主要经历、思想观点和心路历程。写作严谨，注重真实，不虚饰，不拔高，以平实见功力，以创新开新局。从小学、中学、大学的学习成长，到从事《解放日报》《人民日报》一生报业工作的业绩贡献，以至退休以后继续为改革开放和现代化建设鼓与呼，参加各种社会公益活动，兼修禅佛增进素养，书中都有完整、细致、生动的描述。作者以精湛的文字素养和写作技巧，时空交错，情景变换，思维出新，行文优美，避免了传记常犯的按年代平铺直叙的毛病。文章显得灵性与理性交相辉映，修辞手法多变，章节之间衔接自然，引人入胜，使全书如行云流水，无懈可击，达到古人追求的'凤头、猪肚、豹尾'的境界。书的结尾，尤有创意。

人民日报社上海分社原副社长李泓冰则评价道："这本传记堪称煌煌大作，读来实在精彩，欲罢不能。这不仅是一部个人传记，也是一部共和国新闻界的改革大传，资料翔实、人物众多、台前幕后、波澜壮阔中有细水微澜，其价值不仅在于记录了一位报人的职业生涯，还在于通过个体视角重构了中国新闻史与改革史的微观图景。"

能得到传主的充分肯定、评论大家的真切点赞，我深受鼓励并得到了新的感悟。

十届上海市政协副主席、上海市教育发展基金会理事长王荣华，上海爱建集团党委书记、爱建特种基金会理事长范永进，上海世纪出版集团党委书记、董事长黄强，解放日报社党委书记、社长陈颂清，文汇报社党委书记、社长缪克构，文汇报社总编辑陶峰，文汇报社原党委书记陈振平，新民晚报社原党委书记吴芝麟，《中国妇女报》原总编辑卢小飞，上海人民出版社党委书记、社长温泽远，上海市文联、上海市作协副主席高渊，上海市文史研究馆一级巡视员沈飞德，上海市委党史研究室二级巡视员年士萍等领导和专家，都对本书写作给予热情关心和指导；周老的儿女朝丰、迎冰慷慨提供珍贵的图文资料；周老母校、复旦新闻学院张涛甫院长和李泓冰教授也热情助力，安排王力桐等同学课余参与实习。书稿甫成，周老的温州老乡、老朋友张森、苏春生惠赐墨宝，欣然为本书题写书名和扉页。在此一并致以敬意和谢忱！

沈轶民

写于 2024 年 7 月

修改于 2025 年 6 月

图书在版编目（CIP）数据

报人本色：周瑞金传 / 沈惠民著；范永进. 沈惠民主编；"申光计划"丛书编委会编. -- 上海：学林出版社, 2025. -- （"申光计划"丛书）. -- ISBN 978-7-5486-2087-7

Ⅰ. K825.42

中国国家版本馆CIP数据核字第2025UV6079号

责任编辑　　王　　慧
封面设计　　居永刚
内页装帧　　今日设计

"申光计划"丛书

报人本色——周瑞金传

沈惠民　　著
"申光计划"丛书编委会　　编
范永进　沈惠民　　主编

出　　版　学林出版社
　　　　　（201101　上海市闵行区号景路 159 弄 C 座）
发　　行　上海人民出版社发行中心
　　　　　（201101　上海市闵行区号景路 159 弄 C 座）
印　　刷　上海盛通时代印刷有限公司
开　　本　720×1000　1/16
印　　张　26.25
字　　数　29 万
版　　次　2025 年 7 月第 1 版
印　　次　2025 年 7 月第 1 次印刷
ISBN 978-7-5486-2087-7 / K・255
定　　价　168.00 元